"新标准"学前教育专业系列教材　　　i教育·融合创新一体化教材

依据 《幼儿园教师专业标准（试行）》
《中小学和幼儿园教师资格考试标准及大纲（试行）》 编写

奥尔夫音乐教学法

许卓娅 ◎ 编　著

微课版

华东师范大学出版社
·上海·

图书在版编目（CIP）数据

奥尔夫音乐教学法 / 许卓娅编著. — 上海：华东师范大学出版社，2023
ISBN 978-7-5760-3965-8

Ⅰ.①奥… Ⅱ.①许… Ⅲ.①学前儿童—音乐教育—教学法 Ⅳ.①G613.5

中国国家版本馆CIP数据核字（2023）第111398号

奥尔夫音乐教学法

编　　著　许卓娅
责任编辑　刘　雪　罗　彦
责任校对　时东明
插　　画　王延强
装帧设计　俞　越　庄玉侠

出版发行　华东师范大学出版社
社　　址　上海市中山北路3663号 邮编 200062
网　　址　www.ecnupress.com.cn
电　　话　021-60821666　行政传真 021-62572105
客服电话　021-62865537　门市（邮购）电话 021-62869887
地　　址　上海市中山北路3663号华东师范大学校内先锋路口
网　　店　http://hdsdcbs.tmall.com

印 刷 者　上海景条印刷有限公司
开　　本　787毫米×1092毫米　1/16
印　　张　16.75
字　　数　361千字
版　　次　2023年9月第1版
印　　次　2025年2月第4次
书　　号　ISBN 978-7-5760-3965-8
定　　价　49.80元

出版人　王　焰

（如发现本版图书有印订质量问题，请寄回本社客服中心调换或电话021-62865537联系）

序言
——我学习奥尔夫音乐教育体系30多年

1985年,我在南京。那一年,我34岁,刚刚进入南京师范学院(1984年改名为南京师范大学)教育系攻读硕士学位,对追求成为一名专业音乐教育工作者充满热情。就在那时,南京师范学院的音乐系开始经常邀请国内外专家前来南京讲学。当时整个江苏省,甚至可以说是整个中国的普通学校音乐教育界,都已经掀起了学习奥尔夫音乐教育体系的热潮。

记得最早让我了解奥尔夫音乐教育体系的人,就是当时还在上海音乐学院工作的廖乃雄先生。我觉得中国音乐教育界,是应该记住他,感谢他的!当时我所认识的这种音乐教育体系是怎样的呢?让我印象比较深刻的是:它是通过一些有趣的情境进行创造性学习的。比如,团队成员跟随一首叫作《雾》的小诗,经过研讨和共建,即兴进行奏乐和形体表演。又如,用即兴的奏乐和形体表演的方式,来讲述一个"小虱子和小跳蚤"的悲伤故事。因为这个故事的结局悲伤,当时跟随我学习的5岁女儿不但大哭了一场,而且事后还为此伤心了很久。这可能就是至今我们一直"心有独钟"的"情境化"教学的最初启示吧!

1988年,我在北京。这一年我刚刚获得教育学硕士学位,成为南京师范大学教育系学前教育教研室的学前儿童音乐教学法老师。暑假期间,我有幸参加了李妲娜老师和北京师范大学曹理老师在北京举办的奥尔夫音乐教育体系培训活动。记得当时为我们授课的,是来自奥地利奥尔夫学院的曼努艾拉老师和彼得·库巴什老师。至今仍旧在我们出版的教材中反复被使用的看图谱奏乐活动,就是来自彼得·库巴什老师当时教给我们的音乐活动"土耳其进行曲"。在这个炎热的夏天,艰苦而充实的课程及每日课后4—5个小时的笔记整理,让我对奥尔夫音乐教育体系有了一些新的体验。在课程结束的那天,来自奥地利奥尔夫学院的沃尔夫岗老师、曼努艾拉老师和彼得·库巴什老师三位专家坐在台上,邀请台下的学员提问和发表感想。作为胆小又慢热的我,虽然一直在思考"这次我到底学习到了什么"已经好几个晚上了,但在整个礼堂沉默许久的情况下,仍旧不知道到底应不应该讲出来……最终还是李妲娜老师走到我面前鼓励我,让我在极端紧张的状态下说出了我的学习体会:学生在老师的引导、鼓励、支持下,将老师交予的音乐作品的"种子"(元素)培育成大树。记得沃尔夫岗老师回复说:"中国老师如果都有这样的认识,我们就可以高兴地回家了。"

这应该是我对奥尔夫音乐教育体系最早、最朴实、最基本的理性认识吧！所以，我觉得中国的音乐教育历史也应该记住并感谢这三位来自奥地利奥尔夫学院的沃尔夫岗老师、曼努艾拉老师和彼得·库巴什老师。

1990年，我在开封。这年秋天，我收到当时在中国音乐家学会音乐教育委员会工作的李妲娜老师的邀请，前往河南开封参与一个奥尔夫音乐教育体系的推广活动。在开封，我不但见识了李妲娜老师的学识，而且还在李老师的鼓励下第一次和开封东棚板民族幼儿园的大班小朋友一起尝试了"土耳其进行曲"的教学实践。

因此，我还要感谢开封东棚板民族幼儿园的园长朱崇惠老师和该园那一届的大班小朋友。正是这次经历，让我真正开始了对奥尔夫教学方法的"学以致用"的实践研究。

当然，我还觉得：不但是我个人要感谢比我大整整10岁的李妲娜老师，而且整个中国音乐教育界都应感谢她！因为是她，在廖乃雄先生之后，一直坚持搭建和维护奥尔夫音乐教育体系在中国传播的"桥梁"，并为此辛勤耕耘30多年，从没有一丝懈怠。如今她已80多岁了，却仍在亲自进行教师培训的教学和面对孩子们的教学。

1996年，我在美国。那年我45岁。这年年初，我前往美国堪萨斯大学进修学前儿童音乐教育。该年年底，我便获得机会前往田纳西州的孟菲斯市，第一次去参加美国奥尔夫年会。在年会上，让我印象最深的是一位非常年轻的社区教堂儿童合唱团老师的分享。他通过教堂的合唱活动，改变了那个社区许多黑人孩子的课余生活，同时也改变了这些孩子对学校、学习和生活的态度和行为。

这让我第一次深切地体会到：奥尔夫音乐教育体系不仅仅是一种教儿童学习音乐的体系，更是一种通过音乐教育教儿童如何正确面对生活的教育体系。尽管在1986年前后，我就从去过奥尔夫学院进修的同事那里听到一些"奇怪"的（被称为"不知道他们在教什么"）对奥尔夫教学活动的描述，如："随时自由交换追、逃角色"的追捉游戏，"团队中随时产生和变换领舞、伴舞角色"的即兴舞蹈等。

2006年，我们在南京。那年我55岁。当时我们邀请到了来自澳大利亚的克利斯朵福·莫巴赫老师，他是一位在大学里专门研究和传播奥尔夫音乐教育体系的专家。让我印象深刻的教学活动是：老师先给出一个情境，如"航海奇遇记"，让一部分人用形体进行即兴表演，让另外一部分人根据看到的表演用奥尔夫乐器即兴为其伴奏；然后请两个团队相互交换"主从关系"，即让乐器演奏的人进行即兴表演，让即兴表演的人根据听到的音响为其伴奏。这种活动让我深刻地体会到：要达成一种共同的愿景，团队中的同伴必须相互关注、理解和支持。

记得当时，让许多前来学习的老师不能适应的是：克利斯朵福·莫巴赫老师授课的进度非常慢，他不但努力让更多人有机会表达创意，而且反复地复习已经学过的内容。以至于后来，我们不得不与翻译进行沟通：希望老师能够省略过多的个人表达和复习环节。然而，

2年以后我才有机会重新认识到：这种"慢进度和人人有机会发表创意"的做法是非常必要的。

2008年，我们从上海经转去奥地利。这年暑假之前，华东师范大学出版社举办了一次奥尔夫培训活动，被邀请前来讲学的是奥地利奥尔夫学院的古云娜老师。这次的活动，让我们前往学习的团队第一次共同理解了这样一个重要的问题：循序渐进、小步距前进、关注并支持每一个学习者，是一位奥尔夫老师必须遵循的基本教学原则。一位老师只有做到了这些，参与学习的学生在当时才能够获得最佳的学习体验。更重要的是，学生在日后才能够获得最好的发展。

2003年到2015年的10多年间，我们团队经常前往美国参与全美幼教年会和美国奥尔夫年会。通过总结这些学习经验，我们越来越强烈地体会到，凡是受欢迎的教学分享，无一例外都是遵循了"情境贯穿、循序渐进、老师引导、从模仿到创造"的教学原则。

在每年的美国奥尔夫年会中，我们团队最喜欢的活动之一，就是参加年会额外组织的舞会。在舞会上，美国老师萨娜的"世界各国民间舞蹈"的教学，总是让人玩得不亦乐乎、欲罢不能。最初，作为容易紧张和反应迟钝的我来说，认为找一个熟悉的中国舞伴，会相对更有安全感。可萨娜老师总是要求我们去找不同的新舞伴，而且许多舞蹈交换舞伴的队形变换规律，就是要让我们必须不断地去面对新的舞伴。这样的经历多了，我自然也就不再焦虑了。这些经历也自然成就了我在日后对社交舞蹈研究与交往焦虑治疗研究的关注。

在2015年的美国奥尔夫年会上，我们的团队第一次和与会的外国同行分享了以下活动：① 中国的传统音乐游戏"丢手绢"和"切西瓜"；② 根据"切西瓜"等传统游戏的规则创作的新音乐游戏"魔法师的徒弟"和"斗牛"；③ 根据中国音乐《喜洋洋》与中国美食文化包饺子情境创作的音乐游戏"包饺子"。看到在场的外国同行和我们一起玩得乐翻了天，我们内心还是非常快乐的：我们中国的团队终于也进入可以与外国同行分享的发展阶段了。

2016年，我们在加拿大。那年我65岁。当时我们为了追随美国著名奥尔夫老师古德金先生，一行10个人在炎热的暑假来到了加拿大皇家音乐学院，参与了一个专门为中国学习者举办的奥尔夫培训班。在这里，我们首先要郑重地感谢所有为我们安排这次学习的中介、导游、翻译以及全体为我们授课的老师。据说按照学习的深度层次，这是一个最低层次的课程。

我们的课程包括歌唱、舞蹈、奏乐（竖笛、音条琴）、作曲、指挥和教学法。每天的课程被安排得满满

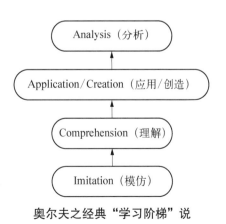

奥尔夫之经典"学习阶梯"说

的，课后还有家庭作业。每天的作业至少要写到凌晨一两点钟。而每天两位教学法老师也都要花费整个上午的时间来批改我们10个人的书面作业。更让我们感动的是：对作业中的亮点、不足、建议等，老师都在作业纸上表达得一丝不苟，还经常画上幽默的图画，这让我们的内心随时都充满了阳光。当然在最后结业时，每一门功课的考试也是十分严格的，这让我们几个五六十岁的学生，也觉得自己就像一个小学生一样：一会儿忐忑，一会儿欣喜。

更重要的是，我们在这里不仅体会到了非常精致的"循序渐进"小阶梯进阶教学设计，而且皇家音乐学院的奥尔夫老师用一张图表直观地告诉我们奥尔夫学习的进阶大阶梯是："模仿—理解—应用/创造—分析"。

在本次学习的最后两天，让我们仰慕已久的古德金老师终于走进了我们的课堂。他所执教的"巧克拉哒"节奏动作儿歌活动，简直就有"点石成金"的效果！一瞬间就让我在新的层次上再次领会到"模仿—理解—应用/创造—分析"这个学习阶梯的精髓所在，并就此联想到了两个相关的原有经验。

一是美国教育心理学家布鲁姆理论体系中的教育目标分类阶梯和孔子在《论语》中论述的"举一隅不以三隅反，则不复也"之间的异曲同工之妙。

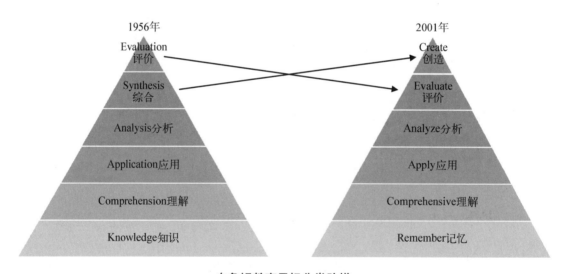

布鲁姆教育目标分类阶梯

> **实例**
>
> **举 一 反 三**
>
> 孔子（前551—前479）
>
> 举一隅不以三隅反，则不复也。
>
> 意译：如果学生不能够将教师的范例类推到类似的事物上，说明学生没有能够理解，教师就不能够再往下教了。
>
> 现代的理解：学生还没准备好（不在最近发展区内），
> 　　　　　　教师还没引导好（举例解释不够充分）。

二是在奥尔夫教学流程中，虽然也是从模仿开始的，但最终是一定要走向创造的。然而，在中国大多数的奥尔夫音乐教学中，却没能走向创造。比如，这首在中国奥尔夫音乐课堂中影响了两代幼儿园老师的"土豆丝皮"节奏动作儿歌，40多年来却遗憾地仅仅停留在了最初的基础范例"土豆丝皮"节奏动作儿歌作品之上。

千回百转……一直追求了将近40年，我也从30多岁的小青年追成了70多岁的老青年。但仍旧是"衣带渐宽终不悔"，又谁知"蓦然回首"，真理竟在眼前的"灯火阑珊处"。

这几年，在香港、深圳、南京、成都、西安等地，我和我的同伴们到处学习，如达尔克罗兹律动、教育戏剧、巴西战舞，甚至认真学习研究了新疆维吾尔族和延边朝鲜族民间社交舞蹈的价值以及传承状况……最终我们仍旧发现：无论古今中外，凡是真正受欢迎的教学理论或实践体系，都在提倡同一种教学进阶模式："模仿—理解—应用—创造性应用"。

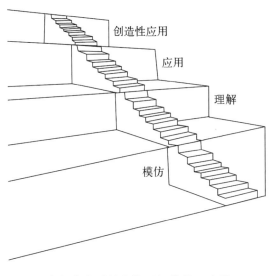

奥尔夫音乐教育体系经典学习阶梯

因此，从我个人的奥尔夫音乐教育体系学习经历和体验来讲，节奏语言、节奏动作、节奏乐器，仅仅是奥尔夫音乐教育理论与实践体系偏重使用的材料元素。如果说到原本，也就是奥尔夫最核心、最基本的价值观念和行动准则，那便是：以追求人的福祉为终极目标；以尊重学习者自主成长的身心规律为基本理念；以"循序渐进—学以致用—继承发展"为基本教学原则。

有人说：奥尔夫音乐教学法没有循序渐进的体系，但又自然遵循了学习者学习发展的身心规律。这个定论看似有些玄妙，但仔细追究起来，还是如金庸先生在《倚天屠龙记》中所分析的那个道理：熟手、高手们一旦到了融会贯通的境界，也就"无招胜有招"了。

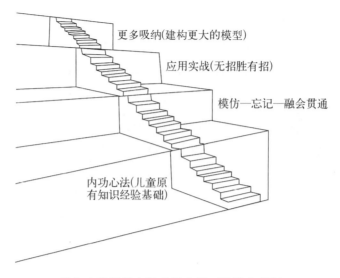

奥尔夫音乐教育体系经典学习阶梯之理解

但是，对于连必要的学习基础（内功心法）都拥有得"实在有限"甚至"一无所知"的初学者（新手、生手）们来说，还是要"老老实实"地遵循"模仿—理解—应用—创造性应用"的基本学习路径。

学习者在学习过程的每个环节中，更要不断进行理性分析（含反思）：为什么会这样？为什么必须这样？如果不这样会怎样？所以，本教材的编写者也就必须在提供范例（请记住：不是作品，也不是榜样）的同时，再加上必要的理性分析，以帮助初学者更好地理解范例中所包含的道理（规律）。

这也是本教材的编写者所追求的编写原则和编写质量标准。

南京师范大学　许卓娅

前言
——本教材的阅读指南

2016年我们在加拿大皇家音乐学院学习期间，几乎每一位授课老师都会首先告诉我们：奥尔夫音乐教育体系不是一种孤立的、从"天上掉下来"的教育体系。它的诞生和发展，是奥尔夫先生和他的合作伙伴们不断地学习各种相关理论、实践体系之后，再进行创造性发展与应用的结果。我个人的各种相关学习经验也不断地提醒我：任何受欢迎的教育体系，其中的基本规律都是一样的。

以前，曾有人告诉我奥尔夫先生说过的一句话：假如你做的事情和我一样，你就不是奥尔夫。当时我的理解仅仅是：奥尔夫音乐教育体系就是一种特别强调发展学生创造性的音乐教育体系。而现在我的理解是：奥尔夫先生如果真的说过这句话，那么其中的含义应该并不如表面所示，它还有更深层的意义，即学习者不能只是"拷贝"教材中的案例（许多西方留学归来的学者一直强调：奥尔夫音乐教育体系没有循序渐进的课程，没有教材……）。如同孔子所说，学习者不能仅仅"拷贝"那些教师提供的范例、方法和流程，而必须去理解这些东西所蕴含的因果规律。当学习者真正把握了内在目的与外在的方法、流程之间相互作用的关系之后，那些教材（据说外国老师更喜欢称之为参考作品或案例）也就不再重要了。因为成熟的学习者已经可以自己另外寻找和创作能够达成同样目的的"教学材料"了。对于本教材的阅读，需要说明以下几点。

首先，请读者不要站在"这是不是正宗的奥尔夫教材"的立场上来审读这本教材，而是要认真体会书中的范例到底会给你带来什么样的、可以改进自身工作的"启发"。

其次，正如前文所说，奥尔夫音乐教育体系不是一个孤立的、从"天上掉下来"的教育体系，同样也不是当下唯一代表最先进教育思想和拥有最先进教学技术的教育体系。因此，对于奥尔夫音乐教育体系与其他教育体系的相互借鉴的关系，以及各个不同教育体系之间"英雄所见略同"的关系，我们在此也尽力作了梳理。而且我们认为：这种梳理反而更加凸显了奥尔夫音乐教育体系作为当今世界先进的教学体系的"理所当然"性，同时也能够丰富读者对当今世界各种先进教学体系所共同追求的教育境界的认识。

奥尔夫音乐教育体系作为被公认的特别强调培养学生创造性态度和能力的音乐教育体系之一，"模仿—理解—应用—创造性应用"再加上适时、适当的分析，是该体系明确提倡的"教学流程",同时也是教育心理学理论所明确提倡的"必经"教学流程。本教材中不但列举了其他先进教学体系遵循此理论流程的实践范例,而且尽力让所有实践范例(无论是奥尔夫音乐教育体系教师提供的,还是我们自己根据此流程创作的)都凸显这一流程应用的样态,以便读者能够比较轻松自如地将理论和实践联系起来。

再者,本教材不仅为读者提供了音乐舞蹈教学所涉及的基本的生理学、心理学等理论方面的知识,提供了国外奥尔夫老师分享的教学方法、教学原则等方面的知识,还提供了许多国内外老师原创的具体教学案例。这些案例不仅全部都经过了实际教学操作的考验,被学习者和执教者高度认可,而且都使用了统一的表达模式,非常有利于读者从中体验到教与学的核心价值、核心经验和重要且必要的"教育服务"细节。

本教材提供的案例可以分成两大类型:一类是由外国奥尔夫老师原创或移植改编的经典案例,其中绝大部分案例都有本人亲身经历过的学习过程;另一类是由国内幼教同行原创或移植改编的优秀案例,这些案例全部都是经过作者与协作团队反复亲历和实地验证后的产物。其中,第二类案例又可分成两种:第一种是按照幼儿园年龄段特选的教学方案;第二种虽然指明可用于园本教师培训、职后教师培训,以及各类师范院校的相关教学法课程,但实际上,第二种案例也都是从幼儿园的教学实践中提取出来,仍旧可以返回到幼儿园的教学实践中去使用的。我们仅仅是因为对这部分案例在目标难度、学习负荷方面做了一些新的考量,才做这样的区分。

本教材的案例通过"注意""专题分析""温馨提示""友情提问"等特别栏目,为读者的学习、思考、迁移、应用提供了自我训练的思路。其中,关于教法细节的科学原理、游戏"微调变异"技巧的思路分析等特别知识,都能够在一定程度上帮助读者更好地学以致用、举一反三。

基于此,本教材中的"使能目标阶梯"项目,为读者提供了明晰的"教学递进"设计思路。其中,左栏为教师工作目标,右栏为幼儿学习目标。撰写规范是省略主语,从由主体发出的动词开始。之所以特别强调这些范文范例的作用,是因为很少有人注意教育心理学教材反复强调过的教与学"使能目标"的撰写规范,而这些规范都是非常重要的。如今,本教材提供了大量格式统一的范文范例,读者只要认真阅读和思考这些范文范例,便能够轻易掌握,不再走弯路。

此外,为遵循学习心理学的原则和奥尔夫老师的常用培训工作方式,本教材采取了在案例中针对具体教学行为"夹叙相应理论"的撰写方式,以便读者能随时随地地从"什么"(what)与"怎么"(how)直接衔接到"为什么"(why)。我们希望读者用心关注这些内容,慢慢地"了解—理解—尝试应用—娴熟地、创造性地该用则用"。

本教材的内容,是经过反复验证的,不仅适用于准备去幼儿园工作的学前教育专业在校学生及已经在幼儿园工作的在职幼儿教师,还适用于在小学工作的专业音乐教师、兼职从事音乐教学的教师和中小学音乐教育专业的在校师范学生，同时也适用于独立开展线上、线下课外音乐兴趣学习课程的教师。

鉴于本教材中的案例都是包含了操作性很强的具体流程和方法，还伴有上述的细节提示和分析，作为师范院校和教师培训机构的相关课程执教教师，既可以与学生共同学习成长，也可以引导、鼓励学生结成学习小组共同自学成长。

本教材除了包含大量具体可操作的范例之外，还提供了许多教育学、教育心理学、教育工艺学方面的知识，这些知识作为与范例相互支持的内容是必不可少的。但是作为职前的师范专业课程和职后新教师继续教育的课程，执教教师千万不要在课堂上专门讲解这些内容。我们提供两点建议：一是可鼓励学生自由阅读，作为课后书面作业；在进行小论文撰写或案例分析时，作为考查学生的阅读量和知识运用能力时的参考。二是告知学生，将来需要运用时可以随时返回本教材进行查阅。

另外，我们还希望读者能够仔细关注本教材在前两章中对相关理论问题的讨论，特别是对即兴创造性表现的生理、心理学知识的阐述。这些重要知识，很可能是其他奥尔夫相关教材或音乐教育类教材从未提供过的。另外，为了帮助读者更真切地体会我们的理解，承蒙出版社支持，我们还为读者提供了相应的教学实录视频。因为我们坚信"道术合一、道术相依"，才是本学科未来朝着"遵循教学的科学规律"不断发展的应然方向。

最后，党的二十大报告中指出：意识形态工作是为国家立心、为民族立魂的工作。社会主义核心价值观是凝聚人心、汇聚民力的强大力量。教育是国之大计、党之大计。培养什么人、怎样培养人、为谁培养人是教育的根本问题。育人的根本在于立德。全面贯彻党的教育方针，落实立德树人根本任务，培养德智体美劳全面发展的社会主义建设者和接班人。本教材自始至终，一直强调将立德树人的理念真切落实到师生互动的教与学过程中。希望读者也能切实关注和践行。

南京师范大学　许卓娅

目录

图标说明：可扫码观看活动视频。

第一章　中外著名音乐教育体系与奥尔夫音乐教育体系 /1

第一节　中外著名音乐教育体系 /3

第二节　中外教育思想的"对话" /8

第三节　奥尔夫音乐教育体系 /16

第二章　奥尔夫体系的教学法 /29

第一节　奥尔夫体系中重要观念的辨析 /31

第二节　奥尔夫体系中即兴的源头 /38

第三节　奥尔夫体系中的教学原则 /45

第三章　歌唱教学 /57

第一节　奥尔夫歌唱教学的基本内容及典型案例 /59

第二节　迁移应用的歌唱教学案例 /74

　　一、小班歌唱教学案例 /75

　案例1　公鸡头母鸡头 /75

　案例2　数豆豆 /78

　　二、中班歌唱教学案例 /81

　案例1　调皮的小鞋子 /81

　案例2　小雨点跳舞 /85

　　三、大班歌唱教学案例 /89

　案例1　小鸟小鸟 /89

　　案例2　我们都是好朋友 /93

目 录

　　　　四、歌唱教学课堂实训案例　/ 97

　　　　　　案例1　闪烁的小星星　/ 97

　　　　　　案例2　《静夜思》　/ 104

第四章　律动教学　/ 111

　　第一节　奥尔夫律动教学的基本内容及典型案例　/ 113

　　第二节　迁移应用的律动教学案例　/ 127

　　　　一、小班律动教学案例　/ 129

　　　　　　案例1　和艾玛捉迷藏　/ 129

　　　　　　案例2　狗熊吃面包　/ 137

　　　　二、中班律动教学案例　/ 143

　　　　　　案例1　章鱼和小鱼　/ 143

　　　　　　案例2　调皮的小鞋子　/ 149

　　　　三、大班律动教学案例　/ 155

　　　　　　案例1　小猴坐沙发　/ 155

　　　　　　案例2　大魔法师　/ 161

　　　　四、律动教学课堂实训案例　/ 165

　　　　　　案例1　匹诺曹要做真孩子　/ 165

　　　　　　案例2　猫和老鼠　/ 170

第五章　奏乐教学　/ 177

　　第一节　奥尔夫奏乐教学的基本内容及典型案例　/ 179

　　第二节　迁移应用的奏乐教学案例　/ 204

目录

一、小班奏乐教学案例 / 205

案例1　小小魔法师 / 205

案例2　老鼠三明治 / 210

二、中班奏乐教学案例 / 215

案例1　水果摇摇杯 / 215

三、大班奏乐教学案例 / 220

案例1　雷神 / 220

案例2　师兄不好啦 / 226

案例3　嘻哈农场 / 232

四、奏乐教学课堂实训案例 / 237

案例1　狮王进行曲 / 237

案例2　土耳其进行曲 / 243

结语 / 249

第一章 中外著名音乐教育体系与奥尔夫音乐教育体系

学习目标

（1）了解相关音乐教育体系的基本价值立场和工作思路。
（2）了解奥尔夫音乐教育体系产生的背景和发展的方向。
（3）理解学习本课程需要确立的基本教育立场。

本章提示

本章主要介绍了中外著名音乐教育体系，同时梳理了它们共同的基本价值立场和工作思路，旨在使读者能够理解两点：一是必须遵循育人终极价值取向，二是必须尊重人的学习需要与发展规律。这两点是我们在进行教育理论建设、实践探索以及知识技能学习时所应坚守的第一准则。

本章导览

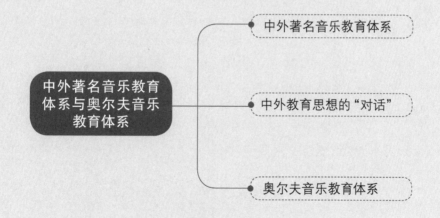

第一节　中外著名音乐教育体系

一、达尔克罗兹体态律动体系

达尔克罗兹（1865—1950）先生在20世纪初创立了达尔克罗兹体态律动体系。该律动体系，是大家所熟悉的世界著名音乐舞蹈教育式理论与实践体系。

达尔克罗兹先生本人原先在瑞典皇家音乐学院教授和声、作曲，因发现学生需要直接通过随乐的身体动作实操，才能更好地感知音乐和用音乐进行表达，最终发明了这种教授音乐的特殊方法。但这种方法最初并不为人们所理解和接受。他本人甚至还为了这一发明而被迫离开皇家音乐学院，后与友人自办了一所音乐学校。当然，这种教学方法最终还是被广泛认可，成为当今世界著名的音乐教育体系。

达尔克罗兹体态律动的重要特征在于以下四点。

第一，韵律体态和动作不是目标，而是媒介，最终是为了更好地感知和表现音乐，以及表达自己对音乐的感受。

第二，音乐中所有概念（速度、力度、节奏、节拍、旋律的运动形状或走向、句子和段落的结构模式等）都可以通过体态律动来形成、巩固和提升。

第三，指导老师必须在现场即兴演奏钢琴。根据音乐训练内容的不同，指导老师用演奏强调要求学员感知和表达的既定的音乐概念特质。

> **注意**：这种教学方法对指导老师的钢琴即兴演奏技能要求很高，所以自21世纪以来，许多学习使用该方法的老师创造性地放弃了对钢琴即兴演奏的追求和坚守，而改成使用自己更容易表现音乐的方法，例如：弹奏吉他、吹奏竖笛，甚至歌唱等。

第四，学员对指导老师所提供的音乐进行的"动作反应"，被要求是完全即兴的，但仍旧要反映出教学内容的相关要求。例如：现在要求用徒手动作（或下肢行进动作，或操作网球、纸带的动作）表现柔和的（或热烈的）三拍子音乐的"拍子特征"等。

达尔克罗兹体态律动体系对其后创立的许多音乐教学体系都曾产生过很大的影响，其中就包括奥尔夫音乐教育体系。

二、拉班律动理论体系

拉班（1879—1958）先生与达尔克罗兹先生不同，他的研究和贡献主要是在身体运动本身的表现力方面。

拉班先生为此总结出了律动表现力的概念体系：力量（上升或下降、收缩或扩张、紧张或松弛等）、空间（水平空间的高或低、空间方向、运动线路、运动幅度的大或小）、时间（动机、句子、段落的长短）、运动的流畅与阻滞，以及八种动作元素（砍、压、冲、扭、滑动、闪烁、点打、浮动），形成了德国现代舞理论先行的倾向。

拉班的舞蹈教育理念坚持"内外合一，身心合一"，这与中国教育的"知行一致"有着异曲同工之妙。拉班先生的这项贡献影响了20世纪至今一百多年的音乐、舞蹈、体育

（体操）教育，以及身心障碍运动治疗等相关领域，甚至在音乐指挥专业的训练课程和研究中，我们也经常可以看到人们对拉班律动理论体系的应用。

三、邓肯现代舞蹈体系

邓肯（1878—1927）女士，是一位美国舞蹈家，也是西方现代舞蹈创始人。随着音乐自由舞蹈，是邓肯女士的舞蹈中最有个性的特质。但需要特别注意的是，这种自由舞蹈也绝对不是"无中生有"的，具体反映在以下事实中。

（一）动作积累

早年，邓肯女士曾经在大不列颠博物馆潜心研究过古希腊绘画和雕塑，并认定自己在这些古代艺术精品中找到了新的舞蹈表现形式。在最初的作品中，她总是依托由古典音乐所激发的灵感，身着薄纱轻衫赤脚起舞，像自然女神一样自由地表现天空、大海、森林等自然界的生命运动样态。

> **注意**：天空、大海、森林的主题是一种框架，具体运动状态也是一种语汇元素。这些都是需要积累后才能够运用的。

（二）音乐、故事积累

1913年以后，邓肯的创作转向悲壮、英雄的题材，如：著名作品《马赛曲》和《国际歌》表现的是法国革命题材；《前进吧，奴隶》是将音乐作品《上帝保佑沙皇》反其道而行之，基于全新的俄国农民反抗沙皇暴政统治的故事而创作的；《伊菲革涅亚在澳里斯》表现的是希腊古代神话中的一段悲壮的英雄献身故事。

> **注意**：神话、英雄史诗和现实主义革命等题材的故事及选用的音乐，也都是邓肯舞蹈创作所依据的框架。

（三）将观众控制在自己用动作创设的氛围当中

据早年在邓肯舞团表演过的一位演员介绍，邓肯在表演《伊菲革涅亚在澳里斯》的时候，时而幸福安详，时而悲壮凄凉，令人无限神往。这充分说明，邓肯并非像有些人想象的那样，仅仅是随着音乐兴之所至地即兴作舞，而是善于用优雅壮美的动作将观众全然吸引在自己设定的艺术气氛之中。

在《马赛曲》和《前进吧，奴隶》中，她用"压抑—挣扎—号召战斗—挣脱桎梏"的一系列体态表现，以及舞动巨大的红色战袍和红旗等舞蹈样态，表现了被压迫的民众由追求自由的信念所产生的强大鼓励力量。

> **注意**：在邓肯的作品中，大到"追求自由的信念"，小到"旗帜和战袍"，没有一样是"无中生有"的，都是个人原有经验的重组。

（四）传承：在俄、德、法办学

邓肯女士先后在俄、德、法等国家创办舞蹈学校，教授学生。她的舞蹈思想和舞蹈实践，不仅为美国现代舞的创立铺平了道路，而且还从精神上推动了德国现代舞的发展，更影响了后世许多著名的舞蹈家，如现代芭蕾之父米哈伊尔·福金等人。

> **注意**：从这一系列事实中我们又可以证明：即便是专业的即兴舞蹈，也必然是有素材、有框架的即兴组织。

四、约翰·费尔拉班德早期儿童音乐教育体系

约翰·费尔拉班德（1952— ）先生是拥有柯达伊教育体系背景的美国著名早期儿童音乐教育家。

柯达伊教育体系从整体上说，是建立在早期音乐教育基础上的。柯达伊认为音乐教育应当从幼儿园开始，以便使儿童尽早获得音乐体验；他还认为儿童唱歌和说话同样的自然，并且歌唱教学的展开可以不受儿童发展水平和客观物质条件的限制。

约翰·费尔拉班德先生最重要的贡献在于以下两个方面：

一方面，他花费了几十年的时间深入民间收集了大量的传统民间歌曲、舞蹈和游戏（特别是传统亲子音乐游戏），并将这些作品和素材应用到了早期儿童音乐教育的教材之中，使得这些包含了独特的游戏化教学方法的教材给早期儿童教学体系带来了更多朴实而又灵动的风气。

另一方面，他创造的由浅入深、从操作到体验再到概念的"视唱教学体系"，将音乐素材积累、乐理、视唱、多声部合唱、音乐即兴创作等多种音乐能力训练统合成为一体，且完全不失音乐学习活动的审美性体验，实属难得。

五、"高瞻课程"的律动目标体系

产生于美国的"高瞻课程"，是一种早期儿童全领域综合课程。该课程中的律动教学体系是由密西根大学人体运动学系名誉副教授菲里斯·卫卡特（1962— ）创建的。她在著作《动作教学——幼儿动作的核心经验》里，提出了很有启发价值的教学目标分类概念体系，具体如下：

（1）把动作转换成语言。

（2）把语言转换成动作。

（3）非移动动作。

（4）移动动作。

（5）动作与音乐协调。

（6）动作与他人协调。

（7）动作与物品协调。

（8）创造性地做动作。

这套概念体系既可以帮助老师明确自己到底要教什么,也可以指导老师观察和评价自己教学的效果。可以说,它是确保教育教学质量的有用工具。

六、巴西战舞

巴西战舞是一种集武术与舞蹈于一体的巴西传统民间体育与娱乐活动,活动开始之前需要拉伸韧带。巴西战舞主要有以下几个流程。

(一)流程一:情绪的准备

学员自选乐器演奏(巴西传统民族乐器),老师击大鼓伴奏。从老师自己开始,每位学员轮流领导大家唱相关民歌(老师提供标有拼音的歌词和歌曲音频,回家至少练习到能领唱一两首歌)。

(二)流程二:热身运动

学员进行各种速度、力量、耐力、柔韧、平衡、协调、灵敏性的练习。从老师开始,每位学员轮流大声帮助大家数节拍,每种动作都要数八个八拍,有时还要重复。跑跳也要数。

(三)流程三:复习最基础的动作

最基础的动作是:左右横向移动下肢的动作(左脚向左横移一步,右脚也向左横移,右脚从左脚后面越过踏于左脚斜后方;向右方做相反动作),然后再逐渐加入手臂自然摆动的动作。老师每次都会亲自带大家反复练习许多次,新学员也很轻易地就做到了。

> **注意**:这个基础动作需要每天练习,老师、高手学员也不例外。

第一层动作"升级":将手臂从自然摆动升级到将单臂提高到可以护住头部的位置,并逐步下降体位至"深蹲"低位,反复练习多次。

> **注意**:这是扩大了"幅度"的基础动作,要求每天练习,老师、高手学员也不例外。

第二层动作"升级":继续进行左右横移练习,但将前式中的动力腿"横后撤"改为"横前跨",反复练习多次。

> **注意**:这是"微调—变异"的基础动作,要求每天练习,老师、高手学员也不例外;也是对抗时"进攻—横扫动作"的准备练习。

(四)流程四:教授新动作

第三层动作"升级":两个八拍的动作组合。动作一:第一个八拍左右各交替移动两次,第二个八拍在喊到"七、八"时做"下蹲护头"动作;动作二:在喊"七、八"时,做前横跨动作。

第四层动作"升级"：两人配合，面对面，向对称的方向移动，在第二个八拍喊"七、八"时，一人下蹲护头，一人做前横跨动作。

> **注意**：这是"拓展—变异"的基础动作。需要重点关注的是，对抗时的"自我保护动作"准备练习。

第五层动作"升级"：将前横跨改为从下蹲者头上横跨过去。因下蹲者体位非常低，见对方的腿横扫过来时，会更自然地弯腰低头，且双方都预知在第二个八拍的"七"字上对方要发动攻守动作，所以也容易配合做到。

当第二次上课时，老师要求不再喊拍子，而要尽量密切注意对方动作"起式"的意图，即要求将"预设配合"改成"即兴反应配合"。

> **注意**：由于之前有了很好的层层递进的准备性练习，这次的动作也比较容易达标。

（五）流程五：**实战对抗练习**

围成圆圈，每人至少进圈与他人打斗三次。

当第二次上课时，老师在基础练习部分，加了侧手翻的动作。

（六）流程六：**结束课程**

大家再次奏乐和唱歌。

> **注意**：由于每一个进攻动作都一定会有与之相匹配的防守动作，当学员慢慢达到高度熟练的程度后，即便是即兴对打也是在打配合，所以不会发生伤害事故。

七、王添强教育戏剧体系

王添强老师是一位在我国香港地区工作的教育戏剧专业工作者。他长期专注于学习、研究和推广教育戏剧的理念与技术，并在香港创立了自己的剧团和教育戏剧专业人才培训体系，同时也常年在内地提供与教育戏剧相关的培训。他的教育戏剧体系包含大量从各国其他专业体系中吸收的知识与技能，也拥有大量他和他的团队独创的观点和案例。下面介绍的就是一个与创造性音乐舞蹈教学活动关系密切的案例。

这个案例从学习者熟悉的一颗小种子（原有经验）出发，在阳光雨露的滋润下（教师提供新的语汇和思路），不断"添枝加叶"，逐步成长为一棵"枝繁叶茂"的大树。这种"小种子成长流程"在奥尔夫老师的教学案例中屡见不鲜，已经成为相对稳定的教学范式（模式）。实际上，它也就是一种学习者在教师的引导与扶持下自主自然成长的学习范式。

使能目标阶梯

一首小歌开始的挑战

流程8 教师鼓励学员将布景（如座椅）、道具（如扫把、头巾）融入自己的作品，然后分享……

流程7 教师鼓励学员将熟悉的游戏融入自己的作品，再展演……

流程6 教师以范例和讲解激励学员使用左右对称、曲线运动、环绕和旋转等思路丰富原舞蹈动作，用与同伴身体接触等互动思路提升互动趣味，再展演……

流程5 将歌表演动作替换成集体舞蹈动作，并加入队形变化，再展演……

流程4 各组从组员们自己带来的各种绘本中选择一个故事，根据故事信息创编新歌词，换掉《两只老虎》中的原歌词（动作不变），展演……之后，再根据新歌词重新创编适合的表演动作，再展演……

流程3 培训教师将学员分成若干8—10人的学习小组，分组创编新的歌表演动作，经排练、展演、分享、评价、完善后展演。

流程2 培训教师邀请学员示范一套自己原先就会做的《两只老虎》的歌表演动作。邀请全体学员模仿这位提供信息学员的歌表演动作。

流程1 培训教师带领全体学员围成一个圆圈，邀请学员提议一首大家都熟悉的儿童歌曲，复习此歌曲。（如被推荐的歌曲是《两只老虎》）

注意： 上述流程中的省略号表示每次展示分享都包含评价、自我完善、相互学习等内容。

第二节 中外教育思想的"对话"

一、布鲁姆教育目标分类理论

布鲁姆（1913—1999）是美国当代著名的心理学家、教育家，芝加哥大学教育系教育学教授，曾担任美国教育研究学会会长，也是国际教育评价协会评价和课程专家。他的一个重大贡献就是创立了"教育目标分类学"体系。1956年，他提出了思维的六种级别：识记、领会、应用、分析、综合、评价。从此之后，这六种思维级别被广泛接受和使用。2001年，布鲁姆的后继者对这个体系做了一些微调，把日益被重视的"创造"概念加进了这个层级体系，并将之置于层级金字塔的顶端，以表明他们对此种能力在难度层级和价值层级上的看法。

布鲁姆的另一个重要贡献就是他所提出的"掌握学习理论"。在这个理论中，学习者若能真正达成掌握，不能缺少以下三个必要条件：第一，必要的认知结构（学习的基础）；第二，积极的情感态度（学习的心向）；第三，反馈—矫正系统。布鲁姆认为第三个条件是整个系统的核心。反馈—矫正，即教师针对不同学习者、不同问题给予的必要支持。当然，之后更新的理论表示：有些反馈—矫正，不一定必须是教师给予的，即在教师的引导下，学习团队的同伴也可以给予，或者学习者自己也可以自我觉悟、自我纠错。

二、孔子"举一反三"理论

孔子（前551—前479），春秋末期鲁国（今山东曲阜）人，是我国古代著名的思想家、教育家，儒家学派创始人。

孔子开创了私人讲学的风气，倡导仁、义、礼、智、信。他曾带领部分弟子周游列国前后达十三年。孔子晚年修订《诗》《书》《礼》《易》《乐》《春秋》六经。孔子去世后，其弟子和再传弟子把孔子及其弟子的言行和思想记录下来，整理编成儒家经典《论语》。

至今，孔子的时代已经过去2 000多年，我们尝试穿越时空的隧道，让当今的这些外国教育家和孔子来个"对话"，看看是否"英雄所见略同"。

子曰："不愤不启，不悱不发。举一隅不以三隅反，则不复也。"（出自《论语·述而》）

我们先来看看孔子上一段话的今译版：教导学生，不到他冥思苦想仍不得其解的时候，不要去开导他；不到他心里明白却无法完善表达的时候，不要去启发他。如果给他指出一个方面，他不能由此推知其他类同的方面，就不要再教了，再教也是教不会的。

> **注意**：这里我们同样可以看到：学习的基础、学习的心向和老师提供"反馈—矫正"支持的重要作用。

我们再来看看可以怎样来理解这段话在早期儿童艺术教育中的含义。

第一，我们可能需要用一个有趣的任务来激发幼儿的参与热情，让他们经过努力（动脑、动手）来创造出他们能够引以为傲的成就（成果）。这个任务需要基于幼儿的生活经验，又不完全等同于他们的生活经验；基于幼儿当下的能力，又在其最近发展区，让他们能够感受到审美感动所带来的震撼和能力（知识技能）挑战所带来的激励。只有给予幼儿这样的任务，他们才有可能"愤"——在努力思考、探究、想象之后，进入一种不甚清晰、不甚完善，甚至迷惘、空白的状态，老师可在这时通过范例给予幼儿思路，因为此时幼儿的心智是最能主动吸收能量的。同理，当幼儿随后进一步产生不知怎样把自己的理解、思路、创意表达出来的困惑之时，便是"悱"的状态，老师可再通过范例给予导引，从而帮助幼儿顺利进入"豁然开朗"——自我认可的状态。

第二，我们不能仅仅从字面上来理解"举一反三"的含义，而应该深入理解"举一"，即"举例"对于学生（含幼儿）理解"概念""规则""高级规则"的重要性。我们知道：这些"概念""规则"，都是抽象出来的具有普遍意义的认识对象，即便是成人，对于陌生内容的学习，也无法从一个具体事物的例子中抽象出"普遍"意义。比如，人们只有在认识了许多具体的动物以后，才了解什么是动物；在认识了许多具体的食物之后，才能在见到新的食物时，明白这个也是一种食物。同理，当我们要求幼儿认识某一概念或规则时，如果没有提供数量充分的具体案例，或者虽有这一概念、规则，但幼儿对其的原有具体经验积累不足，以至于这个"学习任务"不在幼儿的"最近发展区"，那么无论老师再怎么努力地教，也是无法教会幼儿的。

这里面有两个关键点：一是幼儿学不会，是教得不得法，如举例太少或举的例子没有能够凸显其所要呈现概念的关键特质；二是幼儿学不会，是任务不在幼儿学习的"最近发展区"，即任务没有建构在幼儿原有知识经验的基础之上。

三、其他各种现代教育教学理论及教育概念

2018年4月，经济合作与发展组织（OECD）发布了一份名为《教师作为学习环境的设计者：创新教学法的重要地位》的报告。这份报告指出教学法是教学与学习的核心，并通过来自世界范围内多所学校的案例表明，以下前6种有别于传统的教学法正在全球范围内方兴未艾，将会深刻地改变未来的教育走向。此外，还有3种热门的教育概念。

（一）游戏化教学

游戏和玩耍在儿童的学习中扮演着重要角色，有利于促进儿童的智力、情感与社会性发展。通过玩耍和游戏的教学，能促进儿童的积极参与。这类教学上的创新，正让学习变得有趣和吸引人。另外，这类教学实践是建立在游戏能够抓住儿童的兴趣点，从而促进其学习的基础上的。

游戏化教学有两个主要的教学要素：一是动机要素，即快速反馈、目标清晰、渐进的挑战和主动地参与；二是情感要素，即故事和身份、合作和竞争。

游戏化教学一直在不同年龄层中被有效使用，如：成人、大中小学生及幼儿，同时也在各种不同学科中被成功应用，例如：科学、数学、语言、体育、历史、艺术及设计。游戏化教学既可以促进游戏者在学习、合作、探索与创造方面的自我管理，也能向游戏者传授复杂的规则，向他们介绍他们所不熟悉的世界，吸引他们参与到不熟悉的任务与逻辑中。

游戏化教学的基本原则包括：每个人都是参与者，学习就像玩耍一样；从做中学；及时反馈；每个环节都相互关联，并有持续不断的挑战。基于这些原则，游戏化教学超越了游戏的设计，强调玩耍的基础作用和游戏融入正规教育的方式。

（二）混合学习

混合学习的主要目标是将技术与数字化资源的优势最大化，根据学生的需求促进差异化教学，并推动课堂互动。这一教学实践是建立在小组活动和密集的面对面互动的基础之上的，以促进学生积极参与。

在计算机提供相关信息后，教师就从常规工作中解放出来，有更多时间用于概念的应用，并提供要求更高、更复杂的问题任务，以促进学生对概念的深度理解，并推动学生之间的交流。

混合学习主要有三种形式：

（1）翻转课堂。学生先自学下节课的相关资料，课堂上在教师的帮助下实践、拓宽和加深对知识的理解。

（2）基于实验室的模式。学生分组在学校实验室与课堂之间交替进行学习，通过与教师面对面的互动，对所学内容进行应用。

（3）线上线下混合学习模式。每位学生遵循定制的课程表，通过在线与面对面交流交替进行的方式学习。

（三）计算思维教学

通过逻辑促进问题解决、计算思维贯通数学，以及信息通信技术与数字化素养的培养，为我们提供了一个利用信息通信技术培养大量横向技能的统一框架。

计算思维教学实践的核心是"以计算机能够帮助我们解决"的方式来思考问题，然后再解决问题。计算思维教学的起点是计算机，但是这并不一定意味着要使用计算机，掌握编程或懂得代码。这类教学法明确将学习编程和代码作为一种新的素养进行培养，是学习信息通信技术的一种新方法。

计算思维教学法主要有五个基本要素：

（1）逻辑推理，包括分析、预测与推断结果。

（2）分解，将一个复杂的大问题分解成许多小问题。

（3）算法，甄别并描述规律，形成分步骤的教学。

（4）抽象，抓住问题的核心，排除不必要的细节。

（5）建立关联，对同样的问题用相同的解决方法。

（四）体验学习

体验学习是指让学习者直接与正在学习的现实之间建立联系的教学法。学生通过积极的体验、探究和反思进行学习。这类教学实践包含一些最能代表学校创新的教学法：基于项目的学习、基于服务的学习、不确定性能力教学、可持续发展教育、户外学习等，旨在培养学生在应对真实、复杂的挑战时所需要具备的关键技能。

1. 体验学习的三种主要形式

（1）基于项目的学习。其核心是真实世界的问题容易抓住学生的兴趣，能够引发学生认真思考，从而帮助他们获得并应用新知识。在教学中，教师需要减少对学生的指导，要让学生积极发言并发挥作用。教学过程通常包括挑选项目和确认开展方式。项目会围绕一个问题或挑战开展。学生可反复走进实验室，参与多样化的活动及开展研究，在真实的探究中合作、讨论，开展个性化学习。

（2）基于服务的学习。在这一学习过程中，学生需要使用知识和技能来解决真实社区的需求问题。例如：从河流中捡起垃圾是一种服务，而研究水样本是一种学习。但是，当学生通过收集和分析水样本来用于开展当地污染情况的案例研究，并帮助权威机构改善水治理时，就是一种服务学习。基于服务的学习，是培养21世纪学生所需技能（如批判思维、复杂阅读和写作技能、解决问题和冲突的能力）的一种重要的教学实践方式。

（3）不确定性能力教学。学会在一个复杂的世界中应对知识的不确定性，需要构建起一个将不确定性纳入学习过程的学习环境，以促进学生批判地思考世界，并作出合理的决策。不确定性能力包括应对不确定的信息和情境，具体可分为三类：学会评价、容忍不确定性和减少不确定性。比如：户外探险学习就是这类教学实践中的典型代表，它要求学生面对不熟悉的情境并走出舒适区，需要合作、讨论、反思并与社会联系。

2. 体验学习的四个要素

（1）一项任务的具体经验，指个体或小组积极参与独立的任务，这些任务有可能会颠覆学习者的信念与想法。

（2）反思性发现，指解决因假设与价值观之间的差异而形成的冲突的这一过程，它能不断促使学生反思。

（3）抽象概念化，通过创造、建模和形成新理念来理解经验与反思的意义。

（4）积极实验，将所学内容付诸行动，并将它置于与学生密切相关的环境中。

总之，体验学习不仅是一个发现的过程，其目的也不仅是复制科学发现的过程。准确地说，它是一个经过良好规划的学习过程，需要建立在学生参与合作性、反思性活动得到的有意义的体验的基础上。因此，教师通过搭建脚手架来为学生提供支持是非常重要的。例如：提供专家指导、组织复杂的任务并降低认知要求等。在体验学习的项目中，学生在体验发生之前、之后及接下来所进行的所有活动都非常重要，它们是体验的教育性的重要体现。

（五）具身学习

具身学习是指各种关注学习中的非智力因素的教学实践，它强调身体和情感的重要性。为了促进知识获得，具身学习非常重视学生的社会性、创造性体验和积极参与的重要作用。

1. 具身学习的理念与教学原则

具身学习的主要理念为：学生自觉地使用身体去学习，比坐在桌边或电脑前更有效。大脑尽管对于学习非常重要，但它并不是唯一的认知与行为源泉，情景化的认知需要学生将身体、情感与社会要素都纳入学习环境中。

具身教学法强调开发和利用年轻人的两大自然气质——创造和表达，有意识地应用创造性体验,加之学生的积极参与,能促进其知识的获得。这一教学实践使得许多传统上更偏向抽象思维、个体被动获得内容的教育系统开始发生重要改变。

具身学习的教学原则包括以下几项:

(1)身体与思想在学习中一起发挥作用,运动与概念相互联系。

(2)行动与思维同时发生。

(3)科学与艺术彼此影响并相互支持。

(4)身体与思想时刻处于对话中。

(5)现实与想象相互缠绕。

以上这些原则对于教学非常重要,因为儿童有两个自然的学习倾向——创造和表达,只有将这两个动力结合,具身学习才能促进其知识和经验的获得。

2. 具身学习的教学实践

(1)具身学习有三种主要的教学实践。

一是基于学校的体育文化,强调体育在提高个人品质和思考技能方面的作用。

二是艺术统整学习,通过将艺术与其他学科结合的方式来促进学生积极参与,旨在增强学生的投入程度、动机与毅力,从而培养学生的创造性、运动技能、自信心、高层次思维技能和批判思维技能。

三是创客文化,通常发生在实验室或创客空间,学生在这里可以进行工具和人工制品的修补与建造。他们通过使用、探索、试验各种材料和工具,并在适当的支持与相互间的合作下进行深度学习,从而逐渐形成对科学的兴趣。

具身学习能够作为一个创新教学实践被单列出来,是因为它正转变着我们对人类认知的理解——从传统的抽象思维与被动的内容获得转向日益与情感、身体运动和创造性联系。具身学习特别适合对学生好奇心、灵敏度、多视角思考、冒险精神、隐喻思考及其他元认知技能和执行技能的培养,也有助于对学生社会情感技能的培养。同时,具身学习还适合探讨一些跨学科的内容,因此,它与21世纪学生所需技能的培养高度相关。

(2)在学校中,具身学习可以在三个层面实施。

第一,体育与艺术课上的各种活动和体验,也可以将科学课上对光合作用的解释与舞蹈结合,帮助学生学习这一概念。

第二,工作坊或者项目,通过与校外的艺术家或专业人士建立合作来为学生反思从具身学习学到的课程和内容提供平台。

第三,将学生的身体运动、创造性培养和情感融入学校的核心学科中。现在有越来越多的学校、相关专业机构能提供这类实践的指导和工具箱。

(六)多元读写能力和基于讨论的教学

这类创新教学强调语言的多样性,以促进学生的批判思维与质疑精神。这类创新教学不是单一的教学法,而是涵盖了各种实践与教学原则。其本身就融合了两个相互联系的教学法:多元读写能力教学和基于讨论的教学。

多元读写能力教学和基于讨论的教学包含以下四大教学原则：

（1）情境化实践。用学生的生活体验创造有意义的课堂活动，教学中必须考虑所有学生的情感与社会文化需求。

（2）明确的指导。教师需要积极干预，支持学生的各种学习活动。

（3）批判建构。确保学生获得必要的理论指导，使其能应用知识解决问题。

（4）可迁移的实践。鼓励学生将学习体验与日常课堂任务结合，并应用到其他情境与文化背景中。

（七）STEAM课程

近年来在世界范围内还出现了另外一个非常热门的教育概念：STEAM。该课程是名副其实的跨学科整合性综合课程，五个单词的缩写分别代表：Science（科学）、Technology（科技）、Engineering（工程）、Art（艺术）和Mathematics（数学）。

STEAM课程是通过基于真实问题解决的探究学习与基于设计的学习来开展的，强调让学生在学习情境中发展设计能力与问题解决能力。它最初仅仅是一种基于科学思维和工程设计的STEM课程。而近来，Art（艺术）被融入STEM中，即成为STEAM，这不仅仅是一个大胆的尝试，更是认知方式的一次突破。很多人将艺术与STEM视作对立面，其实不然。实际上，艺术和STEM并不是冲突的关系，而是相得益彰的关系：科学建立逻辑的理性思维，而艺术则建立自觉、想象、顿悟的感性思维。

STEAM课程包含了丰富的学习材料和设备，比如：模型、积木、画笔、电路等充满创造力的工具，让学生运用多学科的知识来解决问题，帮助他们在实践中锻炼自己各方面的能力。STEAM课程不但注重学习与生活的联系，也关注学习的整个过程，倡导学生在动手探索的过程中能提出问题、合作讨论、提出方案，尝试解决问题，继而迎接新的挑战。

（八）电子游戏设计

电子游戏自诞生以来，因其对玩家的巨大吸引力造成了许多社会问题而被不断诟病。但也有人从另外一个角度提出疑问："为什么有那么多孩子会对游戏上瘾却不喜欢上课呢？"通过分析游戏设计原理不难发现，孩子不是喜欢打游戏，而是希望在游戏中寻找现实生活给不了的快乐。

世界顶级游戏研发总监简·麦戈尼格尔在《游戏改变世界》这本书中提出，游戏公司一般会用以下三招来让玩家入迷：① 目标（适宜，层层递进）；② 规则（清晰明了）；③ 反馈（及时明确）。

世界著名管理大师布莱恩·布鲁克在其企业管理类专著《游戏化设计——真实趋势×陷阱规避，打造商业成功》一书中，也精辟地阐述了相同的观点：① 目标——向往自我完善（改变行为、获得技能、驱动创造……）；② 过程——克服非必要的阻碍，不断达成阶段性目标；③ 手段——持续的反馈激励。

（九）"预见学习"研究

这是一个美国的著名中学教育改革研究项目，其中"游戏化学习"是其达成提升学生学业成绩和学习素养的有效手段。这里的游戏化策略非常具体，也具有较高的可操作性。

策略一：借鉴已有的成熟游戏，将游戏或游戏中的某些元素直接运用到教学过程中，以便起到相应的提升教学效率的效果。

策略二：不仅仅是对已有游戏的简单借鉴和应用，而是需要教师从实际教学内容和学生基础的角度出发，使设计能更契合教学任务和学生本身的学习能力，从而达到促进学习效率和提升学生基础素养的目的。

综上所述，如果将这些所谓的最"时尚"的教学法或更加上位课程中的教育教学设计、实施理念重新加以梳理，并围绕我们长期坚持的"游戏化"教学的核心理念重新建构，我们可以得到这样一个认识：所有能够让学生积极投入学习并获得有效成长的教学机理，其实都是相通的。具体如下：

（1）吸引学生投入的情境（无论是真实情境还是假想情境，都应该是一个让学生觉得有意义的情境）。

（2）具体清晰的和层层递进的学习任务。

（3）明确的（学生能够理解和追求的）学习达成标准。

（4）及时而富有激励性的反馈（必须让学生明了对错并主动追求自我完善，老师不但要承担主要的直接反馈义务，还要承担引导学生自我反思和鼓励学生相互反馈的义务）。

（5）老师引导的"建设性质疑"和"学以致用"。

（6）学习方法上最大程度地整合与互补（将感性—理性学习，模仿—创造学习，独立—合作学习，线上—线下学习，校内—校外学习，道德、科学—审美学习，工作、生活—游戏学习等学习要素尽可能一体化）。

四、从孔子到梁启超、蔡元培的终极育人目标理论

除了在教学法方面特别强调"举一反三""循序渐进""所有的学习和创新必须建立在学习者以及人类原有的知识经验基础之上"以外，中国学者与世界学者同样一以贯之地统一强调任何教育都必须重视"立德树人"的根本教育立场和终极教育目标。

孔子所强调的"礼乐合一"，在蔡元培那里体现为"以美育代宗教"。梁启超也曾特别撰文强调："孔子说：'知者不惑，仁者不忧，勇者不惧。'所以教育应分为知育、情育、意育……知育要教到人不惑，情育要教到人不忧，意育要教到人人不惧。教育家教育学生，应该以这三件为究竟，我们自动的自己教育自己，也应该以这三件为究竟。"[①]

从中国出发前往世界上寻找同音的回声，我们可以在杜威先生那里找到：民主社会的教育必须与下述经验相匹配，即帮助受教育者尽力关注社会发展的共同福祉；尽力关注所有社会成员的合理发展状态和需求。在奥尔夫的教育实践体系中，真正的奥尔夫老师无

---

① 梁启超.老子、孔子、墨子及其学派[M].北京：北京出版社，2018：2.

一例外地在自己的教学行为中明确地体现出这种"礼乐合一"的教育影响力。比如：引导学生关注他人、关注团队；引导学生关注自己的合理选择和尊重、支持他人的合理选择等。

因此，我们在传播和学习奥尔夫音乐教育体系的时候，千万不要把这个体系仅仅看作是一种音乐舞蹈的知识技能教学体系，而应该把它看作是一种"通过音乐舞蹈活动来教育人的体系"。

中国奥尔夫协会的会长李妲娜老师一直反复强调：不要再使用"奥尔夫音乐教学法"这样的概念词。这是因为：这一体系的原生状态，是不能简单划分到音乐、舞蹈、文学、戏剧任何一个领域中去的。一个更重要的事实是：这一体系不是一种单纯的艺术领域知识技能的教学法体系，而是一种"使用综合性的艺术活动手段来教育人"的教育理论与实践综合体。我们在本教材中仍旧采用"奥尔夫音乐教学法"的称谓，仅仅是为了顺应一种当下的习惯而已。

第三节　奥尔夫音乐教育体系

奥尔夫（1895—1982）先生早年曾经是德国著名的作曲家，他创作了大量的著名音乐作品，后期才逐渐开始转向儿童音乐教育。在创立自己的音乐教育体系的过程中，他吸收了大量他人的理论与实践经验，例如：拉班律动理论体系、达尔克罗兹体态律动体系、柯达伊教学法的音高手势、原生态乐器、传统民间音乐、传统民间文学、传统民间舞蹈、传统民间游戏等。可见，他真正是一个特别擅长取人所长的"集大成者"。（又是一个"有中生有"的榜样）

奥尔夫先生

奥尔夫音乐教育体系的核心流程是："模仿—理解—应用/创造—分析"。这个流程是非常符合当代教育心理学所提倡的教育目标分类层级的，即"模仿—理解—应用—分析—创造"。下面我们来看两套"奥尔夫基础课程"教学流程实例。

> **8月24日，加拿大皇家音乐学院**[①]

> ········ **第一课　律动** ········

1. 暖身活动

流程略。

2. 基本节奏练习（全音符、二分音符、四分音符、八分音符）

（1）坐姿，倾听鼓声指令。学员在老师的引导下理解鼓声音响与音符所规定的时值长度的关系，要求学员能够说出相应的音符名称（分析）。

---

① 本教材提供的这些案例，是编写者根据亲身经历的加拿大皇家音乐学院的奥尔夫培训整理而来的。为此，本教材中保留了培训的时间和地点。

（2）坐姿，倾听鼓声指令。学员模仿老师对鼓声的上肢动作反应。

（3）站姿，倾听鼓声指令。学员模仿老师对鼓声的下肢动作反应。

（4）站姿—移动，倾听鼓声指令。学员模仿老师对鼓声的上肢动作反应（全音符），同时模仿对鼓声的下肢动作反应（四分音符）。

> **注意**：以上都是学员模仿老师的范例。

（5）站姿—移动，倾听鼓声指令。学员自己选择上肢和下肢之间任何可能产生的节奏组合。

（6）站姿—移动，倾听鼓声指令。学员自选上肢和下肢之间任何可能产生的节奏组合。当听到鼓声节奏样式发生变化时，学员便要将正在表现的上下肢组合变更为新的上下肢组合。

（7）自由空间移动，增加同伴，学员要相互交流面部表情，其他同上。

（8）自由空间移动，学员见到同伴，除了要相互交流面部表情以外，还要增加身体的相互接触与相互配合，其他同上。

（9）音乐变为老师弹奏的钢琴即兴音乐，将以上（6）—（8）环节重复一遍。

（10）音乐变为器乐音乐录音，再将以上（6）—（8）环节重复一遍。

> **注意1**：以上环节都是当音乐发生变化时，学员就要变化自己所创作的上下肢组合动作。
> **注意2**：所谓的学员创作，只不过是将老师提供的原始材料进行自由拆分和重新组合而已。所以，自由拆分、选择、组合等都是非常重要的词语。

3. 故事表演《睡美人》（一首简单的分节歌）

$$1=C \quad \frac{2}{4}$$

```
0 5 | 6 5 4 2 | 1 3 0 3 | 2 4 0 4 |
从    前有一个   城堡，好    城堡，好

3 5 0 5 | 6 5 4 2 | 1 3 0 3 | 5 5 | 1 - ‖
城堡。   从前有一个   城堡，    很久   以前。
```

（一共有10段歌词：①有一个城堡；②有许多人；③有一个巫婆；④巫婆施魔法；⑤大家睡去；⑥树丛长起；⑦王子骑马；⑧王子砍树；⑨王子唤醒；⑩城堡舞会）

（1）坐姿，学员倾听、观察老师边唱边表演。

（2）坐姿，学员边听老师演唱，边用上肢模仿老师的表演。

（3）站姿，学员边听老师唱，边模仿老师的表演。

（4）一位学员志愿者扮演"王子"，其余学员继续模仿老师对①—⑩段歌词的表演，"王子"即兴表演⑦—⑩段歌词。（表演到第⑥段歌词"树丛长起"时，所有人都是自由长起的树；表演到第⑧段歌词"王子砍树"时，所有人一一倒下变成睡觉的人；表演到第⑨

段歌词"王子唤醒"时,王子把大家一一唤醒;表演到第⑩段歌词"城堡舞会"时,大家一起自由地表演城堡舞会的盛况)

(5)老师总结:作品能把思想、情感、身体融为一个整体。故事和动作模式给了学员一个"创作的框架"。在这个框架中,学员可以在强有力的支持下自由发挥;如若没有这个框架,学员就会很混乱,不能体会到作品的艺术之美。

注意: "创作的框架",在奥尔夫音乐教育体系中也是非常重要的概念。

4. 物品联想与创作表演

(1)学员围坐成圆圈,老师出示鼓和鼓槌。
(2)学员分别联想:可能是生活中的什么物件,仅能用动作表现。
(3)学员志愿者轮流进入圆圈展示与分享,其余学员猜测表演者所表现的事物。
(4)老师引导学员关注"能量模式和动作性质"之间的关系。如学员提供的范例:绣花——柔和连贯,飞碟——爆发迅猛等。
(5)老师敲击鼓面:学员表现"因被人追杀而在森林中狂奔"。
(6)老师摩擦鼓面:学员表现"在山路上身心疲劳地挣扎前行"。
(7)老师轻击小铃:学员表现"在即将融化的冰面上小心移动"。
(8)老师引导学员理解什么是"能量":上述(5)和(7)环节都是身心的绷紧,但两者是不同程度的绷紧;(6)环节中没有能量,所以无法绷紧。
(9)老师提供直径大约4.5厘米的结实的纸棍,请学员尝试用任何可能的方法将其"弄"出声音,然后试着"奏乐"(奏出系列音响),以配合用动作表演以下内容(各由一段小诗描述事物的细节,此处略):一个巨人、一个精灵、一只极小的老鼠、一只极大的球。

注意: 因为纸棍无论怎样敲击都不会发出过于嘈杂的声音,所以可让许多学员在同一时间用纸棍进行探索。

(10)老师小结:
① 所有以上活动,都可以作为将来学习"使用乐器表达内在能量模式"的铺垫。
② 儿童天生就能够表现各种不同的情感体验,但在后天被压抑了,教育应让其恢复天性。
③ 所有的动作都需要投入"生动的精神能量",然后再转化成"生动的身体能量"输送出来。

5. 哑剧游戏"魔法手套"

(1)老师用正常的音量从1数到10,边数边假装一个手指一个手指地将手套戴上,然后变成"哑巴"。

注意: 可能是一种在情境中逐渐让儿童自然集中注意力的策略。

（2）在老师的引导下，只能做动作和表情。

（3）老师用"气声"从1数到10，边数边假装一个手指一个手指地将手套摘下，然后恢复"嗓音"。

> **注意**：可能是一种在富有神秘感和趣味性的氛围中让儿童自然控制情绪和行为的策略。

（4）在老师的引导下，同时发出声音，并做动作和表情。

6. 手指故事游戏"迪克和达克"

老师仅用双手表演"两家距离很远的一对好朋友迪克和达克相互拜访，但总是错过对方"的故事，请学员单纯模仿。

> **注意**：单纯模仿也可以积累许多有趣的材料和思路。

7. 对比形象表演游戏

老师范例：大熊和松鼠。
学员迁移：水牛和小鸟。
具体过程略。

> **注意**：还是从模仿到理解再到迁移使用。

8. 关节表演游戏

具体过程略。

> **注意**：以上5—8环节的主要功能是让学员了解更多的游戏形式，因此，所用的时间很少。

9. 乐器表演游戏"汤姆的鬼魂"

$1 = {}^\flat E \quad \frac{4}{4}$

6̣ 5̣ 6̣ 1̲ 7̲	6̣ 5̣ 6̣ - ｜（上升）
1 7̣ 1 3̲ 2̲	1 7̣ 6̣̲ 7̣̲ 1̲ 2̲ ｜（伸展）
3 5 3 6̲ 5̲	3 2 3 - ｜（飘动并拓展）
3̲ 3̲ 2̲ 2̲ 1̲ 1̲ 7̣̲ 7̣̲	6̣ 5̣ 6̣ - ‖（下降）

（1）老师一句一句地演唱，学员一句一句地模仿（回声）。

（2）学员加入音条琴和沙球伴奏。

（3）老师带领学员加入动作（见乐谱后括号内的文字）。

（4）老师退出，学员独立唱、奏、做动作。

（5）两个声部用"卡农"的方式唱、奏。

（6）两个声部用"卡农"的方式唱、奏、做动作。

注意： 这一部分教学的阶梯感非常强。加了"卡农"之后，作品丰富的层次感越来越强烈。

第二课 教学法

1. 理论介绍

（1）所有的歌曲教学游戏，都应该成为"教学法"工具箱中储存的"工具"。

注意： 在这里特别强调了积累的重要性。

（2）三个"W"：作品（what）；教学法（how）；教学理论（why）。

2. 声势即兴"卡农"

具体过程略。

注意： 技术的东西必须每天练习，掌握后才能应用。

3. 教学实操

每个人将昨天老师布置的配器作业，按照老师讲义上规定的"19个教学步骤"教授给自己小组（4人一组）的其他同学。

实例

19个教学步骤

① 学生学唱歌曲。（经常采用动作、回声、接龙等方式教唱）

② 学生唱歌曲，教师唱"音型"。（有歌词）

③ 学生分两组分别唱歌曲和"音型"。

④ 两组学生之间相互交换声部。

⑤ 用行走或拍腿的方式表现"音型"。（为演奏做准备）

⑥ 学生模仿音条琴的演奏动作表现"音型"，教师唱歌曲。（进一步为演奏做准备）

⑦ 学生将"音型"真正转移到音条琴上演奏。

⑧ 学生分两组，分别唱歌曲和在音条琴上演奏"音型"。

⑨ 两组学生之间相互交换声部。

⑩ 学生唱歌，教师演唱"色彩补丁"声部的语言，并做声势动作。

⑪ 学生做"色彩补丁"声部的声势，教师唱"色彩补丁"的旋律。

⑫ 学生将"色彩补丁"转移到乐器上演奏。

⑬ 学生尝试分成三个声部，分别表现歌曲、音型和"色彩补丁"。

⑭ 学生各组之间相互交换任务，轮流尝试各个不同声部。

⑮ 学生唱歌，教师加入补充性节奏部分（即无音高打击乐器声部节奏的词语或声势动作）。

⑯ 学生做补充性节奏部分（即无音高打击乐器的词语或声势动作），教师唱歌。

⑰ 学生分成四个声部，分别表现歌曲、音型、"色彩补丁"和无音高补充性节奏的词语或声势动作。

⑱ 学生将无音高补充性节奏的词语或声势动作转换到乐器演奏。

⑲ 学生进行四个声部的尝试：歌曲、音型、"色彩补丁"和无音高乐器补充性节奏。各组之间相互交换任务，轮流尝试各个不同声部。

> **注意1**：音型即"固定旋律音型"，国外文献中常称之为"波尔动"。
> **注意2**："色彩补丁"也是一种有音高的重复出现的旋律。因其通常短小，出现在主旋律比较疏松之处，出现次数较少，所以被称为"色彩补丁"。
> **注意3**：补充性节奏，是为丰富音型而添加的元素，其功能类似色彩性音型，但通常用无音高打击乐器来演奏。

从上述流程我们可以体验到：奥尔夫体系的"教学法"在教学流程设计方面是相当细致严谨的，对学习者在学习中可能需要的指导也是相当细致入微的。

在实际的教学过程中达到以下效果：相互启发；自我反省；熟悉教学法流程；深入理解每一个步骤的重要性；发现新的问题和思考解决办法；不能解决的问题请教老师。

> **注意**：对于更为复杂的技术流程，更是必须每天练习，这样才能达成熟练应用的目的。

4. 新歌教学技巧"提问"——《三只瞎老鼠》

（1）老师介绍理论：不要"傻教"；最好能用不同手段对歌曲中重复或类似的句子进行分析；或对需要理解、记忆的重要问题进行处理。

> **提示**：有实例，有实操。

（2）老师提供范例：《三只瞎老鼠》。

老师提问、引导学员理解和记忆——在每遍范唱之前提一个问题，结束后重复这个问题，以激励、检查学员的有意记忆情况。

实例

提问	回答	范唱内容
① 谁？	老鼠	三只瞎老鼠
② 几只？	三只	跟在农妇后面跑
③ 怎么跑？	跟在农妇后面跑	被割掉了尾巴还不知道
④ 发生了什么事情？	被割掉了尾巴	
⑤ 它们知道自己的尾巴被割掉了吗？	不知道	
⑥ 哪些词是押韵的呢？	wife（妻子），nife（刀子），life（生活）	

提示：有歌词，有框架。

5. 配器《喷火龙丹丹》

提示：有故事，有框架。

$1=F$ $\frac{2}{4}$

6 6 6 | 3 3 | 3 2 | 1 7 6 |
喷 火 龙 丹 丹 打 嗝 一 整 天，

1 1 1 | 2 2 | 3 2 | 3 — |
为 什 么 总 是 停 不 了？

6 6 | 3 3 | 1 1 2 | 3 — |
可 怜 丹 丹 很 难 受 哟！

6 6 | 3 3 | 1 1 7 | 6 — ‖
可 怜 丹 丹 很 难 受 哟！

（1）教师引导学员建构出来的配器方案。

① 固定低音： 6 0 | 6 0 | 6 0 | 6 0 |
　　　　　　 喝　 水　 憋　 气

② 色彩补丁：谁 帮　它 0；吃 点　糖 0；敲 敲　背 0……
　　　　　　（鼓）

③ 补充音型：陪 · 它 | 看 医 生 | 吃 · 点 药 | 0 |

④ 尾　奏：敲 — | 敲 — | 背 0 0 0 |
　　　　　 呕吐声…………////////// 青蛙跳出来
　　　　　（蛙鸣筒刮奏　　钹一击保持延音）

⑤ 前　　奏：**6** － ｜ **6** － ｜ **6 6** **6** ｜ **6** － ｜
　　　　　　　丹　　　　丹　　　 生病 了　　吗？

（2）教学流程。

① 老师讲述绘本故事，学员用回声模仿的方法学会歌曲。

② 引导学员加固定低音（根据节奏创编语言—选择乐器演奏创编出的语言节奏—用低音木琴和低音铝板琴演奏）。

③ 引导学员加色彩补丁（根据节奏创编语言—选择乐器演奏创编出的语言节奏—用高音钟琴演奏）。

④ 引导学员加补充音型（根据节奏创编语言—选择乐器演奏创编出的语言节奏—用无固定音高乐器"鼓"演奏）。

⑤ 引导学员加前奏和尾声。

⑥ 引导学员加即兴的8—16拍插部（学员原本手里拿了什么乐器，就用什么乐器即兴演奏）。

⑦ 老师带领学员完整表演。

> **注意**：这是一个"一而再，再而三"结构的故事，因此采用了"回旋曲"的曲式结构：① 前奏；② 唱歌，大家按照预先设计好的配器为歌唱伴奏；③ 学员一起"即兴演奏插部"，在"插部"伴奏声中，老师继续讲故事（朋友给喷火龙丹丹出主意，"敲敲背"止住打嗝）；④ 尾奏，大家用语音重现朋友给丹丹出的主意，如"敲敲背"。因为没有止住打嗝，所以第二遍继续由第二个朋友出主意……以此类推，直到最后喷火龙丹丹把青蛙吐出来为止。

6. 布置作业

自己作曲（当天老师教过方法，即寻找现成诗歌作为歌词，为之创作旋律）；为自己的歌曲作品配器；复习老师所教的"19个教学步骤"，并将作品教授给同学演唱、演奏。

> **注意1**：现成诗歌是歌曲创作的框架；创作出来的歌曲是配器的框架；创作好的配器是教学设计的框架，然后再配上"19个教学步骤"的框架。老师总是让学员自然遵照"有框架的工作"的原则在做。
>
> **注意2**：老师总是严格遵照"学以致用"的原则在做。

8月25日，加拿大皇家音乐学院

········ 第一课　教　学　法 ········

1. 教学实操

具体方式见8月24日第二课教学法中的"教学实操"。

注意：自从老师发放了"19个教学步骤"以后，天天都是如此。

2. 理论介绍

（1）学习音乐应有"难度发展序列"。

如"多声部的学习"：

① 一层"固定音型"。

② 多层"固定音型"。

③ "复调"式多声部（如"朋友歌"：《两只老虎》和《划小船》）。

④ "卡农"（是非常重要的多声部学习内容）。

⑤ "回旋曲"（给了所有人在"插部"即兴表达的机会）。

⑥ "恰空"（也可译为"夏空"，是一种复调音乐形式，即在固定的主题或一连串固定的和声进行之上作多次变奏）。

⑦ "柱式和声"式多声部。

注意：理论分析与实例相互结合，便于促进学员理解。

（2）老师小结。

注意：模仿是基础，没有人是天生的"贝多芬"。

第二课 唱歌

1. 老师用"各种游戏方法"教授儿歌

具体过程略。

注意：老师提醒学员将这些游戏方法放入自己的"工具箱"。这是老师在引导学员注意：这些游戏方案是可以在日后设计自己的教学方案时根据条件和需要自由使用的。

2. 布置作业

回家自己设计歌唱教学游戏（请学员将这些方法拿出来使用，同时鼓励学员使用自己原先积累的游戏工具），下次上课时教授给大家（学员之间相互分享，老师检查理解、应用情况，有问题会及时指导纠正）。

注意：老师在当天布置的作业中就要求学员使用当天所学的内容了。当然，老师还不忘提醒学员：你自己的"工具箱"里面也应该有一些可以使用的"游戏工具"。

第三课　竖笛

1. 即兴指挥吹奏（练习吹奏C调五声音阶）

（1）老师提供范例，用柯达伊体系中的"柯尔文手势"即兴指挥大家吹奏竖笛，然后让学员分组练习：两人一组，一人即兴指挥，另一人吹奏，交换进行；四人一组，一人指挥三人，轮流进行；大组，一人指挥全体，轮流进行。

> **注意**：双手动作相同，每摆出一个姿态可以停留一下。因为吹奏的都是"全音符"，所以达成这个入门的"起始目标"并不是太困难。

（2）老师引导学员用视谱法学习歌曲《砍树歌》，然后转换到竖笛上吹奏。

（3）全体演唱歌曲（作为主部），插部即兴用do、la（小调）两个音即兴吹奏一组"两个8拍（两句）"的插部。

（4）全体吹奏主部，插部以四人一组、每人轮流的方式即兴吹奏8拍（四句）。

2. 竖笛编曲吹奏（练习指法和气息控制）

（1）老师给音名素材，如：A是do re mi sol；B是la sol mi re；C是sol mi re do；D是mi re do la等。全体用竖笛即兴（随便排序）演奏。

> **注意**：老师在这里提供了语汇和思路。

（2）老师制定调式规则：第四句结束音必须是do（大调）或la（小调）（现在就只有C、D可以排最后了）。

（3）老师提供音高卡片，分小组排卡片"编曲"，然后进行练习。

① 第一小组选择排序ABCD，即：do re mi sol；la sol mi re；sol mi re do；mi re do la，就是一个小调旋律。

② 第二小组选择排序DBAC，即：mi re do la；la sol mi re；do re mi sol；sol mi re do，就是一个大调旋律。

> **注意**：老师提供音高、节奏素材的卡片是一种重要的策略，因为视觉的材料非常稳定，不需要识记和回忆，随时可以使用。后面我们也会大量使用此种策略来支持学员的创意学习。

（4）大组展示，其他小组需用耳朵听出演奏小组的排序方式。然后，老师对此进行评价。

> **注意**：在这里，还是老师给了节奏基石、语词和语义等创编素材，给了组织的框架，给了创编的示例，给了分组创编、展示、学员间相互学习与相互支持的机会和老师的评价指导，以及给了细致入微、层层递进的教学组织模式。这也就是创作教学入门的模式，有了模式支持，就便于学员在专业领域的进一步学习。

这样的安排犹如8月22日的课程中，老师给了 $\frac{6}{8}$ 拍的6个词（含词组），同样让学员使用这些词组创编一段以歌曲《渔歌》为主部的回旋曲的插部。这些词分别是：A."爱她就"；B."捕很多鱼"；C."朋友"；D."一起撒网"；E."造一艘船"；F."带她和你去"。老师给的示例为：AAAB，即"爱她就，爱她就，爱她就，捕很多鱼"；CADC，即"朋友，爱她就，一起撒网，朋友"。

由此可见，同样是老师给了节奏基石，给了语词和语义，给了组织模式，给了创编的示例，给了分组创编、展示、学员相互学习和老师评价指导的机会。这也就是创作教学入门的模式（有模式真好，特别适合低起点者进入专业领域的学习）。

3. 即兴"问—答"吹奏

（1）两人一组合作创作一首8拍的"问句"，并吹熟。（预成）

（2）大组展示，两人吹自己创作并练熟的问句，集体即兴吹奏（生成）一个答句。

> **注意**：这个即兴教学还是"预成+生成"创作表达的经典教学模式。个人在集体中即兴创作会相对感觉放松，吹错了也不会太有压力。

4. 即兴插部吹奏《我的小小歌》

1 = D 2/4

| 1 1 1 2 | 3 5 5 | 3 5 5 | 3 5 5 |
| 我 来 奏 支 | 好 听 歌， | 好 听 歌 | 好 听 歌， |

| 1 1 1 2 | 3 5 5 | 3 5 2 5 | 1 - ‖ |
| 我 来 奏 支 | 好 听 歌， | 一 支 好 听 | 歌。 |

（1）学会演唱——演奏主部。

（2）四人一组创作插部，一人一句，练熟。（老师用持续的低音伴奏）

（3）加入学员志愿者的音条琴和打击乐的8拍即兴插部。

（4）主部集体唱、奏（老师伴奏）；回旋插部由不同的四人小组轮流担任。

5. 综合表演《银岸之地》（唱、竖笛、音条琴、舞蹈）

1 = F 2/4

6̣	6̣ 6̣	3̇ 3̇ 3̇	6̣	6̣ 6̣	3̇ 3̇
6̣	5̣ 6̣	5̣ 3̣ 1	2 1 2	3 −
6̣	5̣ 6̣	5̣ 3̣ 1	2 1 2	3 1 6̣
6̣ 6̣ 6̣ 6̣ 1	6̣ 6̣ 6̣ 6̣ 1	6̣ 6̣ 6̣ 6̣ 1	6̣ − ‖

（1）老师介绍该歌曲是一首描述海滩美丽风光的作品。
（2）全体学员视唱乐谱。
（3）全体学员视奏竖笛。
（4）老师引导全体学员用音条琴和打击乐配器为竖笛演奏伴奏。
（5）学员分工唱歌、吹竖笛、伴奏、即兴舞蹈。

6. 布置作业

（1）结伴玩，即兴看手势指挥吹奏竖笛。
（2）结伴玩，即兴问答游戏。
（3）吹熟老师规定的"考试"曲目。

> **注意**：我们在此提供的是加拿大皇家音乐学院的最初级的奥尔夫课程内容，而且不是全部。我们当今的许多教师培训存在两类问题：一是只有理念和原则的语言宣讲报告，而没有使用实例和操作来帮助学习者理解理念和原则；二是没有培训后的"作业"实践和老师对作业实践中存在问题的反馈。这样的培训使受训者的理念更新和实操改进缺乏实际效率。所以，许多类似的教师培训费力不讨好的根源便在于此。

♪ 专题分析 ♪

两个经典奥尔夫教学游戏

1. 四散追捉跑

参与者两两结伴，自己先协商谁是逃跑者，谁是追捉者。游戏开始，若干对游戏伙伴同时在同一足够大的空间中展开追逃活动。与传统追逃游戏不同的是：逃跑一方可以随时自主决定停止逃跑而转变为追捉的一方。一旦逃跑者变成追捉者反过来追捉那原先追捉的一方时，原先追捉的一方便要立即变成逃跑者。

注意：这个游戏规则的改变，产生了新的教育价值，即帮助游戏者认识到"真实生活中，人在许多情境中的反应是需要随时注意改变的"。奥尔夫老师在解释这个游戏时讲了一个故事：在印度某个城市的大街上，突然出现了一只从动物园外逃的猛虎。大街上的人们惊慌地四散逃跑。人们的惊慌行为刺激了老虎，同样惊慌的老虎连伤数人。这时，一位男士突然转身猛扑向老虎，随后又有更多人变逃跑为"战斗"。最终，人们制服了猛虎。

2. 即兴舞蹈比赛

教师用报数的方法将参与游戏者随机分成两个小组，要求他们根据教师播放的统一音乐即兴舞蹈，最后依次展示并评价哪组更胜一筹。

评价标准是：在舞蹈过程中，必须出现一个领舞者，领舞者必须自然产生——谁的动作高明到令大家信服和欣赏，大家便要立即像"众星拱月"一般作出陪衬性的统一的舞蹈动作；陪衬性动作的统一也必须自然产生——群舞中谁的动作被大家认可，大家便要立即作出统一的陪衬性舞蹈动作；整个过程中，领舞者和陪衬性动作都可以随时更换。重点是看整个团队舞蹈的相互协调的状态（时间、空间、风格方面的对比或互补）和变化过程中达成协调的速度。

注意：尽管其中包含了对舞蹈知识技能与创新能力的评价，但更重要的评价焦点是：在领袖的产生过程中，个人对团队共建责任的承担意识。

问题讨论与练习

1. 通过本章的学习，你还认为奥尔夫音乐教育体系仅仅只是一种音乐舞蹈的教学法体系吗？
2. 立德树人应该用专门的德育课程来实现吗？
3. 奥尔夫音乐教育体系受到了哪些教育体系的影响？未来还可能有哪些新的发展？
4. 分小组自由选择本章中的若干案例亲自体验一下。
5. 体验"四散追捉跑"和"即兴舞蹈比赛"两个游戏，并分享心得体会。

第二章　奥尔夫体系的教学法

学习目标

（1）理解奥尔夫体系中"创新"的真实内涵。
（2）理解奥尔夫体系中"即兴表演"能力形成的机制。
（3）理解奥尔夫体系中的几个重要教学原则。

本章提示

本章分为三大部分。第一部分重点分析了当下教育界被误解较深的"模仿与创新"的关系问题。第二部分重点介绍了"即兴表演"能力形成的机制——语汇和思路的积累与应用练习。第三部分重点介绍了奥尔夫体系在教学法中的几个重要教学原则：表演与欣赏、游戏、创作一体化原则，小步距循序渐进原则，"站上巨人肩膀"的原则和"学以致用"的原则等。

以上三个部分的关系是：模仿便是"站上巨人肩膀"，模仿的对象便是"范例"中隐含的语汇和思路，"思路"便是各种"模式"，或直接可以称之为"规律"。

本章导览

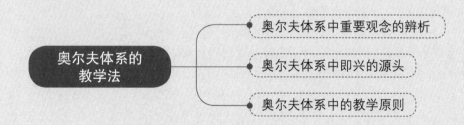

第一节 奥尔夫体系中重要观念的辨析

一、文化继承和文化发展的关系

（一）问题

在20世纪80年代之前，我国的幼儿园教材实行的是"一纲一本"、全国统一的管理模式。幼儿园教师只需要拿着教材"照本宣科"就可以了。因此，教师也没有选择新音乐、开发创编新教学活动的需求。20世纪末以来，随着时代的发展，新一代的幼儿园教师越来越关注"园本"甚至"班本"教材，以及课程的开发。在这样的背景下，受幼儿喜欢的新活动便如雨后春笋般地生发出来。幼儿园音乐教学的"百花园"日益呈现出一片生机勃勃的喜人景象。

由于没有统一编写的教材（传统意义上的音乐教材内容主要是乐曲和歌曲作品），教师们发挥了最大的主观能动性和创造性，将自己的原有曲库自由地加以改编，或者从传统媒体与网络媒体上搜寻、选择一些中外经典音乐作品及新创作的音乐作品，然后将这些作品改编、设计成满足自己班级幼儿需要的音乐活动。这些工作本来应该是值得称赞和支持的好事情。但问题是，一些理论工作者、管理工作者依据自己手中掌握的、没有经过"研究、讨论和更新"的相关理论，对幼儿园教师的创造性工作提出了种种质疑。其中，主要有以下几种质疑：

（1）经典的音乐作品是不能够进行任何删减或改编的，甚至作品原有的歌词、名称或释义都不能有丝毫的变动。变动即表示不尊重原作者。

（2）如果一部作品原先描写的是轻盈、乖巧的小兔，那就无论如何也不能将其改编成描写笨拙或凶恶的狗熊，即作品的情绪风格永远是固定的，不能有改变。

（3）如果这部作品最初描写的是比较"低级趣味"的内容，一旦选用了这样的作品，无论怎样改编，都消除不了"低级趣味"的烙印，并且必将会对幼儿产生严重的不良影响。

（二）辨析

实际上，由于这些对一线教师的质疑直接来自理论工作者或管理工作者，他们被公认为是具有权威性的行业理论专家，同时也是公认的行业管理和专业指导的权威。因此，他们的观点通常也被公认为是正确无误的。这样一来，幼儿园一线教师即便有继续申辩、讨论的理由和愿望，也往往无法表达自己的观点。

然而，稍微了解一点世界音乐发展史的人都会知道，民歌、民间说唱、民间器乐、民间舞蹈音乐主要是从劳动人民的生产和生活中经过一代又一代人传承积淀下来的；在传承积淀的过程中不但一直跟随民族迁徙、民族融合而发生变化，而且其中大部分从形式上就形成了"自由即兴""随性变化"的传统；同一部作品的动作、节奏、旋律、歌词、演奏的乐器都是自由的、变化的……世界文化发展史也告诉我们，在远古时代，能够将大家熟知的作品稍加改变或者多加改变的人，是被族群高度尊重的人。请看下面的实例。

> **实例**
>
> **经典歌曲的形成与发展**
>
> 民歌填词——《东方红》
> 歌赋词牌——《沁园春·雪》
> 戏曲曲牌——西皮流水
> 《茉莉花》——《图兰朵》（歌剧）
> 《天堂与地狱》——康康舞——《草莓歌》
> 《约翰弟弟》——《国民革命歌》——《两只老虎》——《猎人的送葬行列》
> 《学生宿舍的旧吊桶》——《中国男儿》——《工农兵联合起来》

上面的实例已经再次清楚地表明：古今中外、上下几千年，无论是劳动人民、知识分子、专业音乐人、普通教师与学生，还是当代的革命志士，无一不是经常使用改编的方法来进行创作的。

这里需要特别说明的是：实例中的《天堂与地狱》是由法国作曲家雅克·奥芬巴赫创作的一首宗教题材的器乐曲。其中，最为著名的部分是描写诸神狂欢场面的序曲，它后来被巴黎著名的"红磨坊"夜总会选用，作为表演康康舞时的伴奏音乐。

> **注意**：在此也需要为康康舞正名。它是早期流行于法国的一种民间舞蹈，最初都是由男性来表演的，后在洗衣妇、女裁缝、纺织女工等劳动妇女中传播，最后才进入夜总会等娱乐场所。在进入娱乐场所之前，它主要是一种人民群众自娱自乐的舞蹈，热情奔放，健康向上，没有任何暴露、色情的成分。

此外，喜剧电影《河东狮吼》也选用了《天堂与地狱》的重要旋律，并重新填词，如"来来我是一粒草莓"就是其中的一句，因此又被称为《草莓歌》。中国成千上万的听众也正是因为这部电影和后来被转换成的手机铃声而熟悉了这段旋律。而这段旋律本身，是无所谓高雅或低俗的。

有的幼儿园教师选择《草莓歌》的歌词模式，尝试在幼儿园引导幼儿即兴演唱，询问和回答名字、食物，如"来来你叫什么名字"或者"来来你吃什么早饭"。这样的改编是无可厚非的，根本谈不上有什么"低级趣味"。再看以下两个实例。

> **实例**
>
> **当代著名流行音乐的成型**
>
> 歌曲：《I Love You》（电影《东成西就》插曲）
> 改编自：罗西尼《威廉·退尔》序曲
>
> 歌曲：《波斯猫》
> 改编自：科特比《波斯市场》
>
> 歌曲：《不想长大》
> 改编自：莫扎特《第40号交响曲》

> **实例**
>
> 《两只老虎》的前生后世
>
> 《约翰弟弟》(法国童谣，歌词内容：叫弟弟起床——情绪温柔，中等稍慢的速度)
> 《国民革命歌》(中国革命历史歌曲，歌词内容：打倒列强除军阀——情绪激昂，稍快的进行曲)
> 《两只老虎》(中国童谣，歌词内容：两只缺少某些器官的老虎——情绪欢快诙谐)
> 《猎人的送葬行列》(奥地利器乐曲，改成小调——慢速的葬礼进行曲，情绪哀伤，风格怪诞)

注意：奥地利作曲家马勒，在一次参观美术作品展览的时候偶然看到了一幅作品，作品展现的是一群动物正在悲痛地为躺在马车上的猎人送葬的场面。他突发奇想，想要创作一部音乐作品来表现这样一个他认为十分怪诞的场景。于是，他想到应该用一段人人皆知的熟悉旋律来进行改编，让人们能够产生一种似曾相识又似乎很陌生的奇妙感觉。最终，他采用了4种手段来改变原作品天真烂漫、活泼欢快的性质：① 将大调改成小调；② 主要使用大管、大号、大提琴等音区低沉且音色厚重的乐器；③ 使用了极其缓慢的速度；④ 将小号的号管用专门的橡皮塞子塞住，以便能够吹出一种"公鸭嗓"般刺耳的音色，并为这种"阻塞音"音色小号专门写了一段速度快一倍且在高音区位置的旋律，重叠在那个悲痛的葬礼主旋律上。这才最终成就了我们今天能够听到的马勒版《两只老虎》。

从上面的实例中我们也不难看出：虽然作品的旋律模式（上行、下行、级进、跳进等）也是情绪表达和形象描述的要素之一，但速度、力度、音区、调式、调性、音色、和声等要素及其整合细节，比起单独的曲调样式更能够影响作品最终的形象描述和情绪表达。

下面大家可以亲自尝试做一做这个创意活动——"换衣游戏"。

闪烁的小星星

一闪一闪亮晶晶，满天都是小星星。
挂在天上放光明，好像许多小眼睛。
一闪一闪亮晶晶，满天都是小星星。

这是大家都非常熟悉的一首法国童谣，现在请尝试使用以下耳熟能详的中国民歌曲调并参照这些民歌原有歌词的情绪来演唱一下，看看你能够获得哪些新体验。

- 《夫妻双双把家还》。
- 《小白菜》。
- 《咱们的领袖毛泽东》。
- 《小河淌水》。

下面我们再换一种玩法，请把以下的大调歌曲换成小调，并用慢速度重新演唱。

- 《两只老虎》（将"do re mi do"换成"la si do la"）。

- 《闪烁的小星星》（将 "do do sol sol la la so" 换成 "la la mi mi fa fa mi"）。
- 《铃儿响叮当》（将 "mi mi mi，mi mi mi，mi sol do re mi" 换成 "do do do，do do do，do mi la si do"）。
- 《生日快乐歌》（将 "sol sol la sol do si" 换成 "mi mi fa mi la sol"）。

实际上，许多著名的专业作曲家的知名作品也都是在民间音乐的曲调或别人创作的著名曲调的基础上创作出来的，如钢琴协奏曲《黄河》、小提琴协奏曲《梁祝》等。

最后，我们再来看舞蹈方面的实例。中央电视台《向经典致敬》栏目，在介绍著名舞蹈家贾作光先生对中国蒙古族舞蹈发展的贡献时，特别提供了这样一个重要的信息：我们现在所看到的许多蒙古族舞蹈的经典动作，其实并非原始的舞蹈样式。其中大量动作都是由贾作光先生在蒙古族劳动人民的原始自娱动作，甚至是宗教祭祀动作的基础上改造发展出来的，之后先进入专业的舞台舞蹈表演和舞蹈教学领域，再通过这些专业表演和专业教学活动返回到民间，继而改造了原始的民间舞蹈动作。

综上所述，既然没有"为尊重原作者而不能修改原作品"之说，也没有"作品性质无法改变"之说，且"高雅"或"低俗"的表演完全取决于实际的表演操作。那么，只要我们一线教师牢牢把握住积极、健康这一审美底线，也就不大可能有问题了。另外，还需再给大家一个善意的提醒：既然独立思维、创意思维、批判质疑思维及共同建构思维已经成为当今我国教育界乃至整个社会的共识，那么作为业务管理、业务指导、业务培训的专业人员，就应该更加关注学术疑问。当碰到学术疑问时，这些专业人员就应该和一线教师一起研讨和学习，共同建构、共同提高。

二、观察模仿学习与探究创造学习的关系

（一）问题

自20世纪80年代以来，整个教育界在反思：为什么我们培养出来的许多学生比较缺乏独立思考、质疑批判及探究创造的能力？

研究发现，我国的学校教育过度强调"教师示范、讲解，学生观察、模仿"的教学方式，这使得学生没有机会在教师的指导下锻炼独立思考、质疑批判的能力，也没有机会锻炼应用及创造性应用自己已经习得的知识与技能的能力。因此，这需要对学校教育中的课程内容、课程组织方式及教学法体系进行改革，而且这一系列的改革还必须与教师的儿童观、教育观、知识观、教学观的改造同时并进。

> **提示**：这里要特别强调，不是所有学生都缺乏这些能力，因为在上下几千年间，中国曾经出现过无数对国家及对世界文化发展作出重大贡献的人才。

基于以上发现，后来的改革意向、动向本身应该是没有问题的，但由于我们在理论和实践上一直没有认真澄清观察模仿和探究创造两种学习之间的复杂互动关系，因此，许多教育工作者对观察模仿学习产生了很大的误解，最终导致我们的教学工作陷入了另外一种误区，即过度否定观察模仿学习，否定一切观察模仿学习。

从20世纪80年代末期到现在的40多年间,最初是幼儿园教师被人反复批评说:"你怎么又教了?"然后,慢慢就演变成这些被"简单改造过"的幼儿园教师也去批评别人:"你怎么还在教呀?"这种"简单改革"实践所带来的直接后果是:幼儿园教师的学科能力发展水平大幅度下降——不但国家大纲中规定应掌握的基础知识、技能被全盘抛弃,而且学科内的探究创造能力也没有完全有效地发展起来。

更严重的结果是,在这段时期成长起来的大批幼儿已经成人,其中一些人开始进入幼儿园教师的工作岗位。在他们学习的期间,幼儿师范专业的课程和教学同样受到这种"简单改革"实践的影响,未能掌握基础的知识、技能。比如,"随乐行进、随乐拍手、随乐边行进边拍手"这三种最基础的音乐舞蹈技能,原先是3—4岁幼儿应该掌握的基本技能,而我们通过观察近年来参与国家培训工作时所接触的上万名一线幼儿园教师发现,除了少数真正的骨干教师以外,有相当一部分的教师也只能在反复提醒下才可以勉强合乐行走和拍手,也有相当一部分教师根本无法完成这种合乐运动。

(二) 辨析

我们先从儿童心理学、学习心理学、音乐教学心理学来看。

儿童心理学告诉我们:观察模仿学习是一切学习的基础。观察模仿学习是儿童的天性。有效的观察模仿学习有三大价值:一是提升对观察模仿错误的警惕性和责任感;二是提升观察模仿的速度和准确性;三是不断积累与探究学习有关的各种有益经验、与创造学习有关的各种语汇及思路。

学习心理学告诉我们:不断通向深度掌握知识的路径是"观察模仿—了解理解—直接应用/迁移应用/创造性应用—综合分析/提炼为理性认识"(由美国著名心理学家布鲁姆提出)。

音乐教学心理学告诉我们:遵循音乐学习心理规律的教学流程是"模仿—理解—应用/创造—分析"(由德国作曲家、音乐教育家奥尔夫提出)。请看一看下面这张图,以便我们更容易地了解和理解这两个观点的共通性。

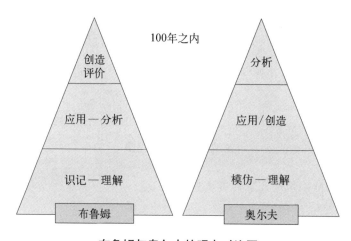

布鲁姆与奥尔夫的观点对比图

前文已介绍，其实早在2 000多年前，孔子就已经表达过类似的观点："举一隅不以三隅反，则不复也。"

> **注意**：现代的理解可以是指学生还没准备好，即教师所教授的内容尚不在学生的"最近发展区"；或者还可以理解为，教师的举例解释不够充分，导致学生不能够理解和掌握。因此，教师也就不应该继续教授后面更复杂的、需要前面的知识作为基础的内容。

下面我们再来看一个经典的奥尔夫音乐教学的教师培训案例。学员需要根据儿歌《巧克啦哒》迁移、创编儿歌，并为儿歌创编动作。

意大利传统的儿童拍手游戏及儿歌：《巧克啦哒》（巧克力的意思）。

巧克　巧克　啦啦

巧克　巧克　哒哒

巧克啦　巧克哒

巧克　啦　哒

根据美国著名的奥尔夫体系老师古德金先生的教学流程，可将活动过程改编如下：

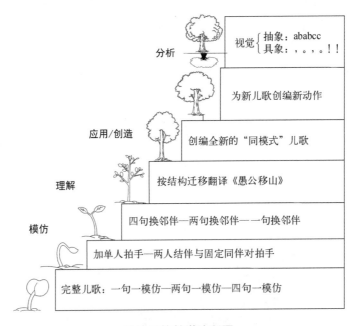

改编后的教学流程图

教师引导学员翻译出来的儿歌，如《愚公移山》：

愚公　愚公　移移

愚公　愚公　山山

愚公移　　愚公山

愚公　移　　山

学员结伴创编出来的儿歌，如《健康快乐》：

健康　健康　快快

健康　健康　乐乐

健康快　　健康乐

健康　快　　乐

具象分析的符号结构：

具象分析的符号结构图

抽象分析的符号结构：

ab ab cc

ab ab dd

abc abd

ab c d

下面我们再来看一首儿歌：

土豆　土豆　丝丝

土豆　土豆　皮皮

土豆丝　　土豆皮

土豆　丝　皮

这首儿歌在我国流行了至少已有40多年，而且一直被作为我国奥尔夫教学法体系中教师常年使用的经典奥尔夫作品。读者是否可以马上辨认出来，它和我们前面所举的例子《巧克啦哒》的结构是完全相同的呢？

让人觉得奇怪的事情是，几乎所有的中国奥尔夫体系老师在教完这首儿歌后也就结束了，最多会玩一下从普通话变成方言，或者改变一下节奏的游戏。然而，却没有人将前述古德金老师的教学流程"进行到底"。这也正像我国的许多父母和教师，只管叫孩子背诵古诗，孩子背完也就结束了，没有多少父母和教师会继续鼓励孩子根据自己的经验去写出类似格式的诗歌。所以，问题的关键根本不在于观察模仿，而在于我们"断裂"了从观察模仿到探究创造之间"经验迁移的桥梁"。

接下来，我们再来看看我国台湾学者周淑惠在她的专著《幼儿数学新论：教材教法》中一个专门用来说明模式概念教学的示意图：

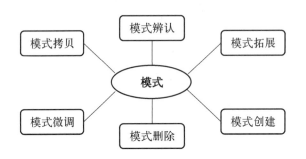

模式概念教学的示意图

这是一个用来说明模式教学渐进流程的示意图：模式辨认—模式拷贝—模式微调—模式删除—模式创建—模式拓展。它是教学必须遵循的一种循序渐进的流程。

正如幼儿数学活动"穿串珠"：上小班的时候，最低水平的幼儿最初大约仅能顾得上将串绳穿过珠子的孔洞；慢慢发现同色或同形的珠子穿在一起会更有意思；有一天他发现邻座的幼儿使用了同形双色——间隔的排列方法，于是就模仿邻座幼儿的穿法；随后他自己发觉还可以有两两间隔或者三色——间隔等排列方法，于是他开始反复探索各种间隔方式。终于有一天，教师提出任务，要求幼儿在"三八妇女节"那天的家长开放日活动中，先为自己的妈妈穿一串漂亮的项链，然后再为妈妈画一幅肖像，并把自己穿的那串项链画进肖像送给妈妈。这时候，大班下学期的幼儿已经积累了大量不同的模式思路，即便不再刻意模仿或参照任何模式，也完全可以创造出属于自己的串珠项链新样式了。虽然这是一个数学和美术相结合的例子，但所有的创造行为是一样的：都是一步一步从模仿走过来的。

所以，我们可以说，对于模仿和创新的关系，现代国外的心理学家、教育学家，以及中国从古至今的哲学家、文学家、政治家、军事家，从理论到实践上都一致认为：模仿和创新之间，不但不是对立的关系，而且还必然是相辅相成、相互促进的关系。因此，教育改革的关键不在于教或者不教，而在于教什么和怎样教。用一句话概括这个关键的核心，那就是：学以致用。

第二节 奥尔夫体系中即兴的源头

"即兴"这个词应该是艺术创作中最有魅惑力的词了。它在《现代汉语词典》中的释义为：就着临时发生的兴致（进行创作、表演等）。在这里可以进一步理解为：即兴的艺术表达是没有事先设计、记录或排练等准备过程的，但表现出来的艺术成品却是完整和流畅的。

拥有丰富相关经验的人应该知道：无论是在比较传统的奥尔夫音乐教育体系、达尔克罗兹体态律动体系中，还是在比较现代的起源于巴西的战舞和起源于美国黑人社群的街舞、饶舌说唱、爵士乐中；无论是在中国民间的传统武术、奏乐（如江南丝竹、广东音乐、河南吹打、湖南土家族打溜子等）、舞蹈、歌唱等自娱活动中，还是在西方传统的宫廷、学院、剧场歌舞乐的华彩展演中，乃至在起源于西方的现代歌舞乐表演（如独舞、斗舞等炫技、竞技活动）中，即兴一直都被公认为是一种最高水平的创作表演境界。

为了更好地理解即兴的价值及其在奥尔夫音乐教育体系中的重要作用，我们需要再次盘点一下人类即兴行为的源头和机制。

1894年，德国艺术史学家格罗塞出版了对后世影响很大的艺术史专著《艺术的起源》。该书力图通过大量原生态社会艺术生活的亲身调研材料，揭示原始艺术发生和变迁的原因，探索社会发展与艺术起源、艺术发展之间的内在联系。在该书中我们看到，在人类文化发展的早期阶段，社群生活是在互相隔绝的封闭空间中发生的。在缺乏新鲜刺激的条件下，社群集体所能积累和传承的作品十分有限，那些有特殊才能的个体即兴产出的"新作品"，只有被社群认可且重复、稳定下来之后，才能最终被收纳到公共的积累当中。但由于创新者鲜有出现，因此，创新作品也鲜有产生，这使得文化艺术的作品、语汇和思路发展得相当缓慢。

随着人类社会的逐步发展，人类社群的迁徙、交流、融合，文化艺术的作品、语汇和思路相互碰撞的机会越来越多，这使得新作品、新语汇和新思路产生的速度也随之越来越快；社群中创新者产生的速度也越来越快；社群对作品、语汇和思路创新的认可和接纳的速度也越来越快。这应该是人类文化艺术发展的一个总的规律。

实际上，自20世纪90年代开始，我们的团队利用各种可能的机会搜集文献资料，前往国内各地采风，拜访各类相关人士，已获得了大量佐证上述观点的证据。随着网络资讯手段的日益便利，更使我们充分认识到，一个能够即兴进行艺术表达的创作者一定会具备以下基本的态度和能力条件：第一，拥有大量作品、语汇和思路的积累；第二，前述积累不仅仅是知识性（知道）的，更是掌握性（做到）的；第三，有大量实践经验，能够将已经掌握的作品、语汇和思路随意拆分组合；第四，对这种即兴创新拥有追求、享受的心态和充分的自信。

当然，我们现在真正关心的是，在现代艺术教育教学的体系中，怎样让每一个学生都或多或少能够拥有这样一种即兴进行艺术表达的基本素养呢？下面我们来看看现实中仍然可以见到的"范例"。

一、国外现代音乐舞蹈教育体系之源头

（一）奥尔夫教学法——竖笛

（1）在新手入门时，教师先教吹响竖笛的方法，然后教吹一个乐音的指法。

（2）当学习者可以吹响这个乐音后，再开始交替进行长音和短音的即兴演奏。

（3）学习者学习第二个乐音的指法，然后开始交替进行乐音的高、低及长、短的即兴演奏。

（4）在学习了更多的乐音指法后，某学习者使用柯达伊体系中的"柯尔文手势"即兴指示（指挥）音的高、低及长、短，其他学习者跟随其指示进行即兴演奏。在这期间，团队成员必定轮流担任指挥者和吹奏者。

（5）当学习者学会了"节奏型"和"音型"等概念和技法后，便可以开始尝试即兴伴奏了……

（二）达尔克罗兹——体态律动

（1）新手入门时，教师先教坐姿：一拍一次地做上肢固定动作，然后依次变为两拍一次、四拍一次或半拍一次（每种节拍的动作各不相同，但都固定对应）。

（2）学习者根据教师的即兴动作指示（指挥）变换即兴反应。

（3）学习者在教师的指导下将对拍子的变换反应迁移到下肢动作，然后跟随教师进行即兴反应。

（4）学习者根据音乐性质的变化，加入以同伴合作的方式进行的即兴相互模仿。

（5）学习者根据音乐性质的变化，加入以同伴合作的方式进行的即兴相互配合。

（三）柯达伊——歌唱

（1）入门者先复习歌曲《闪烁的小星星》，然后学习演唱两声部"卡农"、四声部"卡农"。

> 提示：即兴和声的合唱要求学习者已经具有相当的音乐基础。

（2）教师讲解大调主和弦，学习者分声部练唱大调主和弦。

（3）学习者跟随教师指挥，在钢琴伴奏和教师演唱歌曲的同时，用大调主和弦为主旋律伴唱（从每两小节重新开始一次到每一小节重新开始一次）。

（4）学习者从自选主和弦中任意一个音开始，每一小节重新开始一次，可以更换音高或不更换，为主旋律伴唱。

（5）教师依次逐步导入大调属和弦，然后再导入下属和弦……

（四）巴西战舞——刀术

（1）学习者每人两根木棍（直径大约为1.5厘米，长度为60厘米，一手一根），取跪姿，空三拍，第四拍双棍同时敲击地面。

> 提示：已经具备最初步移动，以及有即兴结伴攻防基础的学习者。

（2）学习者姿势同上，空三拍，第四拍两根木棍互击。

（3）学习者两人结伴，取立姿，空三拍，第四拍先练习右手持棍互击，然后练习左手持棍互击，之后慢慢过渡到根据同伴的"起势"即兴换手互击。

（4）学习者加入下肢移动动作，空间位置不固定，同伴固定。

（5）学习者加入下肢移动动作，空间位置和同伴都不固定。学习者逐步加入更多技巧，直至进入非常高级的阶段才从使用木棍过渡到使用木刀再过渡到使用钢刀。

（五）美国中学选修课——铜管乐入门

（1）每个学习者先学习吹响铜管，再学习吹奏一个乐音。

（2）学习者练习用这一个已学会的乐音即兴吹奏出不同拍子的长音、短音。

> 提示：美国普通中学选修课，是入门课，无须具备基础。

（3）全体学习者跟随教师播放的铜管乐乐曲，按照教师的要求（给出的节奏乐谱）吹奏那个自己已经学会的乐音。

（4）学习者逐步加入更多的乐音……

（六）街舞——入门

（1）最基本的上肢动作，卡准节奏。

（2）最基本的下肢动作，卡准节奏。

（3）最基本的上、下肢动作，卡准节奏。

（4）学习者不断练习，直至能跟随不同的音乐卡准节奏（主要在教师的指导下学习）。

（5）学习者积累大量已编排好的成熟作品；初步尝试跟随自己所熟悉的不同音乐即兴做动作。

（6）学习者不断积累更多的动作语汇之间、动作组合之间相互连接、转换的技巧；慢慢尝试跟随不太熟悉的音乐即兴做动作（慢慢转为向高手借鉴或与高手一起探讨研究）。

从上面这些来源不同的范例中，我们不难看出，在相对更加成熟的教学体系中，即使是新手，也可以依靠科学的课程梯级和教学支持策略，在刚刚入门不久的阶段就开始"即兴"。

二、中国民间歌舞传统之源头

（一）历史悠久的民间歌舞竞赛

我国各民族生活的不同地区都曾经长期存在自发的社区歌舞竞赛活动。这种从自娱活动中逐渐衍生出来的"竞技"与"炫技"活动，除了让人们感受到表演技巧上自我挑战的可能以外，还有更重要的价值取向，即挑战人的即兴创造能力。因此，凡是能够不断创造出新歌词、新曲调、新舞蹈动作和新乐器演奏方式的人，都会被人们尊称为"神""仙"或者"王"。事实上，虽然这些民间"高手"会告诉你："我能够三天三夜不重样地唱或跳。"但实际上，在大部分情况下，这只是他们即兴微调或重组各种不同的原有积累素材而已。例如：同一首歌词可以被填入不同的曲调来演唱，同一首曲调可以用来演唱不同的歌词；可以变换同一个舞蹈动作的速度、力度、幅度，也可以不断变换同一种舞蹈中各单个动作的排列顺序和组合方式等。当然，有时候也会出现重大的突破性创新，只不过这种情况不会经常发生。

还有一种会产生新突破的情况是，不同文化的歌、舞、乐之间因为"交流"而产生出的"新物种"。这些包含了新语汇与新思路的新作品，一旦被生产出来，且在被多数社群成员所认可时，就会得到效仿和传播。它可能先会成为一种新的娱乐"消费品"，还可能成为传承学习的"教材",也可能成为未来创新的语汇和思路来源的"库存",进而积淀为"新传统"。

(二) 侗族、苗族多声部即兴歌唱

人类原生态的歌唱传承活动,通常在婴幼儿时期就开始了。母亲们在歌唱的时候就怀抱着她们的孩子,这些孩子们一直是在成人的歌声中长大的。

多声部的主旋律、柱式和声声部、复调和声声部,实际上是相对固定(从小学会的东西)的。歌词虽然即兴的成分会多一些,但内容既然来自生活,便是应景而歌——情境相同,歌词便相同。即使有变化也大同小异,特别是歌曲中的一些助推情绪的衬词,往往是一成不变的。

> 提示:因为是合唱,所以即便主唱的独唱部分是即兴的,衬词变化也需提前商定。

(三) 纳西族跳月、藏族锅庄

在我国中南、西南地区,大部分少数民族的原生态广场舞蹈,都属于"领袖模仿"性质的圆圈舞蹈或链状舞蹈。在该类舞蹈中,绝大部分的基本动作都是社群成员自小在社区旁观成人舞蹈活动的经历中自然习得的。其中,担任领袖的人即兴决定做什么动作或何时更换动作。有时候也会先由奏乐的人来即兴决定节奏的风格,领袖再据此决定做哪些动作。该类舞蹈的重要特点是:所有人需要随时注意和领袖及其他社群成员保持一致。

(四) 维吾尔族麦西来甫和纳孜尔库姆

我国新疆地区大部分的民间庭院舞蹈、广场舞蹈,都属于自由结伴的"邀请对舞"。在该类舞蹈中,绝大部分的基本动作也同样是社群成员自小从社区成人舞蹈活动的旁观中自然习得的。任何人在舞蹈时做什么动作及何时变换动作,都可以自己根据音乐、舞伴、场地的具体情况即兴决定。即使是小孩子,也可以自己决定何时加入舞蹈的人群及和谁一起对舞。该类舞蹈的重要特点是:舞伴之间需要随时相互关注、交流和配合。

> 提示:我国朝鲜族也有在家庭、社区进行自娱舞蹈的传统,同样是以舞蹈的即兴抒发和即兴交流为主的。

(五) 江南丝竹与广东音乐

江南丝竹和广东音乐是传统的汉民族器乐音乐,也是我国的非物质文化遗产。其特点是三五好友或七八个志趣相投的人聚集在一起演奏丝竹乐器,以求共度愉悦的闲暇时光。它们流行于江南和广东的不同地区,都拥有各自传承积淀下来的传统乐曲。而且在演奏时,每位演奏者总是可以任意地在主干旋律上即兴"加花",以便能够与其他演奏者配合、交流,共同构成完美的整体音响效果。

(六) 古代游戏与歌舞

中国古代许多的与休闲、宴饮相结合的体育或智力游戏,往往也都与即兴歌舞息息相关,如行酒令、投壶、射覆、藏钩、曲水流觞等。这些游戏往往都有这样的共同点:利用输赢或随机规则选定某个人,然后让这个人即兴吟诗(合乐而歌)、舞蹈或做某种即兴

表演，以渲染休闲娱乐的气氛。如果参与游戏活动的都是"高手"，便会即兴提出一些更"高级"的"即兴表演标准"，以提升游戏的即兴歌舞技巧水平。

> **注意：** 从上面这些来源不同的范例中，我们不难看出：在相对更加"原生态"的文化传承中，即便是幼小的儿童，也能依靠耳濡目染的文化"浸泡"，从刚刚入门不久的阶段就开始即兴了。而游戏高手们则会不断自我挑战即兴的原有水平。在当今交通便利、传播渠道发达的条件下，不同文化群体的相互交流越来越频繁。这种自我挑战和相互交流，在事实上推动了不同文化社群歌、舞、乐等不同种类的即兴表演创作水平和表现水平的飞速发展。

三、即兴表演技能获得的生理、心理学源头

歌、舞、乐的即兴创作技能，既包含了智慧技能，也更包含了身体运动技能。一般来说，智慧技能和身体运动技能，主要是由可操作的系列规则和高级规则构成的。

运动技能的高级程度，是由大脑、小脑和脊髓中枢分别控制的。它主要是通过发射生物电流来指挥骨骼、肌肉、韧带和软组织协同工作，一起完成主体发出的指令。指令从出发至到达间的通路越长，运动反应的速度越慢；反之，指令从出发至到达间的通路越短，运动反应的速度越快。一般可分为A通路（运动指令从大脑发出）、B通路（运动指令从小脑发出）、C通路（运动指令从脊髓中枢发出）。以上三种通路依次获得越来越高效的传递和反应。其中，大脑指令到达运动接收器的通路最长，中途受到的干扰最多，耗损的信息也最多，因此运动反应的效果也最差；脊髓中枢指令到达运动接收器的通路最短，中途受到的干扰最少，耗损的信息也最少，因此运动反应的效果也最好；小脑指令的反应，相比前两者则居中。

一种运动技能的形成往往需要经过非常多的重复练习，而且经常需要克服"停滞不前"的"练习高原期"，这样才能够最终真正达到可以称之为"技能"的水平。在技能水平层次上的运动反应，每个局部反应的精确性越高，整体完成的流畅性就越高，抗干扰性也越高。这就是脊髓中枢发出指令的C通路技能水平。新技能学习初期，基本上都是从A通路开始的，除了大脑需要使用各种辨别与记忆的"精加工策略"来保障动作认知的精确性以外，还需要小脑及脊髓中枢协同指挥相应的各个接收器协同工作。但由于此时绝大多数的神经联结都还没有形成，所以运动的状态一定是生涩、阻滞、笨拙和不协调的。然而，当动作技能初步形成后，一般都会进入长时记忆，储存在小脑和脊髓中枢中，所以与其他记忆相比，运动技能一般不容易被忘记。辨别与记忆的精加工策略本身亦有水平的高低，理性和感性高度统一的专家型学习者或领域熟手，其储存和提取信息的效率比一般人或新手高，这是因为他们所储存的信息的内在系统性水平比一般人更高。因此，他们进行触类旁通、融会贯通的精加工活动的能力就会比一般人更强。任何新的信息只要进入他们的记忆网络，触碰到任何一个节点，就能够迅速激活整个庞大复杂网络系统中的更多相关信息。而一般人或领域新手，除了记忆网络（库存）不够丰厚、不够有序之外，各信息之间相互联系的节点也相对比较缺乏。因而，当新信息进入一般人或领域新手的网络系统后能够激活的相关信息也就相对有限。

> **专题分析**
>
> ## 即兴
>
> 　　无论唱歌、跳舞或奏乐,在较高境界水平上的即兴反应首先都是身体和心理的统一整体反应。有理论称之为:外部技巧(身体技巧)和内部技巧(心理技巧——想象、联想、情绪情感的通感转换技巧)的高度和谐统一。这不仅仅是对任何单个身体部位的单个技巧的掌握,而是需要反复练习才能从A通路进入C通路,即"形成自动化",且需要更多身体部位、更多单个技巧参与的联合技巧,这些都必须通过专门的反复练习才能达至C通路水平,达到在即兴表现的时候可以自由提取、流畅使用的水平。
>
> 　　所以,尽管一个一岁的幼儿可以随乐进行一个或两三个动作的自由即兴转换,但这并不是高水平的即兴。真正被公认为较高水平的即兴,仍旧必须建立在大量积累的单个部位、单个技巧,以及单个技巧之间灵活联结、灵活转换的复合技巧的基础之上。可以说,任何"天才"都不可能避开模仿积累和反复练习。那些关于在某些个体或群体(如非洲人或在其他原生态文化中成长起来的人)中的儿童"天生就是歌唱家、舞蹈家、艺术家"的说法,仅仅是一种"感慨性的说法",而非科学性的描述。它不能作为教育教学设计的理论依据。

因此,任何高水平即兴的创作表演行为,都需要具备以下几个条件。

(1)大量的库存。如:一个八拍,每拍做一个动作的舞蹈动作组合。

① 若舞者仅拥有1个动作语汇,便只有1种可能的组合样式。

② 若舞者拥有2个动作语汇,便可拥有256种可能的组合样式。

③ 若舞者拥有8个动作语汇,便可拥有16 777 216种可能的组合样式。

④ 若舞者拥有10个动作语汇,便可拥有1亿种可能的组合样式。

注意:由此可见,大量积累对自由、丰富、千变万化的随机表现的重要性。

(2)精加工策略,即将信息进行意义化、系统化的整理加工。

(3)经常对库存信息进行提取和应用,并不断总结、提炼、应用有效提取库存的策略,以提升信息提取的速度。

(4)经常在库存信息之间进行新的联结,不断增加新的信息的联结点,以提升信息提取的质量。

第三节　奥尔夫体系中的教学原则

一、表演与欣赏、游戏、创作一体化原则

以往我国国内对奥尔夫音乐教育体系的普遍认识是节奏语言、节奏动作、节奏乐器，因为这些形式特征似乎是奥尔夫音乐教育体系所独有的。但我们经过多年不断的学习和实践，终于逐渐认识到节奏语言、节奏动作、节奏乐器，仅仅是奥尔夫音乐教育体系的外在特质。除此之外，奥尔夫音乐教育体系的第一层内在特质应该是歌、舞、乐表演与欣赏、游戏、创作一体化。

（一）对于音乐欣赏的讨论

大约在1900年，对于音乐欣赏的讨论最先应该是从瑞典皇家音乐学院理论作曲教授达尔克罗兹先生发起的一场音乐教学改革尝试开始的。也就是说，达尔克罗兹先生首创了"体态律动学"的理论与实践体系，他要求即便是在音乐学院专业学习理论作曲的学生，也必须从跟随音乐的身体律动开始入门。

目前，我们能够看到的音乐教育心理学的最早文献是美国音乐教育心理学家詹姆士·L.穆塞尔先生在1931年出版的《中小学音乐课教学法》一书。他在此书中明确指出，没有大肌肉参与的音乐教学至少也是不完善的音乐教学。

瑞士著名心理学家皮亚杰先生也反复强调，思维是从动作开始的，切断了动作和思维之间的联系，思维就得不到发展。有许多错误的观点认为，在音乐活动领域里只有感知和表达。实际上，如果没有思维作为输入和输出的中介，人对音乐是完全不可能有所谓的认知和表达的。

德国奥尔夫先生早在他1932年撰写的一篇文章中就严肃地指出，非专业音乐教育的问题很多，也受到广泛的讨论，其实人们早已充分认识到，片面的、被动的音乐聆听和缺乏主动实际参与的教学会有损非专业人士的音乐经验。许多人的意见是，过多的被动聆听不仅会导致其亲身参与的失衡，还会养成消极被动、只听不做、空谈快意的怪癖态度。

我们还可以再来看看"世界著名音乐教育大师对动作参与的一致态度"的实例。

实例

世界著名音乐教育大师对动作参与的一致态度

- 达尔克罗兹（观点发表于1900年）　　　　　　音乐学院学生
- 詹姆士·L.穆塞尔（观点发表于1931年）　　　普通学校学生
- 柯达伊（生卒年：1882—1967）　　　　　　　普通学校学生
- 奥尔夫（观点发表于1932年）　　　　　　　　非专业学音乐的儿童
- 铃木镇一（生卒年：1898—1998）　　　　　　非专业学音乐的儿童

从实例中我们不难看出，所有近现代的国际音乐教育大师无一例外地强调：必须使用实际操作的方法，也就是用唱歌、跳舞、奏乐的方法来学习音乐。

当下许多幼儿园教师仍旧在一边践行从前规定的"先单纯地用耳朵安静地倾听音乐，然后再单纯地用语言谈论音乐"的"音乐欣赏教学"，一边又在困惑"似乎这不是孩子们喜欢的有效教学方式"。在此，我们需要郑重地提醒大家：这样自相矛盾的事情不能够再继续下去了。正因为如此，这种"音乐欣赏教学"的内容就不应该继续被保留在幼儿园的音乐课程中。

早在20世纪80年代之前，美国夏威夷大学音乐教育教授格林博格先生就曾说过，所有的音乐教学在原则上都应该先是音乐欣赏教学，如果音乐教学不能够建立在让学生喜爱音乐、享受音乐、被音乐所感动的基础上，这种音乐教学就不能被称为好的音乐教学。

因此，"欣赏"应该是"被吸引、被感动得持续自愿沉浸于欣喜玩赏的实际操作性活动中的状态"。这是奥尔夫体系教学法中的第一个教学原则。

（二）对于音乐游戏的讨论

尽管前文已对相关问题讨论很多，但为了让读者能更清晰、深刻地理解音乐游戏，这里还是有必要再仔细地梳理一下。

首先，我们现在所谈论的是两种游戏，即主体体验游戏和社会标签游戏。主体体验游戏，是指玩游戏的人说"真好玩，我还要继续玩"的主体认可游戏。社会标签游戏，是指当这些具体的游戏被选择出来放进教科书时，就表示它们被贴上了一个社会认可的标签。在一定意义上，这类游戏是想告诉大家：它们是被特别称为音乐游戏的作品，与其他的唱歌、跳舞、奏乐作品是不一样的。

其次，我们先来看一下这些具体的音乐游戏作品，再对照下面的"全世界原生态规则游戏的基本类型"实例便可知道，几乎所有的音乐游戏都是在唱歌、跳舞、奏乐活动中加入某种游戏规则的。

> **实例**
>
> **全世界原生态规则游戏的基本类型**
>
> （体能—智能；模仿—创新；竞争—合作）
> - 情境表演游戏（含局部运动的表演，如手指游戏）
> - 领袖模仿游戏［镜像、跟随、后像（递增再现）］
> - 输赢竞争游戏（追捉、争物/友、占位、比大、对攻）
> - 控制游戏（造型、默唱、休止）
> - 传递游戏（传物、传话、传位）
> - 身体接触游戏（拍花掌）
> - 队形变换游戏（换位、穿插、跳转）
> - 猜谜游戏（猜谜对歌、猜领袖、猜音源、猜缺失物/人）
> - 玩影子、玩东西游戏（乐器、道具……）

接着，我们将具体通过一些案例来澄清游戏作品和游戏化教学活动之间的区别。

> **案例**
>
> ### 《丢 手 绢》
>
> 这是一个经典的传统音乐游戏作品，认真分析其结构我们会发现，其中包含歌曲作品、律动作品和一个带有竞争性规则的体育游戏——同方向追逐跑。在传统的儿童自然游戏情境中，年长儿童通常会在社区空地自然玩耍，而年幼儿童则通过一段时间的自然观察，慢慢了解、理解、熟悉游戏中的歌曲、律动和体育游戏规则，然后再经过年长儿童的邀请或同意，逐渐融入游戏群体的实践活动中……就这样如此循环往复，一代又一代的儿童将此游戏作品在"儿童社会"中传承下来。
>
> 当该活动模式作为一个音乐游戏作品，被重新定性为教材并进入幼儿园课程的教学流程后，它的学习过程实际上已经不知不觉地发生了本质性的变化。教师先行教授歌曲，待歌曲学习完毕，再单独使用"边示范、边讲解、边练习"的教学方法来教幼儿学习游戏的玩法。
>
> 美国哈特福德大学音乐学院的著名早期儿童音乐教育家约翰·费尔拉班德教授提醒我们：我们应该返回儿童的游戏场，认真观察儿童们到底是怎样进行游戏化的音乐学习的。
>
> 认真对比"丢手绢"游戏在儿童的游戏场和幼儿园教学活动中的两种不同学习过程的表现样式，我们不难看出：前者，儿童是整个过程都在游戏；而后者，儿童是先经过严肃的学习之后才可以游戏。在这两种学习过程中，儿童的学习体验和游戏体验是完全不同的。

接下来，我们再来看几个相关的经过"游戏化转换"的音乐教学案例。

> **案例**
>
> ### 大班律动游戏：逗牛
>
> （音乐《牛仔很忙》）
>
> 游戏玩法：全体幼儿围成一个大圆圈玩"丢手绢"的游戏。和传统"丢手绢"游戏不同的仅仅是换了一段音乐，加了一些舞蹈化的情境表演动作和队形，又将"丢手绢"的人命名为"和小牛一起玩耍的牛仔"而已。

游戏流程：

（1）幼儿先取坐姿学习律动。

注意1：尽管律动中没有体育游戏，但表现了具体游戏的故事情节，因此包含了有趣的情境表演游戏。
注意2：因为所替换的音乐作品本身规模大、复杂程度高，不同于短小简单的《丢手绢》音乐，因此需要单独学习律动和音乐。
注意3：刚开始学习时，须避免因剧烈移动而引发的幼儿兴趣扩散。
注意4：幼儿园班级规模一般会达到30多人，不宜全体幼儿同时游戏。

（2）若幼儿事先玩过"丢手绢"游戏，可在同一次活动中解决律动和游戏的衔接问题，即完整游戏。若幼儿先前没有类似经验，也可以在下次活动中解决。

注意：如果将律动难度继续降低，也可以一次解决两个问题。

案例

大班律动游戏：大王教我来巡山

与以上两个案例的思路基本一致，该游戏仅仅是更换了一段音乐。另外，又加了一些情境表演动作和队形，最后将手绢改成"令牌"，由教师在音乐将结束时临时颁发给邻近的两名幼儿（需间隔2—3人）。音乐结束后，拿到小妖令牌的幼儿开始以逆时针方向追逐拿到孙悟空令牌的幼儿。

注意：必须以逆时针方向追逐，先发小妖令牌，再发孙悟空令牌。

案例

抢 椅 子

这种游戏的基本玩法是：椅子的总数是参与者的人数减一。音乐开始，大家离开椅子自由走动或围成圆圈走动；音乐结束，大家迅速坐回到椅子上，最终会有一人没有椅子，此人为输家。

> **案例**
>
> **大班律动游戏：疯狂动物城运动会**
>
> （音乐《库企企》，外国儿童律动歌曲）
>
> 游戏玩法：跟随音乐做游戏，音乐分为三段。第一段音乐，大家围着摆成圆圈的椅子外围，逆时针方向模仿动物的姿态行进；第二段音乐，抢椅子坐下；第三段音乐，大家做加油动作，没有椅子的人自己临时创编好一个新的动物模仿动作备用。当第二遍音乐开始时，刚才没有椅子的人作为领袖，带领大家一边做新的动物模仿动作，一边以逆时针方向前行。如此循环往复，直至音乐结束。

这样，问题就变得比较简单了：既然所有的教学都需要被"游戏化"了，即游戏已经成为一种必需的教育教学手段，那么，将传统的音乐游戏单独作为幼儿园的音乐教学内容就没有必要了。我们再来小结一下：合理的幼儿园音乐教学课程内容应该只包含唱歌、跳舞、奏乐，而欣赏和游戏则是鼓励和吸引幼儿参与活动的必要手段。因为若没有优质的唱歌、跳舞、奏乐作品所引发的审美感动与审美诱惑，没有优质的游戏活动所产生的挑战和激励，就不会有真正优质的音乐教学活动。因此，"游戏化"是奥尔夫体系教学法中的第二个教学原则。

（三）对于音乐创作的讨论

加拿大皇家音乐学院的奥尔夫老师在教学过程中反复强调：能否使用老师教过的语汇、技能、思路进行创编，是学生是否真正掌握，即"能够应用所学"的直接证据。从学以致用到继承发展，实际上是奥尔夫音乐教育体系第二层次的内在特质。

我们当下需要达成的共识是：目前在我国幼儿教育和义务教育阶段，教授专业的创作技法并不是集体音乐教学主要的目的，通过创造性的学习过程培养学生的创造意识、创造热情、创造能力及创造习惯，才是奥尔夫音乐教育体系强调的重中之重。同时，本人几十年来的实践也反复证明：创造性的学习活动本身就是激励儿童投入音乐舞蹈学习的重要手段之一。因此，"创造性表达"是奥尔夫体系教学法中的第三个教学原则。

总之，我们仍旧需要再次强调：节奏语言、节奏动作、节奏乐器，仅仅是奥尔夫音乐教育体系的外在特质。除此之外，奥尔夫音乐教育体系的内在特质应该是歌、舞、乐表演与欣赏、游戏、创作一体化。

二、小步距循序渐进原则

小步距循序渐进是奥尔夫音乐教育体系中的更深的内在层次。但遗憾的是，目前我国国内大多声称使用奥尔夫音乐教育体系的教师并没有深切地认识到这一原则的重要性，能够科学践行这一原则的教师就更少了。

"循序渐进"一词，在我国有据可查的文献中应是起源于《论语·宪问》——"不怨天，不尤人，下学而上达。知我者其天乎！"后被宋朝著名的理学家、思想家、哲学家、教育家朱熹注为：此但自言其反己自修，循序渐进耳。

循序渐进，作为一个观点（what），虽然千百年来早已成为我国教育界在学理层面共同信奉的重要原则之一，但是在实践层面却从未真正奉行。究其深层原因，则是大多数学生、家长和教师实际上是真的不知道"为什么"（why）和"怎样做"（how）。于是，中外的现代脑科学家、心理科学家、教育科学家、计算机科学家、游戏专家们，纷纷从自身领域入手对循序渐进进行了大量的实证研究和实践研究，以帮助学生、家长和教师来解决相关的具体问题。下面来看看相关的信息。

（一）相关研究

1. 关于"为什么"（why）

（1）皮亚杰、维果斯基等儿童发展心理学家的儿童发展阶段理论及最近发展区理论告诉我们：只有当学习者发展到可以使用某种特定方式学习某种特定学习内容时，才能够取得良好的学习效果。

（2）近年来许多外国学者已经多次证实：学习者在经过努力获得学习成功后，大脑会产生某种特殊的"神经递质"，让学习者感受到欢欣鼓舞的情绪，以激励学习者继续努力追求新的学习目标。

我国脑科学家胡海岚也发现这一现象的另一生物学机制：生物大脑皮层中的某一神经环路在获得胜利之后，此神经环路的突触连接程度会显著加强，进而影响后续表现。当科学家们在实验室中人为地加强小白鼠相关组织的连接程度时，发现它们会更加积极地进入战斗。更为神奇的是：在"逆袭"六次之后，即使没有人为的外部激活，本身较弱的小白鼠也可以战胜强大的对手，在战斗中取得胜利。这个现象揭示出：胜利的经历可以改变身体的内在机制，从而形成更有利于再次获得胜利的状态。胡海岚研究团队将之命名为"胜利者效应"。这一研究实际上也为"设立小步距——可实现目标"的小步距循序渐进原则提供了来自生理心理学领域的坚实科学依据。

（3）美国心理学家马丁·塞利格曼的研究告诉我们：按照学习者不能适应的速率，让学习者学习他们不能掌握的内容，将严重伤害学习者的自信心，会让他们实际获得一种"习得性自我无效感"。这种后天因为屡屡失败而产生的负面自我评价，以及伴随而来的负面情绪，经过长期积累会使学习者养成退缩性的学习态度。

（4）世界顶级游戏研发总监简·麦戈尼格尔在《游戏改变世界》一书中指出：游戏公司一般会用四招来让玩家入迷。这四招分别是：目标、规则、反馈系统、自愿参与系统。具体特点如下。

① 目标设置的特点是：挑战适宜、层层递进，让玩家能够坚持追求"经过努力能'够得着'的小目标"。

② 规则设置的特点是：规则浅显易懂，让玩家自愿"坚决执行"。

③ 反馈系统设置的特点是：结果立即且明确显示，让玩家易于发现和总结自己的成就和不足。

④ 自愿参与系统设置的特点是：故事具有对特定人群的特殊诱惑力；画面精美绚丽；音乐（含音效）匹配恰当，精致且动人心魄。

由此我们不难了解：循序渐进的原则，竟然是游戏公司设计大师的"制胜法宝"。

（5）加拿大皇家音乐学院奥尔夫老师提出：对于教学内容难度提升速率的不同选择，会导致完全不同的结果——不适宜的选择会得到一群"不快乐"的孩子；适宜的选择会得到一群"快乐"的孩子。我们想让学生成功、自信、高效，成为未来有意愿并有能力改变自己、改变世界的有"影响力"的人。

2. 关于"怎样做"（how）

在认定"学习者的学习速率各不相同"的学习心理学研究结果的基础上，计算机教学科学家在许多年前就发明了"小步距前进"的计算机自学教学模型，以方便学习者根据自身的学习速率进行学习。

"任务分析"作为系统教学设计的一项专门技术，其最初的基础是行为主义心理学。如著名行为主义心理学家桑代克在其主持编写的小学语文、数学教材中，将词语掌握学习和计算技能学习"分成许多小步子，尽量避免遗漏必要的步骤"。自此之后，许多心理学家投入大量精力进行了相关研究，直到20世纪末，相关理论和实践才以"任务分析"的名称固定下来。

在广义的教学设计中，任务分析包括目标分析和目标的下位子技能分析。我们在这里特别介绍目标的下位子技能分析。

下位子技能分析实际上就是学习的先决条件分析，这样下位子技能便成为实现终级目标的使能目标。下位子技能分析的"倒推法"指出：使能目标退层分析应从教学的阶段性终极目标开始，逐层下降，以确定最近的下一层使能目标，一直要分析到学生已有的起点能力为止。

（二）案例分析

下面再来看我们自己理解和应用的例子：新编"丢手绢"游戏——"大王叫我来巡山"。

任务分析范例："大王叫我来巡山"游戏部分的使能目标阶梯

注意：请自下而上阅读。教师需带领全体幼儿一起练习进圈、跪拜、台词。

| 挑战 7 | 教师事先强调新的规则：① 仍然坚持妖怪追捉孙悟空的规则，但不再规定追、捉、跑的方向（孙悟空可能在妖怪左侧，也可能在右侧，由孙悟空自己判断：应该向顺或逆时针方向跑）。② 教师不再发出"跑"的指令。幼儿弄清楚角色和方向后便可以自己开始追、捉、跑。③ 鼓励孙悟空自创其他自己喜欢的各种相关动作和语言。（以下同前） |

| 挑战 6 | 教师发放"令牌"（教师站在圈内面对幼儿，左手孙悟空，右手妖怪），拿到"令牌"的两位幼儿自己打开"令牌"查看内容。教师事先提醒幼儿新的规则：不再发出"跑"的指令，弄清楚角色后便可以自己开始追、捉、跑。（以下同前） |

| 挑战 5 | 教师发放"令牌"（教师站在圈内面对幼儿，左手孙悟空，右手妖怪），拿到"令牌"的两位幼儿自己打开"令牌"查看内容。教师等待两位幼儿自己站到圈外并面向逆时针方向，然后（省略了预令）直接发出指令："跑！"（以下同前） |

| 挑战 4 | 教师发放"令牌"（教师站在圈内面对幼儿，左手孙悟空，右手妖怪），拿到"令牌"的两位幼儿自己打开"令牌"查看内容（此时"令牌"已经改成对折状态，须打开才能看见内容）。教师等待两位幼儿自己站到圈外并面向逆时针方向，必要时教师还要提醒幼儿。（以下同前） |

| 挑战 3 | 教师发放"令牌"（教师站在圈内面对幼儿，左手孙悟空，右手妖怪），拿到"令牌"的两位幼儿自己查看内容（省略了自己明确角色的环节）。教师提示并等待两位幼儿自己站到圈外，面向逆时针方向，然后教师举起一手臂表示"预备"，随后发出指令："跑！"（以下同前） |

| 挑战 2 | 教师发放"令牌"（教师站在圈内面对幼儿，左手孙悟空，右手妖怪），拿到"令牌"的两位幼儿自己查看内容。教师提问：谁是孙悟空？请举手！谁是妖怪？请举手！（要求并等待相关幼儿举手）。教师提示并等待两位幼儿自己站到圈外，面向逆时针方向，然后教师举起一手臂表示"预备"，随后发出指令："跑！"若孙悟空没有被捉住，则继续教授进圈、跪拜、台词。 |

| 挑战 1 | 教师直接指定两个角色的人选，提示并等待两位幼儿自己站到圈外，面向逆时针方向，教师站在两人中间用双手示意"预备"，然后发出指令："跑！"同时教师让开，避免影响幼儿奔跑。（以下同基础级） |

| 基础级 | 教师直接指定妖怪和孙悟空人选（中间隔开2—3人）；明确妖怪追捉孙悟空的规则。两位尝试游戏的幼儿在听指令正确地向右转身后，再听指令正确地向圆圈外横跨一大步。教师用双手控制住两位幼儿，同时发出指令："预备——跑！"教师松手，两人追跑（必要时，教师还需特别提醒孙悟空，在跑回自己原先所站的位置后便要停下来）。若孙悟空没有被捉住，则继续教授进圈、跪拜、台词。 |

如若该大班幼儿从未玩过此类游戏，那么教师可暂时先放下音乐、律动、队形、创编等学习目标，而单就最终的"情境化体育游戏"规则进行学习。这可能需要——完成以下认知和技能的学习子目标。

（1）必须等音乐和动作全部结束以后，拿到"令牌"的两位幼儿才可以查看"令牌"里面的内容。

> **注意**：幼儿通常很难控制住自己"不提前偷看"。

（2）查看"令牌"后，两位幼儿必须先弄清楚自己的角色：是"妖怪"还是"孙悟空"？

> **注意**：许多幼儿往往会还没有看清楚自己是什么角色就开始乱跑。

（3）弄清楚自己的角色后，两位幼儿必须先向右转，再横跨一大步，离开大圆圈。

> **注意1**：因为此时全体幼儿是处于面对圆心的空间状态，所以要在右转后才能将身体转向逆时针方向。
> **注意2**：即使到了大班阶段，也往往会有许多幼儿弄不清楚左、右和顺时针、逆时针方向，特别是在比较兴奋的活动中。

（4）"妖怪"开始沿逆时针方向追逐"孙悟空"。（在前两次尝试游戏时，教师往往需要用双手控制住两位准备追跑的幼儿，喊过"预备——跑"后，再松开幼儿）

> **注意**：没有玩过类似游戏的幼儿，或者是认知能力、自控能力发展迟缓的幼儿，可能会提前抢跑，或者不知道自己该不该跑，甚至不知道自己接下来要做什么。

（5）如若"孙悟空"在跑完一圈回到自己原先的位置之前，仍然没有被"妖怪"抓住，则为胜利。随后，"孙悟空"还要继续从自己的位置走进圆圈，对坐在圆圈中心的"唐僧"单膝下跪，抱拳行礼并说："师傅，俺老孙来救你啦！"（在开始追跑游戏前，教师要让全体幼儿练习几次。在最初几次的游戏尝试中，教师还往往需要随时提醒能力不足的幼儿）

> **注意**：即便是提前示范讲解并练习过几次，在真实游戏时，仍旧会有幼儿忘记位置、姿势、话语等游戏规则的细节。

因此，在实际的幼儿园教学中，有经验的教师会非常从容、细致地使用"边讲解、边示范、边练习"的流程，并且会随时根据幼儿的实际反应情况逐步减少控制和提醒，加快游戏进展的速度，最后再加入创造性表达的内容。

有些缺乏幼儿园教学经验的教师，可能会觉得这个流程太烦琐。然而，有一定经验的教师则能够体会到，只有做好了这样详尽的任务分析准备，在真实的教学情境中才可能做到游刃有余。因此，"小步距循序渐进"，应是奥尔夫体系教学法中的第四个教学原则。

三、"站上巨人肩膀"的原则

加拿大皇家音乐学院奥尔夫教学法体系培训班老师说过：作品能把思想、情感、身体融为一个整体（可作为审美对象的范例）。故事、音乐、动作所包含的"模式"，给了学员一个"创作的框架"，即一个可进行"近迁移"改编的"底版"。在这个框架中，学员可以在强有力的支持下自由发挥；如若没有这个框架，学员就会很混乱，不能体会到作品的艺术之美。

我们顺着这个思路梳理古今中外的各种艺术活动和艺术教育活动后发现：其实这种思路不仅仅是奥尔夫体系的，同时也是中国的和世界的。只要是广泛得到继承和传播的艺术传承体系，无一不是自然而然地贯彻了"站上巨人肩膀"这一学习原则的。

从隋唐时期开始，我国古代的文化人就开始借用现成的民歌或其他"流行曲调"的形式框架进行诗歌创作。这种创作的手法愈演愈烈，到宋朝达到鼎盛，形成宋词创作的基本风气。民间歌曲的类似创作手法的起源暂时无从考证，但我们近年在民间采风时遇到的多位国家级或省级"非物质文化遗产传承人"都一致认为：依着现成的曲调，重新编填新的歌词，或者将现成的歌词填入不同的现成曲调，使之变成一首新的歌曲，是民间歌者经常使用的创新手段。

我们发现在现当代的文艺创作中，将现成的作品进行改编的方式有：为歌曲或器乐曲编填新的歌词；在歌曲中间插入节奏念白，或在单声部的歌曲中加入念或唱的其他声部，从而将其改编成多声部歌曲；将两首现成的歌曲直接相互叠加；将原歌曲的调性进行改变（大调变成小调，小调变成大调……）等，各种类似思路的技巧，可以说是层出不穷。

更有甚者，他们直接将歌剧《卡门》、芭蕾舞剧《天鹅湖》的整部音乐换上新的故事，将其改编成另外两部现代音乐剧；将20世纪70年代欧洲某著名乐队的若干首大受欢迎的流行歌曲加上一个故事而重组成一部新的更受欢迎的现代音乐剧《妈妈咪呀》；将法国作曲家奥芬·巴赫的《天堂与地狱》（序曲）加进了电影《河东狮吼》，最后又变成了我国国内流行一时的手机铃声……另外，有许多20多年前风靡我国的流行歌曲，也是从著名的器乐曲片段改编而来的。例如：将莫扎特的《第40号交响乐》改编为歌曲《不想长大》；将科特比的《波斯市场》改编为歌曲《波斯猫》；将埃尔加的《爱的礼赞》改编为歌曲《庆祝》；将帕格尼尼的《第24随想曲》改编为歌曲《灵魂的共鸣》……如今，一些流行于网络的游戏App，更是成为普通大众改编某一小作品（或局部）的"自我娱乐与自我实现"的平台。

由此可见，对于缺乏专业音乐学习经验的普通大众，特别是对发展中的幼儿来说，在歌、舞、乐的创造性学习活动中，教师不仅需要给予语汇、思路，还需要给予一个可以依托的具有审美感染力、吸引力的"作品"，这样才可以让他们热情地投入且安全地进行"继承和发展"。

因此，"站上巨人肩膀"，应是奥尔夫体系教学法中的第五个教学原则。

四、"学以致用"的原则

奥尔夫教学体系所倡导的"模仿—理解—应用/创造—分析"的教学流程，实际上很好地遵循了科学心理学中"发现规律—利用规律—解决问题"的提升解决问题能力的教学规律，同时也较好地落实了我国传统教育长期以来一贯坚持的终极目标：学以致用。

在皇家音乐学院奥尔夫教师培训课程中，"学以致用"（尽管是外国体系里的外国老师）同样是重要的教学原则，并且已经成为这些奥尔夫老师的行为习惯。无论是歌唱、律动、奏乐、创作，还是上教学法课，执教老师都会遵循以下五大工作流程：

（1）举例。执教老师教，学员们做。对于所教的各种具体的知识技能，基本上也都是运用"模仿—理解—应用/创造—分析"的教学流程。

（2）分析。执教老师不断重复讲解或者补充各种相关理论。

（3）引导应用。执教老师在当天下课之前，一定会布置课后作业，并使用从大组示例到小组尝试及执教老师轮组辅导的组织方式进行。这种"模仿体验—尝试讨论—大组分享—总结反馈—引导提问—补充解惑"的流程，能让学员尽可能明确课后独立或结伴作业的具体要点，即学员当天应该掌握的学习内容。

（4）布置课后的独立或结伴作业。

（5）审阅作业和反馈补偿。第二天，各执教老师几乎要花费将近半天的时间来审阅学员的作业文本，或组织学员相互观摩从文本到实操的过程，然后再根据具体情况给予学员"掌握情况的反馈"，以帮助学员进一步理解那些尚未掌握的内容。

学员能否使用执教老师教授过的知识技能进行创造性的工作，是检查执教老师工作效率的重要指标。因此，"学以致用"，应是奥尔夫体系教学法中的第六个教学原则。

在本章结束的时刻，我们还要在此再次重申："欣赏""游戏化""创造性表达""小步距循序渐进""站上巨人肩膀""学以致用"这六个教学原则，既是奥尔夫音乐教育体系的教学原则，也是全世界千百年来被事实证明的科学可靠的教学原则。

接下来，在本书后面的三个章节（第三章、第四章、第五章）中，我们将按照本章提供的六个教学原则，继续呈现奥尔夫老师的原始案例，以及本教材编者团队根据这些原始案例的思路创造性发展出的新案例。需要说明的是，本教材之所以提供了大量国外奥尔夫体系老师的原始案例以及编者团队的原创案例，是希望读者通过操作、研究案例，最终发现其"关键结构"（what）、"关键原理"（why）、"关键操作模式"（how）。只有真正了解、理解、掌握了这些关键要素科学合理的组合过程，才能够真正实现我们所希望的学生发展状态的目标。

专题分析

学以致用

我们学习奥尔夫教学体系的目的，绝不仅仅是通过模仿来"补充"一种外来的、我们所不具有的、新鲜的教学模式，而是应该伴随着认真观察、分析，进而达成"了解—理解—应用/创造—分析"的学习境界。天下大同，即天下的道理都是"万物归一"。我们应该借用奥尔夫老师（本教材中主要是指美国著名奥尔夫老师、加拿大皇家音乐学院奥尔夫老师和奥地利莫扎特音乐学院奥尔夫学院的奥尔夫老师）教给我们的范例，分析清楚其中的道理（规则—效果—目标），按照孔子"举一反三"的教学目标，用我们自己的语言陈述出自己的例子，以表现出我们理解和应用的程度。这才是学习的根本所在。

问题讨论与练习

1. 经过对本章内容的阅读、讨论与独立思考，你所重新理解的模仿与创造的关系是怎样的？
2. 经过对本章所举范例的实操，你所理解的奥尔夫教学法中的"模仿—理解—应用/创造—分析"的经典流程是怎样实现的？请举例说明。
3. 奥尔夫体系教学法的六个重要教学原则是什么？请在小组讨论活动中举例说明。
4. 分小组自由选择并体验本章中的案例。

第三章 歌唱教学

学习目标

（1）学会使用即兴替换歌词的创意歌唱教学模式。
（2）学会使用即兴创编歌词和表演动作的歌唱教学模式。
（3）学会使用游戏化的歌唱教学模式。

本章提示

本章主要通过一系列案例，讲解了歌唱教学的基本方法与流程。本章内容的重点为即兴创编歌词和教学流程游戏化的设计和执行。由于本教材介绍的主要是幼儿园阶段的奥尔夫音乐课程，因此没有收录曲调创作的内容。

幼儿歌唱教学有几个非常重要的原则：第一，一定不要让幼儿大声喊叫；第二，一般中等难度的歌曲至少要让幼儿有机会倾听5遍甚至5遍以上；第三，要使用情境和游戏反复调动幼儿倾听和练唱的积极性。

当我们真正面对幼儿园的孩子时，师幼互动的具体细节是非常重要的，因为这些细节都是为了顺应和满足幼儿的身心发展需要而设计的。所以，读者在阅读和实践本章内容的过程中，需要反复思考和努力领会其中的"缘由"，即请读者注意文中的各种特别提示。

本章导览

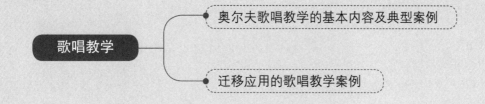

第一节　奥尔夫歌唱教学的基本内容及典型案例

一、歌唱的基本知识与技能

奥尔夫培训课程一般都是从最基础的知识与技能内容开始的。基本知识主要包括：声母和韵母、音高和唱名（含音符和五线谱知识）、柯达伊体系的表示音高的手势（柯尔文手势）等。基本技能主要包括：发音位置、咬字吐字和气息控制三大部分。由于这些内容在国内师范院校的其他相关课程中都会包括，因此不再赘述。

需要特别指出的是：我们在学习歌唱的基本知识与技能时，也必然会使用各种游戏的方式来传递学习内容，以便一以贯之地体现奥尔夫体系"游戏化"教学的基本原则。例如：使用模仿动物叫声的方式来感受发声的位置，练习腹式呼吸和气息控制；用吹气球或比赛"谁（吐气）能坚持到最后"游戏来提升肺活量和气息控制能力等。我们要静心、从容、仔细地体验内心和随时关注同伴。

二、歌唱的指挥技能

指挥技能包含两个不同的内容。一是使用普通的表示拍子的手势，见下图：

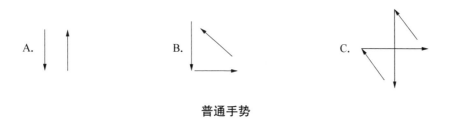

普通手势

二是使用来自柯达伊体系的表示音高的手势——柯尔文手势，见下图：

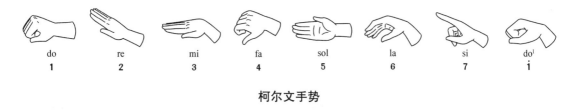

柯尔文手势

> **注意**：这个音高手势体系的原创者是牧师柯尔文，最初在柯达伊体系中使用，是奥尔夫体系从柯达伊体系中借用的。

作为教师培训的课程体系或者作为小学高年级与中学的课程，在歌曲的学习、练习、表演的时候都会学习使用这两种手势，它们对学生掌握拍子、音高，甚至速度、力度的变化和情绪情感的表达，以及利用这两种手势帮助学生学习歌曲、乐曲的创作或即兴创作，都是非常好的辅助工具。但在幼儿园的集体教学活动中，并非必要。因为这毕竟是比较枯燥的、需要"死记硬背"与反复练习的技能，弄得不好反而会加重幼儿的学习负担，减少幼儿学习的乐趣。

三、多声部歌唱技能

（一）由"轮唱"形成的多声部

多声部歌唱也是奥尔夫课程中的一项重要内容。但在奥尔夫老师的实践中，最常用的合唱形式是"轮唱"。

1. 奥尔夫体系教师培训课程常见教学模式

（1）老师先教授一首儿歌的歌词。

（2）加上曲调，教学员学会唱这首歌曲。

（3）加上声势动作（拍手、跺脚、捻指等单纯的身体有声动作）或表演动作（表现歌词含义的动作）。

（4）将学员分组，从两声部轮唱逐步增加到八声部轮唱。（单纯唱）

（5）从两声部轮唱逐步增加到八声部轮唱。（边唱边做动作）

（6）加入打击乐器伴奏。

（7）加入可以看出各声部起止、起伏的队形。完整表演，自我欣赏。

2. 其他教学模式

该模式由美国奥尔夫老师汤姆先生创立，具体如下：

（1）老师先教授一首儿歌的歌词（内容来自一个绘本的主题）。

（2）加上曲调，教学员学会唱这首儿歌。

（3）加上舞蹈动作（通常是民间社交舞蹈中具有人际互动可能的那些动作，如包含拍手、跺脚、捻指等），可能是自唱伴舞，也可能是跟随播放的录音音乐，边唱边舞。

（4）将学员分组，从两声部轮唱逐步增加到八声部轮唱。（单纯唱）

（5）从两声部轮唱逐步增加到八声部轮唱。（边唱边做动作）

（6）老师一一展现绘本故事的主要情节，让学员在老师的引导和指导下进行各种结伴或分组的即兴表演（通常包含规划、排练、展演分享、相互评价和学习等更为细致的流程）。

（7）加入队形，将"唱熟的歌曲及练熟的舞蹈"作为一个回旋曲作品的"主部"A（不再使用轮唱的表演方式），将"老师以旁白的形式描述绘本故事各主要情节，学员跟随讲述"的即兴表演作为这个回旋曲作品的"插部"BCDEF，构成ABACADAEAF模式。完整表演并自我欣赏。

（二）由"朋友歌"叠加形成的多声部

"朋友歌"这种形式的合唱，虽然不能算是奥尔夫音乐教育体系专有的，但在奥尔夫老师的课程中也会经常使用。这种复调性的合唱相比于和声性的合唱，既容易被一般人掌握，也更容易被一般人创造性地应用。

下面是被普遍认可的"朋友歌":

两只老虎 / 划小船

1 = C 4/4

外国传统儿歌

| 1 2 3 1 | 1 2 3 1 | 3 4 5 — | 3 4 5 — |
两只老虎 两只老虎,跑 得 快 跑 得 快。

| 1 1 1.2 3 | 3.2 3.4 5 — | 1.1 5.5 3.3 1.1 | 5.4 3.2 1 — |
划划划小船 用力向前划, 用力划呀用力划呀 胜利就来到。

| 5 6 5 4 3 1 | 5 6 5 4 3 1 | 2 5. 1 — | 2 5. 1 — ‖
一只没有尾巴 一只没有耳朵,真 奇 怪 真 奇 怪。

| 1 1 1.2 3 | 3.2 3.4 5 — | 1.1 5.5 3.3 1.1 | 5.4 3.2 1 — ‖
划划划小船 用力向前划, 用力划呀用力划呀 胜利就来到。

下面是由加拿大皇家音乐学院奥尔夫老师提供的"朋友歌":

银岸之地 / 划船歌

1 = E 2/4

| 6. 6 6 | 3 3 | 6. 6. 6 | 3 3 | 6 5 6 | 5 3 1 | 2 1 2 | 3 — |
银色的沙 滩 高高的岸 岩,美丽的 地 方 我会再来。

| 3 3 2 | 1 6. | 1 1 2 | 3 6. | 3 3 2 | 1 6. 6. | 6 6 5. | 6. — |
看我的 船 桨 结实又 漂亮, 跟随那 大雁飞 深深地 划。

| 6 5 6 | 5 3 1 | 2 1 2 | 3 1 6. | 6. 6. 6. 1 | 6. 6. 6. 1 | 6. 6. 6. 1 | 6. — ‖
美丽的 地方 我会再 回来。 哪嘚嘚哪哪 哪嘚嘚哪哪 哪嘚嘚哪哪 哪

| 3 3 2 | 1 6. | 1 1 2 | 3 6. | 3 3 2 | 1 6. 6. | 6 6 5. | 6. — ‖
看我的 船 桨 结实又 漂亮, 跟随那 大雁飞 深深地 划。

这种"朋友歌"的特点:一是节奏方面拥有"疏密"对比;二是旋律方面拥有"高低"穿插;三是和声方面"没有过多的不和谐"音程。所以,一般人都能根据这些原则去寻找可以叠加在一起唱的"朋友歌"。

（三）加入"念白"形成的多声部

金发少年

1 = C 2/4

| 5̣ | 1 2 | 3. 1 | 3 4 | 5 0̲1̲ | 5 4 | 3. 1 | 3 2 | 1 0 5̣ |
| 青 | 青 的 | 草 地 | 上 有 | 位 金 | 发 少 | 年 他 | 在 歌 | 唱， 哦 |

| 1̲1̲ 2̲2̲ | 3̲3̲ 5 | 3̲3̲ 2̲2̲ | 1 5̲ | 1̲1̲ 2̲2̲ | 3̲3̲ 5 | 3̲3̲ 2̲2̲ | 1 1 ‖
| 嗨呀 嗨呀 | 嗨呀 呀， | 小溪 缓缓 | 流 淌 哦， | 嗨呀 嗨呀 | 嗨呀 呀， | 他在 轻轻 | 歌 唱。 |

加入节奏念白1：

| 远 远 | 看 见 | 一 个 | 少 年， | 原 来 | 他 是 | 金 发 | 的 少 年 ‖

加入同节奏木琴音型：

| 1 5 | 1 5 | 1 5 | 1 5 | 1 5 | 1 5 | 1 5 | 1̲ 5̲ 1 0 ‖
| 远 远 | 看 见 | 一 个 | 少 年， | 原 来 | 他 是 | 金 发 | 的 少 年。 |

加入节奏念白2：

| 0 多可 | 爱 0 ‖

加入同节奏高音钢片琴色彩音型：

| 0 5̲ 5̲ | 5 0 ‖
| 多 可 | 爱！ |

加入节奏念白3：

| x x | x — ‖
| 美 如 | 画！ |

在奥尔夫教学流程最后的作品表演部分，这些念白可以保留，也可以转成有音高的演唱声部，还可以转成有音高或无音高的乐器演奏声部。

四、歌唱与其他表演活动的结合

奥尔夫教学法中的一项重要的教学流程，就是"各种不同表达媒介之间的不断转换"。无论是唱歌、律动、奏乐中的哪一种课程，无论教学活动的主要学习内容是歌曲、动作还是乐器，在整个学习过程中，都必然要使用歌、舞、乐三种媒介，从而达到使用歌、舞、乐综合一体的方式来表现作品的目的。（请参见第一章中奥尔夫老师的原版案例"喷火龙丹丹"）

五、歌唱教学的游戏化设计

目前，歌唱教学的游戏化设计实际上已成为一种世界性教学设计的潮流。其功能是为了让学习者能够更加自主自愿地投入和享受学习。

音乐人类学的研究告诉我们：千百年来，人们打发闲暇的主要方式就是游戏。艺术实践活动本身就是一种游戏活动。在我国历史上，无论是在皇室还是在民间，无论是统治阶级还是普通劳动群体，在闲暇时间都会将智能游戏、体能游戏、工艺制作游戏、社交游戏与歌、舞、乐游戏很好地结合起来，以达到愉悦身心、增进个人健康和促进社会和谐发展的目的。比如，我国东晋时期著名书法家王羲之的书法作品《兰亭集序》，就是为当年修禊（春沐、祈福、嬉游）时节，一群著名文人在会稽山下玩"曲水流觞"游戏时创作的即兴诗集所作的序。

美国一个中学的"预见学习项目研究"告诉我们：借鉴已有的成熟游戏，将游戏或游戏中的某些元素直接运用到教学过程中，以便取得相应的提升教学效率的结果。这不仅仅是教师对已有游戏的简单借鉴和应用，而且是教师从实际教学内容和学生基础的角度出发，使设计更能契合教学任务和学生的学习能力本身，更容易达到促进学习效率和提升学生基础素养的目的。

在加拿大皇家音乐学院的奥尔夫课程中，游戏化的设计无处不在，而且能够让人深切地感受到。美国著名奥尔夫老师古德金先生这样说过：要让活动拥有"有诱惑力的开始、流畅的过程感和完满的结束感"，这也是需要由游戏融入教学过程的质量来决定的。

下面我们来看加拿大皇家音乐学院奥尔夫老师原版案例中的歌唱游戏。

谁在敲我窗和门

1 = D 2/4

| 1 - | 5 - | 2 2 2 3 | 2 1 | 1 - | 5 - | 2 2 2 3 | 1 - ‖

谁　　在　　轻轻敲我　窗户？谁　　在　　轻轻敲我　门？
我　　在　　轻轻敲我　窗户，我　　在　　轻轻敲我　门。

小小兔子

1 = E 2/4

| 1 1 3 3 | 2 2 3 | 1 1 3 3 | 2 3 | 1 1 3 3 | 2 2 3 | 1 1 3 3 | 2 3 ‖

小小兔子　在 哪里，它在我的　菜 园，小小兔子　在 哪里，它在我的　菜 园。

以上两个案例属于"智能游戏"大类中的"猜谜游戏"亚类。其中，前者又属于"猜谜游戏"中再下一层类型中的"声音听辨游戏"（即猜谜者在看不见被猜者的条件下，仅凭被猜者的声音音色或发出声音的空间位置，来断定发出声音者是谁）。而后者属于"猜谜游戏"中再下一层类型中"藏东西和找东西"的"智慧对抗游戏"（在大家一起唱歌的过程中，寻找东西的人在接近藏东西的位置时大家"提高"音量，在远离藏东西的位置时大家"压低"音量，以暗示寻找者寻找的方向和距离）。

在深深的海洋里

1 = G 4/4

5. 4 3 4 | 5 3 1 - | 2. 1 7 6 | 5 - 3 - |
在 那 深 深 海 洋 里，   小 鱼 游 来 游 去。

5 3 5 3 | 5 3 1 - | 2. 1 7 6̣̂7̣ | 1 1 1 - ‖
哪 里 哪 里 在 哪 里？ 哦   朋 友 我 爱 你！

这个歌唱游戏类似我们熟悉的"邀请舞"，属于一种"社会交往游戏"。具体玩法为：参与游戏者围坐成圆圈或在自由空间状态下找一空地。每个人都把自己想象成一种海洋生物，坐在固定的位置上运动身体上任何可以活动的部位。大家一起唱歌，同时邀请者也要假装成某种海洋生物在场地中自由移动，在歌曲的结束句，大家齐唱"我爱你"的同时，邀请者选择一人或者两人，被邀请者起立跟随邀请者（像幼儿园玩"开火车"游戏一样，一个跟着一个）在下一次歌声中重复前面的动作，循环往复……

在奥尔夫的教学体系中，"问候歌""告别歌""感谢歌""祝福歌"等，也都往往伴随着各种互动的动作游戏，这些也都属于"社会交往游戏"。

另外，在奥尔夫体系的歌唱教学中，无论是认识音高、唱名、音符，还是练习发音、气息、节奏，也都会通过各种游戏来完成。这里不再赘述。

六、创造性的歌唱学习

创造性的学习一直是人们认为奥尔夫体系有别于其他音乐舞蹈教育体系的重要特质。在奥尔夫体系的歌唱教学中，我们认识到的相关做法主要有以下几种类型。

（一）借用教师提供的歌曲，对歌词进行局部替换

"借用"在加拿大皇家音乐学院课程的教学法中，是一个非常重要的概念，也就是我们在本书第二章中已经专门提炼出的"站上巨人肩膀"的原则。我国哲学也这样强调：一生万物，万物归一。

> 提示：适合较多使用"问答结构"的歌曲。

这里的创造性表达，所借用的就是"现成歌曲的大框架和主要内容"。对于幼儿和初学者来说，这也是最容易掌握的一种创造性表达方式。

1. 社交歌唱游戏

《欢迎歌》中大家唱："欢迎欢迎，欢迎×××"，×××唱："谢谢大家，大家早上好！"

《我们都出生啦》中问："一月出生的在哪里？"答："在这里，在这里，我是一月出生的！"（一直唱到十二月）最后一起唱："现在我们都出生啦！"

2. 认知歌唱游戏

《今天星期几》中问："今天星期几？谁知道？"答："我知道，我知道，今天星期×！"

《胡说歌》中问："你把袜子套在耳朵上吗？你把袜子套在耳朵上吗？袜子套在耳朵上吗？袜子套在耳朵上吗？你把袜子套在耳朵上吗？"

> **注意**：从幼儿的认知水平上来说，他们必须知道什么是正确的，才能够"胡说"。一般来说，替换两个词，比替换一个词难度高。

（二）借用教师提供的"材料基石"进行组合创作

"材料基石"是指创作时可以借用的元素。如节奏、唱名、情境、结构等。

1. 借用教师提供的节奏基石

（1）从语言（谚语）节奏中提取节奏基石。

① 一日一苹果让医生远离我：X X X X X X | X X X X X X. |
　　　　　　　　　　　　　　一 日 一 苹 果 让 　医 生 远 离 我

② 划你自己的船：X X X X X | X. X. |
　　　　　　　　划 你 自 己 的 船

③ 你不做你就永远不会知道：X X X X X X X | X X X X. |
　　　　　　　　　　　　　　你 不 做 你 就 永 远 　不 会 知 道

（2）主要教学流程如下：

① 教师出示谚语，示范如何抽取句子的节奏。
② 教师示范，如何对应转换成由 $\frac{6}{8}$ 拍节奏基石构成的乐谱。
③ 学员将节奏基石排成两小节的节奏乐谱卡片。
④ 学员分成三组（每组3—4人），根据节奏乐谱创编声势动作。
⑤ 三组学员依次（1组—2组—3组）展示练习过的"语言+声势动作"（重复2遍或者4遍），其他观察小组判断这是哪种节奏卡片（所有排好的卡片事先都摆在地上供观察小组观看）上的节奏。
⑥ 三组学员同时叠加（三声部）展示自己创编的"语言+声势动作"（重复4遍）。
⑦ 全部"默念"语言做声势动作。
⑧ 恢复既念又做动作的方式。

2. 借用教师提供的唱名基石

（1）前期经验：已经学习过5（sol）、3（mi）两个音符和唱名。

（2）即将学习的内容：6（la）、1（do）两个音符和唱名。

（3）主要教学流程如下：

① 模仿教师，学唱歌曲《泰迪熊》。

泰迪熊

1 = C 2/4

| 5 5 3 | 5 5 3 | 5 6 5 | 5 3 | 5 5 3 | 5 5 3 | 5 6 | 5 3 |
泰迪熊 泰迪熊 摸 摸 头， 泰迪熊 泰迪熊 摸 摸 地，

| 5 5 3 | 5 5 3 | 5 6 5 | 5 3 | 5 5 3 | 5 3 | 1 — ‖
泰迪熊 泰迪熊 转 一 圈， 泰迪熊 泰迪熊 跳 跳 跳。

② 模仿教师视唱乐谱，同时做以下身体动作：唱5（sol）摸头、唱3（mi）摸肩、唱6（la）高举双臂、唱1（do）摸脚等。

③ 教师提供歌词和节奏：

亲— 亲，抱— 抱，小娃 娃呀，睡觉 觉。

④ 学员四人一组集体创编，分组展示。

⑤ 学员两人一组集体创编，分组展示。

⑥ 学员独立创编，围成圆圈依次展示。

⑦ 加入新音符2（re），用"回声游戏法"学习新歌《谁在敲我窗和门》。

  a. 老师唱一句，学员模仿一句。

  b. 集体唱问句，一人唱答句。

  c. 一人唱问句，一人唱答句。（游戏：唱问句者需猜出唱答句的人是谁）

（4）继续熟悉新音符2（re），用"通过音量强弱暗示被藏东西"的游戏学习新歌《小小兔子》。

（5）模仿老师视唱乐谱，分析歌谱中的相同、相似与不同之处。

（6）在学员已经掌握5（sol）、3（mi）、6（la）、1（do）、2（re）五个音符和它们的唱名后，开始玩"即兴回声"游戏：

① 教师即兴用这五个音唱8拍旋律，学员集体唱"回声"。（教师示例）

② 教师即兴用音条琴奏8拍旋律，学员集体奏"回声"。（教师示例）

③ 学员志愿者即兴唱8拍旋律，学员集体唱"回声"。（学员迁移）

④ 学员志愿者即兴奏8拍旋律，学员集体奏"回声"。（学员迁移）

⑤ 两两结伴唱，一人即兴演唱，一人唱回声，交换。（学员迁移）

⑥ 两两结伴演奏，一人即兴演奏，一人演奏回声，交换。（学员迁移）

（7）继续巩固新音符2（re），学习新歌《农夫在山谷》。

农夫在山谷

1 = C 2/4

| 1. 1 1 1 | 1 0 | 3. 3 3 3 | 3 0 | 5 5 5 6 | 5 3 1 2 | 3. 3 2 2 | 1 - ‖

农 夫 在 山 谷， 农 夫 在 山 谷， 快 快 乐 乐 快 快 乐 乐 农 夫 在 山 谷。

> **注意**：《泰迪熊》《谁在敲我窗和门》《农夫在山谷》这三首歌曲的曲调中都包含了新音符2（re）。

3. 借用教师提供的节奏基石、情境基石、结构基石

（1）借用教师提供的节奏基石。

$\frac{6}{8}$ 拍：

    X·　X·　；X X X　X X X　；X　X　X　X　；

    X·　X X X　；X X X　X·　；X·　X　X　；X　X　X·

（2）借用教师提供的情境基石（歌词）。

① X·　X·　　　　　② X·　X　X
  朋　友　　　　　 爱　她　就

③ X　X　X　X　　　④ X　X　X·
  一　起　撒　网　　 造　艘　船

⑤ X　X　X　X·　　⑥ X　X　X　X　X
  捕　很　多　鱼　　 带　她　和　你　去

（3）借用教师提供的结构基石。

如：ABAB、ABCA、AAAB、ABBA、AABA等。

示例：

任选A为： X　X　X　X
     一　起　撒　网

任选B为： X·　X·
     朋　友

ABAB的结构即为：

X　X　X　X　| X·　X·　| X　X　X　X　| X·　X·
一　起　撒　网　朋　友，　一　起　撒　网　朋　友。

加上任选C： X·　X　X
     爱　她　就

ABCA 的结构即为：

X　X　X　X	X.　　X.	X.　　X　X	X　X　X　X
一　起　撒　网	朋　　友，	爱　她　就	一　起　撒　网。

（4）主要教学流程：

① 教师提供素材基石（节奏基石、情境基石、结构基石），引导学员认识这些素材基石。

② 学员分成若干小组，各组选择不少于两个、不多于四个的短句作为素材。

③ 教师发放结构卡片，学员选择其中一种。

④ 学员按照自选卡片规定的结构，组织自己的作品，并念熟。

⑤ 各小组之间展示分享。所有卡片排在地上，玩"快速反应"游戏。

　　a. 展示小组将自己的作品连续展示两遍。

　　b. 观察小组通过听辨来判断展示小组使用了哪一种结构卡片，先举手示意且判断正确的为赢家。

（三）借用教师提供的"主部"为回旋曲创作"插部"

1. 主部歌曲《渔歌》（歌词略）

渔歌

新西兰民歌

$1 = G$　$\frac{6}{8}$

3　3　3　3.　| 2.　　5.　| 3　3　3　3.　| 4.　　5. |

3　3　3　3　| 2　7　5.　| 5.　7　2　7　| 1　1　1. ‖

2. 主要教学流程

（1）学习歌曲。

（2）用轮唱的方式演唱歌曲。

（3）分小组为歌曲编配伴奏或者表演动作。

（4）合作表演回旋曲《渔歌》。

① 围成一个大的圆圈，各小组学员坐在一起，自选乐器。

② 从"主部"开始。学员表演"主部"的时候可以齐唱，也可以轮唱；可以自选歌、舞、乐中的一种表演，也可以事先组织安排好配合的方式。

③ 所有小组按照顺时针或逆时针方向，依次在各重复"主部"中间插入自己创编的"插部"。（也可以事先协商好表演"插部"的先后顺序）

注意： 创编"插部"借用的材料和流程，可参见上一范例"借用教师提供的节奏基石、情境基石、结构基石"。

（四）为现成歌曲编配舞蹈动作、队形或情境表演动作、场景

过程略。

（五）为现成单声部歌曲编配合唱声部或乐器伴奏声部

过程略。

> 提示：（四）、（五）两点将在本书后面的"律动教学"和"奏乐教学"中举例，在此不再赘述。

 专题分析1

歌唱配律动的传统小游戏

1. 大西瓜（广东）

$1 = B \quad \frac{2}{4}$

$\underline{3\ \dot{6}}\ \dot{6}\ |\ \underline{\dot{1}\ 7}\ \dot{6}\ |\ \underline{4\ 4}\ \underline{\dot{6}\ \dot{6}}\ |\ 3\ -\ |$
大　西　瓜　真　好　啊，个　个　都　想　吃。

$\underline{3\ \dot{6}}\ \dot{6}\ |\ \underline{{}^\sharp 5\ 7}\ 7\ |\ \underline{3\ 3}\ \underline{1\ 7}\ |\ 6\ -\ \|$
大　家　分，切　开　它，味　道　顶　呱　呱。

【游戏动作与进阶流程】

（1）动作一级的进阶流程。

边唱歌边做动作，自己和自己玩。

A 表示浅灰，双手掌心向前竖起，左右摇摆表示两片西瓜。每拍摇一次。

B 表示深灰，双手五指向前，做抓东西的动作表示两张嘴巴。每拍抓一次。

团体律动游戏范例：大西瓜1

每8拍转换1次；共转换1次；独立；双手同

规模：16拍；速度：84拍/分钟

团体律动游戏范例：大西瓜2

每4拍转换1次；共转换3次；独立；双手同

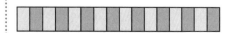

规模：16拍；速度：84拍/分钟

团体律动游戏范例：大西瓜3

每2拍转换1次；共转换7次；独立；双手同

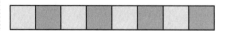

规模：16拍；速度：84拍/分钟

团体律动游戏范例：大西瓜4

每1拍转换1次；共转换15次；独立；双手同

规模：16拍；速度：84拍/分钟

> **团体律动游戏范例：大西瓜5**
>
> 每半拍转换1次；共转换31次；独立；双手同
>
> ||||||||||||||||||||||||||||||||
>
> 规模：16拍；速度：84拍/分钟

（2）动作二级的进阶流程。

与同伴一起玩，一人双手表示西瓜，一人双手表示嘴巴。嘴巴要触碰到表示西瓜的手掌心，一拍一次。西瓜不再左右摇摆，一拍一次回碰嘴巴。

> **注意：**① 独立是指自己一个人做，与两人相互配合一起做相对应。② 若学习者能力强，进度可以加快，如重复练习次数可减少或"跳级"。

（3）动作三级的进阶流程。

与同伴一起玩，每人都是一只手表示西瓜，一只手表示嘴巴，每个人的嘴巴都要对应同伴的西瓜。

> **注意：**还记得下面这个图吗？即便是模仿学习，也是需要分成若干级小台阶，一级一级慢慢往上。

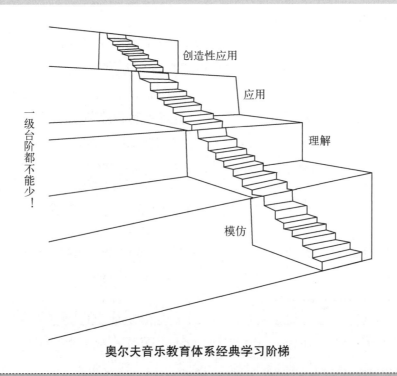

奥尔夫音乐教育体系经典学习阶梯

2. 做月饼

【游戏动作与进阶流程】

A 左手握拳，拳心向上，右手成掌。先自上而下拍击拳心，再自下而上拍击拳心。

B 右手握拳，拳心向上，左手成掌。先自上而下拍击拳心，再自下而上拍击拳心。

> **注意：** 动作由日本老师提供，可以选用音乐《爷爷为我打月饼》，乐谱略。

进阶流程可参见上例"大西瓜"。

（1）动作一级的进阶流程（换上下的频率加快）。

先右手自上而下连续拍8次，再换成自下而上连续拍8次。（改成：连续拍4次换；连续拍2次换；拍1次就换）

换成左手拍右手。（流程同上）

（2）动作二级的进阶流程（换手的频率加快）。

右手拍左手上4下4，换成左手拍右手。

右手拍左手上2下2，换成左手拍右手。

右手拍左手上1下1，换成左手拍右手。

（3）动作三级的进阶流程（换上下，换手，换节奏）。

节奏改成：　　X　　　　X　　　｜　X＿＿＿X　　　X　　　｜

动作改成：右手上拍　右手下拍　　左手上拍　左手下拍　右手上拍

节奏改成：　　X　　　　X　　　｜　X＿＿＿X　　　X　　　｜

动作改成：右手下拍　左手上拍　　左手下拍　右手上拍　右手下拍

3. 煎麻薯

【游戏动作】

一人扮演锅，一只手手心向上为锅，一只手手心向下是锅盖。"锅盖"手有节奏地打开、盖上。

另一人扮演厨师，在"锅盖"打开时，将手伸到"锅里"；在"锅盖"盖上时，将手从"锅里"抽出来。

在说"上上下下左左右右"的时候，两人协商创编花式对拍模式，合作对拍即可。

附儿歌：

抹点油，抹点油，抹点抹点抹点油，

洒点水，洒点水，洒点洒点洒点水，

上上下下左左右右，麻薯麻薯煎好了。

4. 一枪四鸟

运用歌曲《这是小兵》。

【游戏动作与进阶流程】

右手做一枪（伸出拇指与食指），左手做四鸟（收起拇指，伸出其余四指）。

换成左手做一枪，右手做四鸟。

（1）唱第一句歌词，右手枪左手鸟，保持造型，一拍一次轻轻点动，共点动8拍。停下不唱，从容地慢慢换成左手枪右手鸟，换好以后再开始唱新的乐句，共点动8拍。（逐渐争取在最后一拍内完成换手动作）

（2）4拍一换。

（3）2拍一换。

（4）1拍一换。

（5）半拍一换。

（6）改用 x   x | x x x |（有一拍，也有半拍）。

（7）改成一枪六鸟。

注意：在了解了进阶的基本流程之后，老师就可以自己设计类似的动作教学进阶流程。

友情提问

（1）为什么要设计这种转换频率逐渐加快的教学流程呢？这与培养幼儿从容稳健的性格有什么关系呢？

（2）你觉得需要并且可能在流程的某阶段引导幼儿推理后序的转换规律吗？如果真做了，会对幼儿有什么好处呢？

♪ 专题分析2 ♪

"从'一A到底'开始"模式的概念详解

概念、价值、分类、历史沿革 概念之一：

（1）A是一个抽象的"模式范例"。

（2）A可能包含更多可容拆分的更小单位。

（3）"一A到底"表示持续重复某个模式。
（4）"从……开始"表示此建构式学习应遵循范例模仿—范例模式理解—利用范例模式进行创造的流程。

概念、价值、分类、历史沿革 概念之二：
（1）更低的学习起点。
（2）更宜的学习阶梯。
（3）更繁的人际互动。
（4）更大的创造空间。
（5）更丰的共建成果。

概念、价值、分类、历史沿革 概念之三：
（1）类比句式，原结构或改结构（a1a2a3a4-aaaa）。
　①最终A可由若干小a（a1a2a3a4）平行复合组成。
　②内容会在形象上逐渐丰富，情感也会逐渐增强。
（2）非类比句式，原结构或改结构（abcd-aaaa）。
　①最终由A渐进返回abcd的逐步深化丰富的模式。
　②内容会在逻辑上层层深入，情感也会逐渐增强。

概念、价值、分类、历史沿革 概念之四：
（1）2 500多年前：孔子提出了"举一反三"的教学原则。
（2）150多年：哈佛大学医学院、法学院在博士课程中提出了"案例研究教学"。
（3）30多年前，汪爱丽老师在幼儿园歌唱教学法中提出了引导幼儿创编歌词的"创编建议"。
（4）20多年前，黄爱玲老师将原歌曲的歌词直接改编为"同句重复到底"的样式，并同时提供了"循序渐进的歌词创编挑战流程"。
（5）几年前，南京的幼儿园音教研究团队更进一步提出"从'一A到底'开始"的特殊替换教学模式。

加拿大皇家音乐学院老师的教育观点：
（1）把思想、情感、身体融为一个整体。（可作为审美对象的案例）
（2）故事和动作模式给了学生一个"创作的框架"。（可进行"近迁移"的改编"底版"）
（3）在这个框架中，学生可以在强有力的支持下自由发挥。
（4）如若没有这个框架，"学生就会很混乱，不易体会到作品的艺术之美"。

第二节　迁移应用的歌唱教学案例

本节案例都是编者团队这些年在幼儿园的真实实践中研发和验证过的，而且也已经反复在大学本科、专科学前教育专业课程以及在职教师在岗培训课程中使用。因此，这些案例不仅适合职前的准教师和在职教师了解、理解奥尔夫教学法的理念、技巧和工作模式，同时也可以直接应用到幼儿园集体音乐教学的实际工作中。

我们在研发这些案例时，并非严格照搬国外奥尔夫老师所开展的教师培训课程中的内容和方法，而是努力在每个案例中综合性地体现奥尔夫教学法体系内在的、最根本性的工作原则：创造性（含"学以致用"）、渐进性（含"站上巨人肩膀""借用"）、游戏性、审美性和综合性。

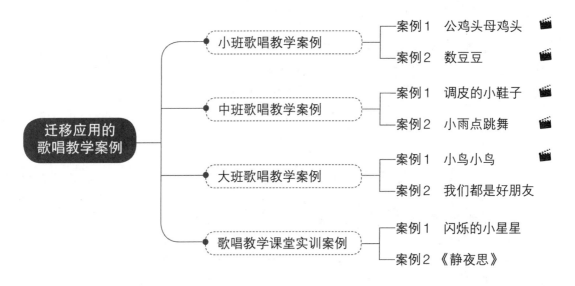

一、小班歌唱教学案例

 案例1　公鸡头母鸡头　　（合肥　孔令香）

=== 使能目标阶梯 ===

	教师工作目标		幼儿（学员）学习目标
挑战5	鼓励幼儿边唱歌边游戏。	创造性应用	完整跟随琴声边独立演唱新歌边继续游戏（随机两只手有小豆或没小豆，或有两颗以上的小豆）。教师鼓励幼儿自由地加入表演动作，以及人际互动的动作。
挑战4	鼓励、支持幼儿练习，以完整、流畅地演唱新歌。	巩固、完善	完整跟随教师和琴声专门练习演唱新歌。教师在示范的同时，鼓励幼儿边唱边有节奏地拍手或做自己喜欢的表演动作。
挑战3	继续邀请个别幼儿尝试猜测。	应用	在前面的基础上，教师鼓励幼儿"不怕失败"，只要坚持一定会成功！
挑战2	邀请个别幼儿志愿者猜测小豆在哪头。	应用	继续倾听主班教师范唱歌曲，观察、感知、理解、记忆歌曲和游戏的各个要素及顺序。一位幼儿猜测。第一次没有猜到（主班教师两只手都没有小豆）；第二次猜到，教师奖励其喂鸡。
挑战1	邀请全体幼儿猜测小豆在哪头。	模仿	继续倾听主班教师范唱歌曲，观察、感知、理解、记忆歌曲和游戏的各个要素及顺序。全体幼儿猜测。第一次没有猜到（主班教师两只手都没有小豆）；第二次猜到，教师示范喂鸡。邀请一位幼儿尝试喂鸡。
游戏	主班、配班教师合作随乐示范游戏玩法。配班教师第一次没有猜到；第二次猜到，示范喂鸡。	观察	倾听主班教师范唱歌曲，观察、感知、理解、记忆歌曲和游戏的各个要素及顺序。
故事	简述"为公鸡、母鸡寻找食物"的故事。	理解	情境理解，产生兴趣，明确任务。

注意：请自下而上阅读。左栏为教师工作目标，右栏为幼儿（学员）学习目标。

公鸡头母鸡头

传统儿歌
佚 名词曲

1 = C 2/4

| 1 1 3 | 2 2 1 | 3 3 5 5 | 4 4 3 |
| 公鸡 头 | 母鸡 头，| 公鸡 母鸡 | 吃 小 豆。|

| 6 6 5 3 | 4 5 3 | 6 6 5 3 | 2 2 1 |
| 这 一 头 | 那 一 头，| 猜猜 小豆 | 在 哪 头。|

♪ 活动目标

（1）初步学会演唱新歌。

（2）通过在游戏中反复倾听和练习，自然理解歌词和学习歌曲。

（3）体验公鸡、母鸡需要关怀的情感和帮助别人的快乐；体验坚持不懈地努力会获得成功的喜悦。

♪ 活动准备

（1）物质准备。

① 教具：两个比较大的透明饮料瓶，瓶口被分别装饰成公鸡和母鸡的头部，嘴巴大张，可容幼儿将小豆从此口放进瓶里。两个比较小的透明饮料瓶，瓶口被装饰成小鸡的头部，同样嘴巴大张。

② 将足够大的"泪滴"（可移除）装饰在公鸡和母鸡的眼睛下方。

③ 学具：若干体形比较大的豆粒（如：芸豆、蚕豆或彩色串珠粒）。

（2）经验准备：已经认识公鸡和母鸡在形象上的区别。

（3）空间准备：全体围坐成大的半圆。

♪ 活动过程

1. 初步倾听范唱，了解游戏的流程及规则

（1）出示公鸡、母鸡教具，引导幼儿关注它们眼睛下方的"泪滴"和空空的"肚皮"，让幼儿产生同情心和帮助它们的愿望。

（2）主班、配班教师边唱歌边示范游戏玩法。歌曲唱完后，配班教师若能够正确指出主班教师藏有小豆的手，配班教师便可以用这颗小豆去"喂"一只鸡。配班教师尝试两次，第二次才能成功，因为第一次主班教师两手都没有小豆。（范唱2遍）

（3）主班教师和配班教师交换角色，重复上述环节（2）的内容。（范唱4遍）

2. 进一步熟悉歌曲，尝试参与游戏

（1）主班教师对幼儿说，公鸡和母鸡都还感觉很饿，需要幼儿的帮助。依次激励幼儿参与，尝试游戏。

（2）幼儿志愿者轮流尝试参与游戏，大约重复2—3次。（范唱6—7遍）

3. 初步尝试练唱歌曲，进一步熟悉歌曲的演唱

（1）主班教师：让我们一起来对公鸡、母鸡唱这首歌吧！告诉它们，我们一定会找到更多的小豆给它们吃的。

（2）伴随琴声，教师带领幼儿练唱。（教师逐渐降低带唱的音量，倾听并观察大部分幼儿是否已经初步能够唱出所有内容；连续练习至少2遍）

4. 在教师的支持下比较流畅地边唱歌边玩游戏

（1）主班教师：大家看，公鸡、母鸡已经不哭了，但是，它们说还是没有吃饱，我们努力给它们找到更多的小豆好吗？教师继续边唱边游戏。这时教师可以邀请两位幼儿同时猜测，可以增加手里小豆的数量，以及两手都有或两手都没有小豆等规律的变化。连续游戏至少2次。（完整练唱已达4遍）

（2）出示公鸡、母鸡教具，继续鼓励幼儿参与歌唱和游戏。配班教师也参与藏小豆。连续游戏至少2—3次。（完整练唱已达7—8遍）

（3）展示四只鸡的"肚子"，热情激励幼儿体验经过努力后获得成功和帮助他人的快乐。

温馨提示

（1）公鸡、母鸡教具的头部必须足够大，以便幼儿看清楚"泪滴"。鸡的嘴巴及张开的尺度足够大，而且需要向斜上方张开，以便于幼儿将小豆投入其中。

（2）刚开始游戏时，只能让一位幼儿投喂，然后根据幼儿自控水平的实际情况逐步增加参与猜测和投喂的幼儿人数。当幼儿人数超过4人时，教师需要提醒幼儿排队和轮流，避免现场产生混乱和养成不良的拥挤、争抢习惯。

（3）教师自始至终都要让幼儿感受到公鸡、母鸡的需要，以及它们被满足后的喜悦和感恩之情。但需要注意的是，当幼儿已经兴奋过度时，教师需要十分注意自己情绪表达的尺度。

注意：教师的情绪表达是幼儿保持适当兴奋水平的"调节剂"。教师使用情绪是一种教学策略，而不是教学目的。

案例2　数豆豆

（西安　张　娜）

扫码看活动视频

=== 使能目标阶梯 ===

挑战5	鼓励幼儿边唱歌边游戏。	创造性应用	完整跟随琴声边独立演唱新歌边继续游戏（教师随机两只手有豆豆或没豆豆，或有两粒以上数量的豆豆）。最后主班、配班教师和幼儿一起迁移玩"伦敦桥"游戏，将幼儿当成豆豆来"装"、来数。
挑战4	鼓励幼儿练习完整流畅地演唱新歌。	巩固、完善	完整跟随教师和琴声专门练习演唱新歌。教师在示范的同时，鼓励幼儿边唱边有节奏地拍手或做自己喜欢的表演动作。
挑战3	继续邀请个别幼儿猜测豆豆的数量。	应用	在前面的基础上，教师鼓励幼儿：专心细致，相互检查验证，一定能成功。
挑战2	邀请个别幼儿志愿者猜测豆豆的数量。	应用	继续倾听主班教师范唱歌曲，观察、感知、理解、记忆歌曲和游戏的各个要素及顺序。一位幼儿猜测。第一次没有猜到（主班教师两只口袋都没有豆豆）；第二次猜到，教师奖励该幼儿数数，全体幼儿重新数数验证。
挑战1	邀请全体幼儿猜测豆豆的数量。	模仿	继续倾听主班教师范唱歌曲，观察、感知、理解、记忆歌曲和游戏的各个要素及顺序。全体幼儿猜测。第一次没有猜到（主班教师两只口袋都没有豆豆）；第二次猜到，教师邀请一幼儿数数，全体幼儿重新数数验证。
游戏	主班、配班教师合作随乐示范游戏玩法。配班教师第一次没有猜到；第二次猜到，示范数数。	观察	倾听主班教师范唱歌曲，观察、感知、理解、记忆歌曲和游戏的各个要素及顺序。
故事	简述"豆豆和幼儿玩捉迷藏游戏"的情境。	理解	情境理解，产生兴趣，明确任务。

数豆豆

传统儿歌
佚 名词曲

1 = C 4/4

```
1  2  3  5 | 6  1 6  5  - | 1  6  5  3 | 2  5 1  2  - |
一、二、三、四 数 豆  豆,      豆 豆 豆 豆  圆 溜  溜。

1  2  3  5 | 6 1 1 6  6  - | 1  6  5  3 | 2  3  1  - ‖
五、六、七、八 唉 呦 呦,      装 进 我 的  小 裤  兜。
```

♪ 活动目标

（1）初步学会演唱新歌。

（2）在音乐游戏中应用并巩固点数7个以内物品的技能。

（3）在迁移应用"伦敦桥"游戏的过程中，体验师幼与同伴之间情绪共鸣及身体亲密接触的快乐。

♪ 活动准备

（1）物质准备：

　　① 彩色小珠（豆豆），其大小以幼儿小手一把能抓住3—4粒为宜。

　　② 透明密封袋，其大小为底部一排能够同时展示7粒豆豆为宜。

　　③ 透明塑料盒，其大小以一半空间可盛放20粒以内的豆豆为宜。

　　④ 教师外穿特定的拥有两只大裤袋的裤装。

（2）经验准备：

　　① 玩过"伦敦桥"的游戏。

　　② 学习过——点数7个以内物品的技能。

（3）空间准备：全体围坐成大的半圆。

♪ 活动过程

1. 初步倾听范唱，了解游戏的流程及规则

（1）教师简述"豆豆与幼儿玩捉迷藏游戏"的情境。

（2）教师出示盛有豆豆的塑料盒，边范唱歌曲边假装点数，在歌曲唱到第三句时，用手假装在其中抓取豆豆；唱到第四句时，将抓取豆豆的手放进自己的裤装口袋。假装往两只口袋各放一次。（第1遍范唱）

（3）请全体幼儿猜测哪个裤装口袋里面有豆豆，有几个豆豆。

（4）教师再次出示装有豆豆的塑料盒，边范唱歌曲边假装点数，在歌曲唱到第三句时，用手在其中抓取数量在三粒以内的豆豆；唱到第四句时，将抓取豆豆的手放进自己的裤装口袋。一只口袋假装放一次，另一只口袋真的放进去。（第2遍范唱）

（5）请全体幼儿猜测哪个裤装口袋里面有豆豆，有几粒豆豆。最后，教师将豆豆拿出放进透明密封袋，用手指着密封袋的下方引导幼儿点数。（第3遍范唱）

2. 进一步熟悉歌曲，尝试独立参与游戏

（1）继续倾听范唱，游戏改为由一位幼儿来猜测。

（2）重复游戏3次，将豆豆的数量增加至7粒以内，并不再假抓、假放。将游戏规则改为：邀请一位幼儿数数、报数，集体重新数数验证。（第4—6遍范唱）

3. 初步尝试练唱歌曲，进一步熟悉歌曲的演唱

（1）重复游戏3次，继续游戏。将游戏规则改为：邀请一位幼儿上去抓豆豆、藏豆豆，集体点数、报数。（鼓励幼儿轻声跟唱3遍）

（2）在不玩游戏的情况下，鼓励幼儿轻声跟随琴声独立演唱歌曲，并鼓励幼儿主动地自我表达。（鼓励幼儿跟随琴声独立演唱共6遍）

4. 在教师的支持下比较流畅地边唱歌边玩改编的"伦敦桥"游戏

（1）主班教师边鼓励幼儿一起唱歌，边假装点数幼儿，唱完歌曲，用手环抱几个幼儿，说他们就是"豆豆"，然后请大家一起点数"豆豆"的数量。

（2）主班和配班教师手拉手，边鼓励幼儿一起唱歌，边假装点数幼儿，唱完歌曲，两人用手环抱更多幼儿，说他们就是"豆豆"，然后请大家一起点数"豆豆"的数量。

（3）迁移"伦敦桥"游戏：幼儿起立，离开椅子，向右转拉住前面人的衣摆，连成一列，依次边唱歌边从主班和配班教师搭好的桥洞下钻过。歌曲结束时，主班和配班教师用手臂合成的圈去"网"幼儿，然后请大家一起点数"豆豆"的数量。（鼓励幼儿在教师"起音"的条件下独立清唱共3—4遍，大约共唱10遍）

温馨提示

（1）教师在引导幼儿点数密封袋中的豆豆时，注意手指放在豆豆下方，不要挡住豆豆。

（2）教师数数的时候，点数的速度一定不要太快。

（3）豆豆数量增加的速度，也不要太快。

（4）最后玩"伦敦桥"游戏时，幼儿一般容易过度兴奋。因此，教师应特别注意：自己在态度上要从容，不要过度调动幼儿的情绪；注意歌曲起音速度要慢、力度要轻，避免激发幼儿的不当行为；随时准备提醒幼儿，以防止、制止幼儿因相互拖拽、拥挤而摔倒。

友情提问

（1）在以上《公鸡头母鸡头》《数豆豆》歌曲的学习流程中，教师一般至少都范唱了几遍？幼儿一般至少都练唱了几遍？

（2）在游戏挑战方面，教师使用的一般流程是什么？为什么要这样设计？

二、中班歌唱教学案例

 案例1　调皮的小鞋子 ｜（长沙　陈相江）

扫码看活动视频

使能目标阶梯

挑战5	鼓励、支持幼儿独立完整、创造性地边唱新歌边玩游戏。	创造性应用	跟随琴声独立、完整、流畅、创造性地游戏。
挑战4	组织幼儿专门练习演唱新歌。	巩固、完善	在教师的引导下，对新歌进行反思、评价，继续完善学习。
挑战3	鼓励幼儿尝试在朋友来了、约翰来了和爷爷来了三种情境下游戏。	应用	迁移"快速上位"的游戏经验和其他前述经验，再次提升游戏的挑战性。
挑战2	鼓励幼儿尝试在朋友来了和约翰来了两种情境下游戏。	应用	迁移应用"木头人"游戏和先坐、后站、再走的经验，提升游戏的挑战性。
挑战1	鼓励幼儿尝试在朋友来了的情境下随乐游戏。	模仿	按照先坐、后站、再走的顺序随乐游戏。
游戏	随乐讲解、示范游戏（朋友来了的情境）。	观察	感知与记忆歌曲、游戏要素、流程及规则。
故事	简述"小鞋子找朋友"的故事。	理解	情境理解，产生兴趣，明确任务。

调皮的小鞋子

鲍贤琨 曲
陈相江 填词

1 = C 2/4

5 5 3 3 | 5 5 3 3 | 6 i 7 6 | 5 - | 5 3 5 3 | 1 2 4 3 | 2 -
小 小 鞋 子 小 小 鞋 子 跑 来 又 跑 去,   竖 起 耳 朵 仔 细 听。

1 2 3 4 | 5 - | 4 5 6 7 | i - | 1 6 0 | 5 4 3 2 | 1 - ‖
踢 踢 踢 踢 踏   踢 踢 踢 踢 踏,   啊 呀! 谁 来 啦?

注意：在更换角色的时候，应根据新角色将"踢踏"声更换成适宜的声音。

活动目标

（1）初步学会演唱新歌。
（2）学习自由地即兴随乐表演。
（3）体验和表现对鞋匠爷爷的理解和关心，努力克制自己的歌唱和表演。从容、冷静地倾听不同信号，并随即作出快速反应，享受"自己能够快速且成功地应对环境变化"的乐趣。

活动准备

（1）物质准备：情境图片。
（2）经验准备：
　①拥有听信号"快速上位"、听信号立即"造型不动"等游戏经验。
　②以会唱原创歌曲《谁来了》为佳。（如果不会唱也没有关系）
　③事先阅读过绘本故事。
（3）空间准备：全体围坐成大的半圆。

活动过程

1. 了解情境，进入活动，初听范唱

（1）主班教师出示情境图片：鞋匠爷爷工作了一整天，已经累得睡着了。半夜，在爷爷睡得很香很香的时候，鞋柜里的小鞋子们却睡醒了。小鞋子们想出来玩游戏，可又不想吵醒辛苦了一天的鞋匠爷爷。于是，小鞋子们在唱歌、玩游戏的时候，都尽量发出最小的声音。（第1遍范唱）

（2）主班教师：看小鞋子们静悄悄地出来，看见自己的小鞋子好朋友，还互相打招呼呢！教师在范唱的同时，用双手在自己的大腿上作出假装小鞋子在走路的动作。（第2遍范唱）

（3）歌唱完后，教师先说"好朋友来啦"，然后再带头示范并鼓励幼儿与同伴相互打招呼，说"嗨""你好"都可以。

（4）主班教师：现在，我们都变成了小鞋子，在准备去鞋匠爷爷的工作室之前，我们先在自己的大腿上走一走吧！教师先带头使劲地伸了一个大懒腰，然后听前奏开始带领幼儿一起用双手在大腿上假装走动。（第3遍范唱）

（5）观察幼儿的手是否能够基本跟上演唱歌曲的节奏。教师提出要求，再做一遍。（第4遍范唱）

2. 尝试一种反应的游戏

（1）主班教师：现在，让我们一起站起来，在自己的鞋柜门口再练习一下，这次我们的小脚也一定要跟着节奏轻轻走哦。（第5遍范唱）

（2）主班教师：这次，我们真的可以去鞋匠爷爷的工作室玩一玩啦。在每一遍范唱结束后，教师都需要先说"好朋友来啦"，然后再引导幼儿轻轻地相互打招呼。（第6遍范唱）

> **注意：** 此时教师可以鼓励那些觉得自己已经会唱的幼儿轻轻跟唱。

（3）主班教师：嘘！好像有人来啦。爷爷可能会被吵醒，我们先回到鞋柜去休息一下吧！

3. 尝试两种反应的游戏

（1）主班教师：原来是小鞋子的大朋友，男孩子约翰来啦。嗨！约翰哥哥，我们一起来玩捉迷藏好吗？大家要轻轻地，不要把爷爷吵醒。这回如果听见我说约翰哥哥来了，我们就用手捂住脸藏起来；听见我说好朋友来了，大家还是要……（等待幼儿主动相互打招呼）。教师注意随时提醒幼儿要轻轻地。

（2）尝试两种反应的游戏，重复2—3次，直到幼儿基本能够快速正确地作出反应为止。

（3）主班教师：嘘！好像有人来啦。爷爷可能会被吵醒，我们先回到鞋柜去休息一下吧！

4. 尝试三种反应的游戏

（1）主班教师：哦，虚惊一场。虽然我们已经非常小心，但是爷爷还是有可能自己醒来。如果爷爷醒来看见鞋柜里是空的，爷爷一定会担心我们的。所以，如果爷爷醒来，我们一定要快快回到鞋柜去坐好，就像我们从来都没有出去过一样，好吗？

（2）尝试三种反应的游戏，重复2—3次，直到幼儿基本能够快速正确地作出反应为止。（前面可重复3—4遍两种反应的游戏，最后一次游戏时，教师才说"爷爷来啦"，以方便组织幼儿在座位上坐好）

5. 评价、反思新歌掌握的情况，继续练习、巩固、提高

大约会练唱10遍。（同前，不赘述）

6. 享受最后的游戏快乐

略。（同前，不赘述）

温馨提示

（1）教师要特别注意：在说"××来啦"的快速反应口令时，要努力带上那种"玩游戏"时的特殊口吻。

（2）这个游戏属于可以根据歌词内容自由表现的游戏，教师需要随时引导、鼓励幼儿使用不同的走、听、打招呼的动作，以及在鞋柜摆出不同的鞋子造型。

（3）因为已经是中班幼儿，所以教师最初可让幼儿先坐在椅子上用手在大腿上假装行走，再在椅子前用脚行走（鞋柜门口），最后再移动。到活动过程4"尝试三种反应的游戏"为止，教师还是尽量提醒幼儿按照歌曲的节奏运动下肢。

（4）教师应该尽力渲染关心爷爷、努力不吵醒爷爷的情绪氛围，让幼儿能够持续体验这种关心、体贴他人的情感。

友情提问

（1）为什么案例从头到尾一直强调不要吵醒爷爷？是因为小鞋子害怕被爷爷批评吗？

（2）"木头人"游戏是一种非常受幼儿喜欢的传统体育游戏，在这个案例中，该游戏的使用对这个活动起到了什么作用？请思考经常玩类似游戏，对中班幼儿哪方面的发展作用较大？对幼儿的长远发展又有什么作用？

（3）在温馨提示（3）中，为什么要提示幼儿先坐，再站到椅子前，最后再移动？并要求教师尽量提醒幼儿按照歌曲的节奏运动下肢？是仅仅为了乐感吗？还有什么教育价值？

案例2　小雨点跳舞　　（南京　吴　艳、郑珊珊）

使能目标阶梯

挑战4	鼓励幼儿跟琴试唱ABCD结构的新版歌曲。	创造性应用	跟随琴声尝试独立用ABCD结构试唱自己的改编作品。初步掌握歌曲的曲调、意义和歌词的形式结构。
挑战3	用AABC结构带唱幼儿的改编建议。	应用练习	在教师的带领下，用AABC结构试唱自己的替换方案。进一步感知、理解歌曲的曲调、意义和歌词的形式结构。
挑战2	用AABB结构带唱幼儿的改编建议。	应用练习	在教师的带领下，用AABB结构试唱自己的替换方案。进一步感知、理解歌曲的曲调、意义和歌词的形式结构。
挑战1	用AAAA结构带唱幼儿的改编建议。	模仿练习	在教师的带领下，用AAAA结构试唱自己的替换方案。进一步感知、理解歌曲的曲调、意义和歌词的形式结构。
歌曲2	即兴演唱幼儿的改编建议。	观察理解	将画面转换成词语，提供给教师即兴演唱。
歌曲1	反复清唱"提问"版歌词的歌曲。	观察创想	感知歌曲的曲调、意义和歌词的形式结构，同时应用已有经验想象并绘画出相关画面。
故事	简述"小雨点到处找地方跳舞"的故事。	理解	情境理解，产生兴趣，明确任务。

小雨点跳舞

吴　艳 词
郑珊珊 曲

1 = C　3/4

3 5 5. 5	6 5. 1	2 1 0	3 1 0
小 雨 点 在	哪 里	跳 舞？	滴 答！

3 5 5. 5	6 5. 1	4 2 0	4 2 0
小 雨 点 在	哪 里	跳 舞？	滴 答！

3 5 5. 5	6 5. 1	í 6 0	í 6 0
小 雨 点 在	哪 里	跳 舞？	滴 答！

3 5 5. 5	6 5. 1	2 1 0	3 1 0
小 雨 点 在	哪 里	跳 舞？	滴 答！

4 6 6. 6	4 6 6 —	3 5 5. 5	3 5 5 —
啦 啦 啦 啦	啦 啦 啦，	啦 啦 啦 啦	啦 啦 啦！

6 4 6 4 6 4	5 3 5 3 5 3	4 2 4 2 4 2	3 1 0	3 1 0 ‖
滴 答 滴 答 滴 答	滴 答 滴 答 滴 答	滴 答 滴 答 滴 答	滴 答	滴 答！

原歌词：

小雨点在草地上跳舞，滴答，
小雨点在屋顶上跳舞，滴答，
小雨点在荷叶上跳舞，滴答，
小雨点在池塘里跳舞，滴答。

啦啦啦啦啦啦啦，啦啦啦啦啦啦啦。
滴答滴答滴答滴答，滴答滴答滴答滴答。
滴答滴答滴答滴答，滴答！滴答！

♪ 活动目标

（1）初步学会新歌的曲调，初步学习用新学曲调演唱当场创编的新歌词。

（2）尝试运用已有经验想象并绘画出相关画面，再转换成新的歌词。

（3）体验演唱轻快风格歌曲的趣味，享受创作和分享的快乐。

♪ 活动准备

（1）物质准备：

① 教师设计制作好的原歌曲图谱。

② 两块黑板，一块贴"提问"版的歌曲图谱，另一块准备贴幼儿的答案作品。

③ 准备供幼儿绘画的纸（A4纸的1/4大小），每位幼儿两张。

④ 彩色画笔，每位幼儿一套。

⑤ 单面胶带纸或小磁铁若干。

（2）经验准备：具有相关事物及其环境的一般经验。

（3）空间准备：全体围坐成大半圆。

图谱样式参考

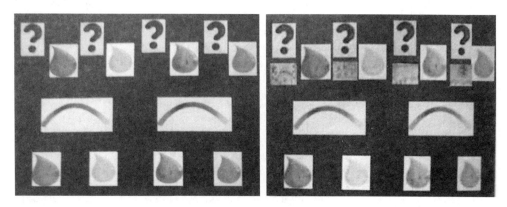

《小雨点跳舞》图谱样式参考

图谱使用说明

（1）左图为教师第一次范唱所用的图谱。

（2）右图为最后一次幼儿用ABCD结构演唱时所用的图谱，其中，问号的下方是幼儿所绘的创想情境（含歌词）。

活动过程

1. 进入情境，倾听范唱、创想绘画

（1）教师用简单的话语将幼儿引入"小雨点寻找舞台"的情境。

（2）教师出示图谱，用手势引导幼儿观察图谱，同时清唱歌曲的"提问"版本。（第1遍范唱）

（3）教师简单引导幼儿利用原有经验开展"小雨点会在哪里跳舞"的想象。

（4）教师发放纸笔，请幼儿将自己的想象画出来。在幼儿绘画期间，教师反复范唱"提问"版歌曲，范唱2遍之后轻轻加入钢琴伴奏。（第2—6遍范唱）

2. 反复倾听、感知歌曲和歌词的结构

（1）教师将幼儿的作品全部展示在第二块黑板上。

（2）教师询问作品的作者和内容（小雨点跳舞的地点），快速选取最先发言的幼儿的答案（也可以有意地选择比较特别的答案）。

（3）教师将幼儿作品拿在手里展示给大家看，并一一演唱不同"答案"版的歌曲。幼儿继续感知歌曲和歌词的结构。（将每个幼儿的意见各唱一遍，范唱4—5遍）

3. 幼儿挑战即兴演唱自己的新编版本

（1）在教师的带唱支持下，幼儿尝试跟唱AAAA结构的不同版本2—3次。（练唱2—3遍）

（2）主班教师：我们现在可以挑战对唱两个不一样的"小雨点跳舞的地方"吗？在教师的带唱支持下，幼儿尝试跟唱AABB结构的不同版本2次。（练唱4—5遍）

（3）主班教师：我们现在可以挑战对唱三个不一样的"小雨点跳舞的地方"吗？在教师的带唱支持下，幼儿尝试跟唱AABC结构的不同版本2次。（练唱6—7遍）

4. 独立跟琴即兴演唱ABCD结构的版本

（1）主班教师：现在你们觉得自己可以挑战唱四个不一样的"小雨点跳舞的地方"（"舞台"）吗？这次，只有钢琴可以帮助你们了。

（2）教师组织幼儿选择图片，引导幼儿对其进行分类，以作出更合理的选择。然后，教师再帮助作品被选中的幼儿按顺序将作品分别贴在四个问号的下面。

（3）教师请幼儿独立试唱自己的最终作品。

（4）教师赞扬幼儿的演唱并提出具体的完善要求，鼓励幼儿再次试唱一遍，以追求唱得更好一些。

（5）教师代表小雨点感谢幼儿为它们提供了这么美好的"舞台"。

温馨提示

（1）这首歌的两位词曲作者都是一线幼儿园老师，她们歌曲创作和活动设计的目的之一本来就是为幼儿提供即兴创作的"学习支架"。在最新的活动设计思路中，教师再次降低了导入学习阶段的难度，同时也将更大的创作空间还给了幼儿。

（2）在幼儿绘画期间，教师的范唱应先清唱后加伴奏，速度应先慢后快，力度应逐步上升。在最后一遍范唱之前，教师还应该提醒幼儿加快绘画的速度。

（3）如果参与学习的幼儿相对缺乏想象的经验，教师在引导的时候可以为幼儿提供一些具体场所的提示，如天空、大地、公园、幼儿园、街道等。必要时，教师也可以进一步提供这些场所和场所中更为具体的事物，例如：天空中有云朵、彩虹；大地上有池塘小溪、花草树木；公园、幼儿园里有各种户外玩具；街道上有汽车、打着雨伞的人等。如果幼儿说小雨点在我们身上跳舞，教师可以进一步引导幼儿：在我们身上的什么地方跳舞呢？是头发、脸蛋、肩膀、手掌，还是手指尖呢？

三、大班歌唱教学案例

 案例1　小鸟小鸟　（南京　倪　琳、胡　青、陈一平）

使能目标阶梯

挑战3	播放原版歌曲录音，参与的幼儿自由结伴起舞。	创造性应用	伴随原版歌曲录音，自由结伴（不限人数）起舞。
挑战2	辅导幼儿试唱其他创编方案。	创造性应用	在教师的带领下，完整跟随琴声尝试演唱各种"答案"版新歌。
挑战1	辅导幼儿练习指图技巧。	模仿应用	练习、应用指图技巧，练习演唱第一首"答案"版新歌。
歌曲	边指图、画图，边继续范唱。	观察感知	重点观察教师展示的随乐"指图"技巧，同时感知歌曲"$\frac{3}{8}$拍弱起"节奏的特征。
歌曲	即兴演唱幼儿的一种改编建议。	观察理解	将画面转换成歌词，提供给教师即兴演唱。
歌曲	提出问题，反复清唱"提问"版歌词的歌曲。	观察创想	感知歌曲的曲调、意义和歌词的形式结构，同时应用已有经验想象和绘画出相关画面。
故事	简述"小鸟寻找阳光和花香"的故事。	理解	情境理解，产生兴趣，明确任务。

小鸟小鸟

金　波词
刘　庄曲

1 = E　3/8

```
3· 4 | 5· 0  1 2 | 3  0  2 1 | 6·  0  7 1 | 5·  0  3· 4 |
在  哪    里  有  阳   光？  在  哪   里   有   花  香？    小

5· 0  1 2 | 3  0  5 4 | 3·  1  3 | 2  0  3· 4 |
鸟   小  鸟   自   由  地  飞    翔。    在  哪

5· 0  有 阳 | 3  0  2 1 | 6·  0  7 1 | 5·  0  1 2 |
里   有  阳  光？  在   哪  里   有   花  香？    小

3  0  3· 4 | 5   4 | 3  1 2 | 1  1 1 | 6  6 6 |
鸟    小  鸟   自   由  地 飞   翔。啦啦  啦啦啦

4  6 | 5 6 5 4  3 4 | 5  6 5 | 4 0 5 4 | 3 0 4 3 |
啦 啦  啦啦啦啦啦啦   啦 啦啦  啦  啦啦  啦  啦啦

2 3 2 1 7· 1 | 2  1 1 | 6  6 6 | 4  6 6 | 5 6 5 4 3 4 |
啦啦啦啦啦 啦   啦 啦啦  啦 啦啦  啦 啦啦  啦啦啦啦啦啦

5  6 5 | 4 0 5 4 | 3  0  4 3 | 2 3  2 1  7· 2 | 1 ‖
啦 啦啦  啦  啦啦  啦   啦 啦  啦啦 啦啦 啦 啦   啦。
```

原歌词：

蓝天里有阳光，树林里有花香，小鸟小鸟自由地飞翔。
在湖边在草地，在田野在山岗，小鸟小鸟自由地飞翔。
啦啦啦啦……

♪ 活动目标

（1）初步学会新歌的曲调；初步学习用新学曲调演唱当场创编的新歌词；初步感知 3/8 拍弱起节奏的特征及趣味。

（2）应用已有经验想象和绘画出相关画面，再转换成新的歌词。

（3）体验演唱轻快风格歌曲的魅力，并享受创作和分享的快乐。

活动准备

（1）物质准备：
　① 教师设计制作好的"提问"版歌曲图谱一张。（图上仅有问号、太阳、鲜花。其中，太阳应有光芒，鲜花应有象征花香的曲线）
　② 两块黑板，一块贴"提问"版歌曲图谱，另一块准备贴幼儿的答案作品。
　③ 小鸟教具。
　④ 提供给幼儿绘画的纸（A4大小），每位幼儿一张。
　⑤ 彩色画笔（每位幼儿一套）。
　⑥ 单面胶带纸或小磁铁若干。
　⑦ 原版歌曲的录音。（最好能够连续不间断地重复3遍）

（2）经验准备：具有相关事物及其环境的一般经验。
（3）空间准备：全体围坐成大的半圆。

图谱样式参考

《小鸟小鸟》图谱样式参考

活动过程

1. 进入情境，理解任务

（1）教师简述"小鸟寻找阳光和花香"的故事。
（2）教师出示问题图谱，先念问题，后转为唱问题："在哪里有阳光？在哪里有花香？"教师邀请幼儿讨论可能的答案。

2. 倾听范唱，创想绘画

（1）教师简单引导幼儿利用原有经验开展"在哪里会有阳光和花香"的想象。
（2）教师发放纸笔，请幼儿将自己的想象画出来。

> **注意**：教师可提醒幼儿将画纸对折或利用正反面画出阳光和花香的不同地点，也可鼓励幼儿画出既有阳光又有花香的同一地点。

（3）在幼儿绘画期间，教师反复范唱"提问"版歌曲，唱过2遍之后轻轻加入钢琴伴奏。

（第1—5遍范唱）

3. 分享绘画作品

（1）教师手持小鸟教具在幼儿面前"飞过"，以选择合适的作品。

（2）教师将选中的两幅图画贴在图谱中原来是问号的位置上。

（3）将其余幼儿的作品全部展示在第二块黑板上。

（4）询问幼儿作品的作者和内容。（此环节重在分享幼儿的不同想法）

（5）教师完整范唱"答案"版新歌，边唱边将歌曲后半部分唱"啦"处随乐一一画出。（此环节重在展示乐句、动机等结构特征，以及 $\frac{3}{8}$ 拍弱起节奏的特征；第6遍范唱）

4. 学习随乐指图技巧，尝试轻声跟唱

（1）教师继续范唱前面选中的"答案"版新歌，并随乐"指图"，引导幼儿进行认知和感受。范唱2—3次，同时鼓励幼儿轻声跟唱。（第1—3遍练唱）

（2）教师继续带领幼儿练习唱歌，同时鼓励幼儿志愿者通过模仿的方式来练习"指图"。（第4—6遍练唱）

5. 幼儿挑战即兴演唱自己的新编版本

在教师的带唱支持下，幼儿尝试跟唱其他幼儿的不同版本2—3次。此时，不再继续练习指图，教师在唱"啦"时改用模仿小鸟飞的手势，以帮助幼儿感受 $\frac{3}{8}$ 拍弱起节奏。（第7—9遍练唱）

6. 跟随播放的原版录音音乐自由结伴舞蹈

（1）主班教师：大家帮助小鸟找到了那么多既有阳光又有花香的美好地方，小鸟非常感谢大家，现在小鸟邀请大家和它们一起去阳光下的花园跳舞啦！

（2）跟随播放的原版录音音乐自由结伴舞蹈。

（3）愉快的舞会结束啦！让我们与舞伴热情拥抱，并说"谢谢""再见"。

♪ **温馨提示**

（1）幼儿对这种指图活动一般是没有经验的，所以在邀请一位幼儿志愿者之后，教师需要根据实际情况特别询问每一位幼儿志愿者，问题如下：

① 你需要我帮助吗？

② 你需要我怎么帮助你呢？

③ 你需要我们大家帮你一起唱歌吗？

④ 你需要我托着你的手和你一起指图，还是只需要我的手在旁边和你一起动？

（2）在幼儿志愿者尝试独立指图的时候，教师应站在其身后，保证该幼儿和自己的身体始终都不会遮挡住尚未展示的图谱。

案例2　我们都是好朋友

使能目标阶梯

挑战4	鼓励幼儿尝试用ABCD结构演唱自己的改编作品。	创造性应用	跟随琴声尝试独立用ABCD结构试唱自己的改编作品。初步掌握歌曲的曲调、意义和歌词的形式结构。
挑战3	用AABC结构带唱幼儿的改编建议。	应用练习	在教师的带领下，用AABC结构试唱自己的替换方案。进一步感知、理解歌曲的曲调、意义和歌词的形式结构。
挑战2	用AABB结构带唱幼儿的改编建议。	应用练习	在教师的带领下，用AABB结构试唱自己的替换方案。进一步感知、理解歌曲的曲调、意义和歌词的形式结构。
挑战1	用AAAA结构带唱幼儿的改编建议。	模仿练习	在教师的带领下，用AAAA结构试唱自己的替换方案。进一步感知、理解歌曲的曲调、意义和歌词的形式结构。
歌曲	即兴演唱幼儿的改编建议。	观察理解	在教师的引导和图谱的暗示下，提供歌词的替换词。进一步感知歌曲的曲调、意义和歌词的形式结构。
歌曲	清唱歌曲。	观察	感知歌曲的曲调、意义和歌词的形式结构。
故事	简述小鸟请求"拯救蓝天"的故事。	理解	情境理解，产生兴趣，明确任务。

我们都是好朋友

张世楷词
任秀玲曲

1 = E 4/4

5 5̲ 3̲ 6̲ 5̲ 3 | 1. 6̲ 5 — 6 | 6̲ 5̲ 6̲ 1̲ 2 | 5. 1̲ 2 — |
送 一 片 蓝 天 给 小 鸟， 送 一 片 蓝 天 给 小 鸟，

3̲ 3̲ 5̲ 6̲ 6. | 5. 2̲ 3 — | 5̲ 6̲ 5̲ 6̲ 5̲ 3̲ | 5̲ 6̲ 5̲ 6̲ 1 — |
送 一 片 蓝 天 给 小 鸟， 送 一 片 蓝 天 给 小 鸟。

2. 1̲ 2 3 | 5̲ 6̲ 5̲ 5 — | 3̲ 3̲ 2̲ 3̲ 5̲ 6̲ 5̲ 6̲ | 1 — — 0 ||
我 们 都 是 好 朋 友， 世 界 变 得 更 美 好。

原歌词：

留一片绿草给小兔，留一片蓝天给小鸟。
留一片清泉给小鱼，留一片山林给熊猫。
我们都是好朋友，世界变得更美好。

🎵 活动目标

（1）初步学会演唱新歌；了解、理解歌词结构及其中各要素的位置和意义。
（2）初步感受排比句的特殊性质，学习用一一对应的策略为歌曲创编新歌词。
（3）进一步理解环保的意义，产生付诸环保行动的愿望。

🎵 活动准备

（1）经验准备：已经学习过相关环保课程，具备一定的环保知识和情感倾向。
（2）物质准备：相应的幻灯片或图片。（可参考下图）
（3）空间准备：全体围坐成大的半圆。

图片内容的参考建议：

天空污染

天空与小鸟

土地污染

海洋污染

爱护地球，保护环境

活动过程

1. 进入情境，聆听范唱

（1）教师出示天空污染的图片，同时"阅读"小鸟给幼儿写来的"求援信"。

（2）组织幼儿简单讨论：怎样做才能还给小鸟一片蓝天。

（3）教师感谢幼儿的努力。

（4）教师出示天空与小鸟图片，同时范唱新歌。（第1遍范唱）

2. 教师引导创编新歌词

（1）教师出示其他污染图片，引导幼儿联想受到环境污染影响的小动物，然后帮助幼儿使用——对应的策略创编新歌词。

① 数词：在这个环节中尚不用改变数词，所以"一"可不变。

② 量词："一片"蓝天、绿草、山林、翠竹都是适宜的。如果是送给小鱼的水，那么用"一股"清泉、"一池"碧水会更好。这些词汇对于大班幼儿来说虽然属于"低频词"，但该年龄幼儿已经可以有意识地接触并积累一些更具有文学意味的低频词汇了。

③ 形容词：翠、碧、青都是绿，按类积累同义词也是一种有效积累的策略。

④ 名词：在这个环节中可以替换的名词，主要是幼儿经验之内的会受环境污染影响的各种动物的名称。

（2）创编出一句新歌词后，教师便用AAAA结构即兴演唱给幼儿听。重复4次。（一共范唱5遍）

3. 试唱新编歌词。

（1）教师用AAAA结构带领幼儿试唱。

（2）教师用AABB结构带领幼儿试唱。

（3）教师用AABC结构带领幼儿试唱。

（4）教师用ABCD结构带领幼儿试唱。

4. 尝试用ABCD结构独立跟随琴声演唱

（1）教师组织与引导幼儿选择四个乐句及顺序。

（2）鼓励幼儿挑战独立跟随琴声试唱。

（3）告诉幼儿会将他们演唱的录音放在网上宣传环保理念，并感谢幼儿在这次创编和演唱活动中作出的实际努力。

♪ 温馨提示

（1）这是一首表达环保主题的歌曲，在教学中最好不要随便改变这个主题。

（2）教师可以将创编活动延伸到区角和家庭，最好能够给幼儿的新创编提供练习支持和展示成果的机会。

（3）教师还可以提供以下几种思路。

① 微调过的新思路：将蓝天、草原、清泉、山林作为"直接获得帮助"的对象。

② 较为具体的思路：白天可以送给蓝天什么礼物，晚上可以送给蓝天什么礼物，才能让天空变得又漂亮又热闹？

③ 更为具体的思路：白天送彩虹，数量词就应该是"一道"彩虹；送太阳，名词最好是"红日"，数量词就应该是"一轮"；送白云，数量词用"一朵"会更生动。晚上送清风，数量词应该是"一缕"；送月牙，数量词最好用"一弯"；送一只会唱歌的小鸟，名词就应该是"夜莺"……

友情提问

（1）什么叫作"从'一A到底'开始"模式？

（2）这种模式有哪些独特的教育价值？

四、歌唱教学课堂实训案例

学习提示：

以下活动方案建议在师范院校的集体课堂教学中进行，或在幼儿园集体业务学习期间进行。

以下活动方案大多可以在幼儿园大班的集体教学中实行。

由于我们在前面的范例中已具体描述过相关的教学技术细节，因此在下面的案例中，不再反复提示非必要的细节。

  案例1　闪烁的小星星

使能目标阶梯

挑战4	鼓励学员继续将技巧迁移到自选曲调中。	创造性迁移应用	分小组在同伴互助的条件下，自选歌曲尝试独立迁移技巧。
挑战3	引导学员将技巧迁移到各指定曲调中。	指定迁移应用	在教师的带领下，将技巧继续迁移到教师指定的可一一对应的熟悉歌曲的曲调中。
挑战2	引导学员迁移应用刚学过的技巧来替换《玛丽有只小羊羔》的曲调。	迁移应用	在教师的引导下，独立迁移应用刚学过的"挑战技巧"。
挑战1	指导学员学习重复技巧：替换《粉刷匠》的曲调。	拓展	歌词拓展技巧：重复和添加衬词。在教师的引导下迁移到《粉刷匠》。（稍远的迁移）
替换	鼓励学员选择"七字相同结构"进行一一对应的词曲替换。	探究	一一对应替换：A曲B词；B曲A词。（近迁移）
歌曲	邀请学员回顾歌曲B《我爱我的幼儿园》。	回忆、拓展	回顾单声部，拓展"卡农"—同声二声部—同声三声部。
歌曲	邀请学员回顾歌曲A《闪烁的小星星》。	回忆	回顾单声部。

闪烁的小星星

法国童谣

1 = D 4/4

| 1 1 5 5 | 6 6 5 — | 4 4 3 3 | 2 2 1 — |
| 一 闪 一 闪 | 亮 晶 晶， | 满 天 都 是 | 小 星 星。 |

| 5 5 4 4 | 3 3 2 — | 5 5 4 4 | 3 3 2 — |
| 挂 在 天 上 | 放 光 明， | 好 像 许 多 | 小 眼 睛。 |

| 1 1 5 5 | 6 6 5 — | 4 4 3 3 | 2 2 1 — |
| 一 闪 一 闪 | 亮 晶 晶， | 满 天 都 是 | 小 星 星。 |

替换1　我爱我的幼儿园

佚　名词曲

1 = C 4/4

1 2 3 4	5 5 5 —	5 5 3 1	2 3 2 —
我 爱 我 的	幼 儿 园，	幼 儿 园 里	朋 友 多。
一 闪 一 闪	亮 晶 晶，	满 天 都 是	小 星 星。

1 2 3 4	5 5 5 —	5 5 3 1	2 3 1 —
又 唱 歌 来	又 跳 舞，	大 家 一 起	真 快 乐。
挂 在 天 上	放 光 明，	好 像 许 多	小 眼 睛。

替换2　粉刷匠

外国童谣

1 = C 2/4

5 3	5 3	5 3	1	2 4	3 2	5 —
我 是	一 个	粉 刷	匠，	粉 刷	本 领	强，
一 闪	一 闪	亮 晶	晶，	亮 呀	亮 晶	晶，

5 3	5 3	5 3	1	2 4	3 2	1 —
我 要	把 那	新 房	子，	刷 得	更 漂	亮。
满 天	都 是	小 星	星，	小 呀	小 星	星。

2 2	4 4	3 1	5	2 4	3 2	5 —
刷 了	房 顶	又 刷	墙，	刷 子	飞 舞	忙，
挂 在	天 上	放 光	明，	放 呀	放 光	明，

5 3	5 3	5 3	1	2 4	3 2	1 —
哎 呀	我 的	小 鼻	子，	变 呀	变 了	样。
好 像	许 多	小 眼	睛，	小 呀	小 眼	睛。

替换3　玛丽有只小羊羔

1 = C　2/4　　　　　　　　　　　　　　　　　　　　　　　　　外国童谣

| 3. 2 | 1 2 | 3 3 | 3 | 2 2 | 2 | 3 5 | 5 |

玛丽　有只　　小羊　羔，　小羊　羔，　小羊　羔，
一闪　一闪　　亮晶　晶，　亮晶　晶，　亮晶　晶，

| 3. 2 | 1 2 | 3 3 | 3 | 2 2 | 3 2 | 1 | — |

玛丽　有只　　小羊　羔，　雪白　的羊　毛。
满天　都是　　小星　星，　小呀　小星　星。

| 3. 2 | 1 2 2 | 3 3 | 3 | 2 2 | 2 | 3 5 | 5 |

玛丽　爱她的　小羊　羔，　小羊　羔，　小羊　羔，
挂在　天　上　放光　明，　放光　明，　放光　明，

| 3. 2 | 1 2 2 | 3 3 | 3 | 2 2 | 3 2 | 1 | — |

玛丽　爱她的　小羊　羔，　雪白　的羊　毛。
好像　许多　　小眼　睛，　小呀　小眼　睛。

替换4　柳树姑娘

1 = ♭E　3/4　　　　　　　　　　　　　　　　　　　　　　　　罗晓航词
　　　　　　　　　　　　　　　　　　　　　　　　　　　　　　　夏晓红曲

| 6. 3 3 2 | 3 — — | 5. 1 2 3 | 3 — — |

柳　树　姑　娘，　　辫　子　长　长，
一　闪　一　闪　　　亮　　晶　晶，

| 6. 6 5 6 | 5 3 3 — | 6. 6 5 3 | 2 — — |

风儿　一　　吹，　　　甩　进　池　塘。
满天　都　　是　　　　小　星　　星。

| 1 6 1 2 2 | 3 6 1 2 2 | 5 3 5 6 6 | 5 3 5 6 6 |

洗洗　干净　多么漂　亮，　洗洗　干净　多么漂　亮。
挂在　天上　放光　明，　　挂在天上　放光　明，

| 1 — 3 | 1. 3 1 6 | 6 — — | 5 6 6 0 ‖ |

多　么　漂　　　　亮。　　　　啊哩　啰！
好　像　许多小眼　睛，　　　　小眼　睛！

替换5　郊游

中国台湾校园歌曲

1 = C　2/4

5	5	5 3	5	5. 3	1 3	2 1	5
走	走	走走	走，	我们	小手	拉小	手，
一	闪	一闪	闪，	一闪	一闪	亮晶	晶，

6	1	5 1	3	5 1 2	3 2	1	— ‖
走	走	走走	走，	一同	去郊	游。	
满	天	都	是	小呀么	小星	星。	

5	5	3 5 6 5	3	2	2	1 2 3 1	6
白	云	悠	悠	阳光	柔	柔，	
挂	在	天	上	放光	明	**哟，**	

1 6 1	5 5	5 3 5	6 3	5	—	5	— ‖
青山	绿水	一片	锦	绣。			D.C.
好像	许多	小呀么	小眼	睛。			

替换6　我的祖国

乔　羽词
刘　炽曲

1 = C　4/4

1 2	6 5	5. 6	3 5 6	1 7 6	5 —
一条	大	河	波浪	宽，	
一闪	一	闪	亮	晶	晶，

5	6 5	3 2	3	5 3	6 1	2 —
风	吹	稻花	香	两	岸。	
满	天	都是	小	星	星。	

2 5	3 1	6 5 6	2 6	5 6 5	3. 2
我家	就在	岸	上	住，	
挂在	天上	放	光	明，	

1 2 2 3 5 6	1 7 6	5	5 6 1 2	4. 6 6	5 6 3 2	1 — ‖
听惯了艄公的号	子	看	惯了船上的	白	帆。	
好像许多小眼	睛，	小	眼	睛，	小	眼	睛。

替换7 我和我的祖国

张 藜词
秦咏诚曲

1=C 6/8

（乐谱略）

> **注意：** 歌词加粗部分是"拓展微调"的部分，主要采用两种策略：重复和添加衬词。

🎵 活动目标

（1）学习使用最初步的歌词拓展策略：简单重复、局部重复、换序（位）重复，以及简单"衬词模式"。

（2）从一一对应开始，由易到难，通过实践逐渐熟悉曲调替换的技巧。

（3）利用团队相互帮助、相互促进的策略提升学习的趣味和效率。

🎵 活动准备

（1）物质准备：可以准备一些相关的歌曲音频。

（2）经验准备：

① 尽可能会唱更多歌曲。如果过去较少唱歌，教师可以寻找一些歌曲集。

② 供师范院校使用的歌唱教材，供幼儿使用的歌唱教材。

③ 如果有可以即兴弹琴伴奏的教师会更好。

（3）空间准备：无须特殊布置。

活动过程

1. 复习歌曲《闪烁的小星星》

（1）尽量唱准、唱好：词曲没有错误，而且可以比较好地通过控制声音来表达感情。

（2）练习用轮唱（"卡农"）的方式演唱歌曲。主班教师指挥提示小技巧：面对一声部带唱"一闪一闪"，面对二声部带唱"一闪一闪"……持续到结束前，先面对第一声部带唱"小星星"，再同时面对两个声部带唱"小星星"。

> **注意**：每一句只提示开头两拍，学员自然会接下去唱后面的两拍。

（3）练习用"同声异词"的方式演唱歌曲。例如：第一声部演唱歌曲，第二声部使用相同旋律演唱连贯的"呜"音（表现云遮雾盖），或跳跃的"叮"音、"沙"音（表现隐约的光亮）。

（4）练习叠加念白的演唱方式。例如：第一声部演唱歌曲，第二声部用同样的节奏念歌词；或者加一个节奏不同的念白：小星星 0 0 | 亮晶晶 0 0 |……

（5）分组将（3）、（4）环节的演唱方法叠加在一起，形成三个声部的合唱效果。

2. 尝试替换歌词演唱

（1）尝试将《闪烁的小星星》的歌词替换到《我爱我的幼儿园》的曲调下面来演唱。

> **注意**：之所以要先做这个替换练习，是因为4句歌词的字数、结构完全一样，且都是一一对应的，最容易适应。

（2）尝试将《闪烁的小星星》的歌词替换到《粉刷匠》的曲调下面来演唱。

> **注意**：接着再做这个练习的原因是：后者歌词的字数、结构是7，5；7，5；7，5；7，5。单数句都是7，可一一对应；双数句可做一种简单拓展：局部重复加衬词。4句同为7，5结构，也比较容易适应。

（3）尝试将《闪烁的小星星》的歌词替换到《玛丽有只小羊羔》的曲调下面来演唱。

> **注意**：再接着做这个替换练习的原因是：单句直接提供了"局部重复"的模式，双数句可直接迁移应用刚刚学习过的7，5结构"局部重复加衬词"。且两大句歌词的字数、结构也完全一样，学员很容易在教师的引导下迁移应用。

（4）尝试将《闪烁的小星星》的歌词替换到《柳树姑娘》的曲调下面来演唱。

> **注意**：虽然这是一首三拍子的歌曲，但只要在前面的试唱部分拥有了经验，一般不会太困难。需要注意的是：中间第二大句中的两个短句"洗洗干净多么漂亮"原是同歌词的重复结构，就看学员是否发现了这种结构，并能够对应这种结构，将"挂在天上放光明"也重复2遍。

（5）尝试将《闪烁的小星星》的歌词替换到《郊游》的曲调下面来演唱。

> **提示**：这首歌的困难之处就在第一句，第一句解决了，后面就容易了。

（6）尝试将《闪烁的小星星》的歌词替换到两首推荐的"歌唱祖国"的歌曲《我的祖国》和《我和我的祖国》的曲调下来唱。然后自选全国各地的著名民歌进行练习。（例如：东北民歌《摇篮曲》、西北民歌《咱们的领袖毛泽东》、云南民歌《小河淌水》、河南民歌《编花篮》、湖北民歌《龙船调》、福建民歌《天乌乌》等）

（7）尝试将《闪烁的小星星》的歌词替换到著名的外国民歌曲调下面来练习。（例如：《新年好》《生日歌》《勃拉姆斯摇篮曲》《铃儿响叮当》等）

（8）尝试将《闪烁的小星星》的歌词替换到当下大家熟悉的"儿童歌曲"的曲调下面来唱。

（9）尝试将《闪烁的小星星》的歌词替换到当下大家熟悉的"流行歌曲"的曲调下面来唱。

温馨提示

（1）邀请学员用熟悉的歌曲相互交换词曲是可行的。但在这个系列中，部分建议不适合幼儿。

（2）在进行替换练习的时候，教师最好不要事先或同时提供歌谱，而是需要学员先根据自己的感觉来进行探究性的试唱，等产生错误后，再来进行反思和互帮互学。这样做会使学员的学习效果更好。

（3）这些活动不需要一次都做完，也不可能都做完。师范院校班级的学习团队，可以用各种游戏、娱乐、竞赛的方式来"玩"这些替换曲调或歌词的活动，以不断发现各种有趣的词曲创作模式（思路、策略或技巧）。

> **友情提问**
>
> （1）你觉得还可以尝试哪些种类的曲调？民歌？流行歌曲？外国的古典歌曲、儿童歌曲或流行歌曲？器乐曲中的简单"如歌的行板"？
>
> （2）如果唱熟三百首歌，再尝试把每一曲调都换某一歌词唱一遍，或把每一歌词都换某一曲调唱一遍，你会唱出多少首歌曲呢？请计算一下。

案例2 《静夜思》

（南京　周海燕、魏　云；福州　游万玲等）

使能目标阶梯

挑战4	引导学员为指定或自选主题制作五言"拼拼"诗词，并填入适宜的曲调演唱。	创造性应用	分小组在同伴互助的条件下，自选难度尝试创作。
挑战3	引导学员背诵十首与花字有关的"飞花令"游戏的著名作品。	模仿	上网搜集相关资料，完成规定数量的背诵任务。
挑战2	引导学员将五言古诗《春晓》填入古诗歌曲《苔》的曲调演唱；选择其他适合五言的民歌或戏曲的曲调，演唱《苔》和《春晓》。	迁移应用	在教师的引导下，独立迁移应用刚学过的"挑战技巧"。（更远的迁移）
挑战1	引导学员将《静夜思》的诗词填入《一只哈巴狗》《小兔子乖乖》《柳树姑娘》演唱。	迁移应用	将《静夜思》的诗词填入《一只哈巴狗》《小兔子乖乖》《柳树姑娘》演唱，尽力唱出诗词的意境及人物的心情、表情。（稍远的迁移）
替换	引导学员回忆其他大家都熟悉的五言古诗，并将诗词填入《静夜思》的曲调演唱。	迁移应用	将其他自选五言古诗填入《静夜思》的曲调，自编动作，边演边唱。
古诗	引导学员回忆古诗《悯农》和《春晓》，并将诗词填入《静夜思》的曲调演唱。	迁移应用	将《悯农》和《春晓》的词填入《静夜思》的曲调。
歌曲	邀请学员复习歌曲《静夜思》。	回忆	基本能够熟练、流畅、有感情地演唱。

静夜思

李白词
佚名曲

1=C 2/4

床前明月光，疑是地上霜，
举头望明月，低头思故乡。
床前明月光，疑是地上霜，
举头望明月，低头思故乡。

柳树姑娘

罗晓航词
夏晓红曲

1=E 3/4

柳树姑娘 辫子长长，
风儿一吹 甩进池塘。
洗洗干净 多么漂亮 洗洗干净 多么漂亮。
多么漂亮。啊哩啰！

一只哈巴狗

传统儿歌
佚名词曲

1 = C 4/4

| 3 3 | 2 3 | 1 — | 3 2 | 3 6 | 5 — |
| 一只 | 哈巴 | 狗 | 蹲在 | 大门 | 口， |

| 6 6 | 5 3 | 2 — | 5 5 | 2 3 | 1 — |
| 两眼 | 黑黝 | 黝 | 想吃 | 肉骨 | 头。 |

小兔子乖乖

传统儿歌
佚名词曲

1 = C 2/4

| 3 5 | 1 6 | 5 | 5 | 3 5 | 1 6 | 5 | 5 |
| 小 | 兔子 | 乖 | 乖， | 把 | 门儿 | 开 | 开， |

| 6 | 5 3 | 2 | 2 | 3 | 5 3 | 2 3 | 1 |
| 快 | 点儿 | 开 | 开， | 我 | 要 | 进 | 来。 |

| 6 5 | 6 5 | 3 6 | 5 | 5 5 | 3 2 | 1 — | 6 1 | 2 3 | 1 — |
| 不开 | 不开 | 不能 | 开， | 妈妈 | 没回 | 来， | 谁来 | 也不 | 开！ |

春　晓（唐　孟浩然）

春眠不觉晓，处处闻啼鸟。
夜来风雨声，花落知多少。

悯　农（唐　李绅）

锄禾日当午，汗滴禾下土。
谁知盘中餐，粒粒皆辛苦。

苔（清　袁枚）

白日不到处，青春恰自来。
苔花如米小，也学牡丹开。

登鹳雀楼（唐　王之涣）

白日依山尽，黄河入海流。
欲穷千里目，更上一层楼。

"飞花令"的玩法：

主持人说出一个中国古诗中的常见字，参与游戏者说出带这个字的诗句就算答对。

变通的玩法：

参与者事先共同商定一个主题和结构（简单如：五言或七言），后面的人接龙，在此规则中说出一句诗句即可。

即兴作诗游戏：

"飞花令"是中国古代的一种即兴作诗游戏，"飞花"一词出自唐代诗人韩翃的《寒食》一诗中的"春城无处不飞花"一句。

该游戏通常在许多嬉游、娱乐、餐饮活动中进行，有时是依次即兴展示创作的结果，有时是先通过输赢游戏（如"猜拳""射覆""投壶""藏钩"等）或者随机游戏（如"点兵点将""击鼓传花""曲水流觞"等）来决定由何人进行展示。

"飞花令"诗句范例，以"花"为主题（常用主题有：春晓、秋冬、风花雪月等）。

> 注意：（1）该游戏既可以采用难度较高的玩法，如规定"花"字在诗句出现的位置应从第一个字到最后一个字中间任何一个位置；也可以采用较低难度的玩法，如"花"字随便出现在何处都可以。
> （2）"花"字表现的方式："花"字必须直接出现在诗句中；"花"字必须用其他词语来替代。
> ① 出现"花"字（实咏）。
> 夜来风雨声，花落知多少。（唐　孟浩然《春晓》）
> 感时花溅泪，恨别鸟惊心。（唐　杜　甫《春望》）
> 春花秋月何时了？往事知多少。（五代　李　煜《虞美人》）
> 花开堪折直须折，莫待无花空折枝。（唐　杜秋娘《金缕衣》）
> 忽如一夜春风来，千树万树梨花开。（唐　岑　参《白雪歌送武判官归京》）
> 莫道不销魂，帘卷西风，人比黄花瘦。（宋　李清照《醉花阴》）
> 人闲桂花落，夜静春山空。（唐　王　维《鸟鸣涧》）
> 花谢花飞花满天，红消香断有谁怜？（清　曹雪芹《葬花吟》）
> 去年今日此门中，人面桃花相映红。人面不知何处去，桃花依旧笑春风。（唐　崔　护《题都城南庄》）
> ② 无"花"字出现（非实咏）。
> 靡微小雨初晴处，暗数青梅立树阴。（元　方　回《春晚杂兴》）
> 千里莺啼绿映红，水村山郭酒旗风。（唐　杜　牧《江南春》）
> 等闲识得东风面，万紫千红总是春。（宋　朱　熹《春日》）

活动目标

（1）学习使用同一曲调不断更换歌词的技能，尝试使用"打散重组"的创作技能创编歌词。

（2）体验积累对创新的重要支撑作用，并能主动寻找更多的学习材料。

（3）乐于共同创造，乐于展示分享。

活动准备

（1）物质准备：

① 集体学习时，可自带可上网查找资料的电子设备。

② 若活动对象为幼儿，教师可制作具有相关提示内容的幻灯片：《静夜思》《悯农》《春晓》《一只哈巴狗》《小兔子乖乖》《柳树姑娘》等。

（2）经验准备：事先已经学习过歌曲《静夜思》《柳树姑娘》《一只哈巴狗》《小兔子乖乖》和相关的五言古诗。

（3）空间准备：围坐成大的半圆。

活动过程

1. 复习《静夜思》，努力唱出歌曲的意境

（1）出示《静夜思》幻灯片，教师：让我们一起来演唱这首古诗吧！如果我们唱得好，就会得到新的挑战任务。

（2）教师：我们还会背诵许多古诗，对吗？这是哪一首古诗？出示《悯农》幻灯片，教师：我们可以用《静夜思》的曲调来唱《悯农》吗？教师带领学员试唱。（可能需要重复2—3遍）

（3）重复上面的环节（2），试唱《春晓》。

（4）教师鼓励学员自由结伴，自选《悯农》或《春晓》，自编动作进行练习、展示、评价。

（如果是大班幼儿，开展1次集体教学，做到此即可）

2. 尝试用推荐的儿童歌曲曲调演唱《静夜思》

（1）出示《一只哈巴狗》图片，教师：这是什么歌？我们会唱吗？我们会用这首歌的音乐来演唱《静夜思》吗？如果我们唱得好，还会得到新的挑战任务。

（2）教师带领学员尝试演唱。（可能需要重复2—3遍）

（3）重复（1）、（2）环节，用《小兔子乖乖》和《柳树姑娘》的曲调试唱《静夜思》。（如果是大班幼儿，开展1次集体教学，做到此即可）

3. 用古诗歌曲《苔》的曲调试唱古诗《春晓》

（1）复习古诗歌曲《苔》。

（2）引导学员将古诗《春晓》填入歌曲《苔》的曲调试唱。

（3）教师当场引导学员创编四句咏春小诗。

（4）用ABA结构，即"《春晓》—小诗—《春晓》"的结构展示并欣赏集体创作的新作品。

（如果是大班幼儿，开展1次集体教学，做到此即可）

4. 选择其他适合五言的民歌或戏曲的曲调演唱《苔》和《春晓》

（1）分成小组。

（2）寻找其他适合五言的民歌或戏曲的曲调，试唱《苔》和《春晓》，加动作表演后进行练习。

（3）展示、分享、评价。

5. 学玩"飞花令"游戏

（1）观看央视电视节目《中国诗词大会》"飞花令"的视频。

（2）搜寻相关古诗词。

（3）选择背诵十首相关古诗。

（4）以"咏花"为题，学玩"飞花令"游戏。

6. 为指定或自选的主题制作五言"拼拼"诗词，并填入适宜的曲调演唱

（1）分成小组。

（2）为指定或自选的主题制作五言或七言"拼拼"仿古诗词。

（3）寻找其他适合五言或七言的民歌或戏曲的曲调，试唱自创新歌，加动作表演后进行练习。

（4）展示、分享、评价。

温馨提示

（1）以上活动过程4、5、6不适用于幼儿园教学，仅用作课堂实训或教师培训。

（2）同样的方法，也适用于曲调的创编尝试：

① 选择10首调式、风格接近的中国民歌，唱到烂熟于心。

② 尝试玩4拍或8拍一句的旋律即兴接龙游戏。

③ 指定或自选一首歌词或小诗，为其创编曲调，先试唱，再修改完善。

（3）在尝试拼接和创作的过程，教师可能经常需要认真思考诗词的大意和情绪，在填词、换词、演唱的过程中进一步思考和选择演唱时所用的速度、力度、咬字、吐字、气息断连方面的处理，不可唱成没有感情的状态。在引导幼儿做这些尝试的时候，教师也要注意：真正的审美活动是不可以没有情感体验和表达的。

问题讨论与练习

1. 怎样理解"从'一A到底'开始"的歌词创编学习教学模式？

2. 以小组为单位，选择若干同类型的歌唱教学案例进行实践。

3. 以小组为单位，独立创编或改编一个同类型的歌唱教学案例并进行实践。

4. 各小组在全班分享创编的歌唱教学案例，并进行相互评价。

第四章　律动教学

学习目标

（1）学会使用即兴替换动作的律动教学模式。
（2）积累、学习使用各种律动的空间思路（含队形）。
（3）学会使用游戏化的律动教学模式。

本章提示

本章通过一系列案例，主要讲解了创意律动教学的基本方法与流程。本章内容的重点为替换动作、队形和教学流程游戏化的设计与执行。

幼儿园律动教学过程中比较重要的流程是：先坐着做上肢动作；再站在小椅子前做上肢动作，可加原地的简单下肢动作；最后才是在空间中做移动的上下肢动作。

在真正面对幼儿园的孩子时，许多师幼互动的具体细节都是非常重要的。因为这些细节都是为了顺应和满足幼儿的身心发展需要而设计的。所以，读者在阅读和实践的过程中，需要反复思考和努力领会其中的"缘由"。因此，请读者特别注意文中的各种特别提示。

本章导览

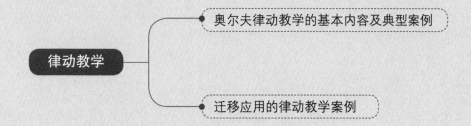

第一节　奥尔夫律动教学的基本内容及典型案例

一、律动的基本知识和技能学习

我们根据奥尔夫老师的培训内容，以及对大量所积累案例的分析，梳理并建构出奥尔夫音乐教育体系中的身体律动技能体系，主要有以下几个方面的形式。

（一）原生态文化中的身体节律运动

1. 来源

在奥尔夫音乐教育体系中，有一种叫作"声势"（有声音的身体姿势）的身体律动分支，长期以来一直被普遍认为是奥尔夫音乐教育体系专有的动作技能体系。这个动作技能体系的主要特点是先将一些简单的有声身体动作组合成动作的短句，再根据一定的规律来重复或变化这些短句，然后进一步将这些短句模式组织成更大结构的身体律动作品。其中，最基础的四种动作分别是：跺脚、拍大腿、拍手和拧响指。这四种动作通常也可以分别代表由低到高的四种声音。这四种动作一般并没有象征性的含义。由这些动作（势）和声音（声）共同组成的声音和姿势的形式结构（作品），通常也没有特别的象征意义。尽管后来也发展出许多新的有声或无声的纯粹的身体动作，但这四种动作仍旧一直被公认为是最基本的声势。

这种纯粹由声势组织作品的表演方式，其实并不是奥尔夫音乐教育体系所专有的，就连奥尔夫老师本人也反复强调：这些都是从更加原生态的人类历史文化长河中借鉴来的。从世界音乐舞蹈的发展历史中可以知道：在非洲大陆和美国黑人传统的音乐舞蹈文化，美国西部开发时期兴起的牛仔舞蹈文化，澳大利亚及南太平洋岛国的所谓"原住民"（如"毛利人"）文化，南美洲的所谓"原住民"（如"印第安人"）文化，以及我国农业文化时期甚至更早的采集、渔猎文化时期的传统民间舞蹈（如福建泉州的"拍胸舞"和西南地区的许多民族舞蹈）文化中，都大量存在这种"以拍手、顿足和击打肩、胸、腹、臀及其他各个身体部位，甚至敲击额头、脸颊、嘴唇、牙齿，进而产生独特的姿势和发出有节律音响的方式"进行的自娱自乐的活动。

然而，我们这样说并没有否认声势是奥尔夫音乐教育体系很重要的外显特征的意思，而是实事求是地让读者明白，奥尔夫音乐教育体系的形成，也是一种继承和发展的结果。

2. 应用

我们的确需要承认，奥尔夫音乐教育体系在教学模式上充分利用了声势的语汇，建构出了"声势语汇"的独特体系，并在教学法中应用了该体系。从奥尔夫老师提供的各种教学案例中，我们可以看到：

（1）从口头语言节奏抽取开始，随后必定要先转换到声势上，最后再转换到乐器演奏动作上。

（2）用简单的声势来帮助入门者学习与"速度、力度、节奏、节拍，以及旋律的运动形态或走向，句子或段落的结构模式"等概念有关的音乐知识和技能。

（3）在声势短句"回声性模仿"的基础上，进一步学习"声势短句"的即兴对话。

> **注意**：大家不觉得这有点像声势短句的"斗舞"吗？

（二）传统民族民间舞蹈

在奥尔夫音乐教育体系的律动课程中，来自全世界的传统民间舞蹈也是教学内容的重要组成部分之一。

通过对这些传统民间舞蹈的学习，学习者不仅得以大量积累和提升关于音乐和舞蹈的感性经验，了解和体验世界不同民族文化的丰富性和趣味性，而且还可以大大增进自身与他人自然亲切地交往和分享的能力。

（三）达尔克罗兹体态律动

奥尔夫律动教学体系与达尔克罗兹体态律动体系（第一章有相关介绍）之间存在着直接和间接的、学术与实践的渊源联系。

传统的达尔克罗兹体系，最初是为了提升音乐学院学生的基本音乐素养而创设的。所以其最原初的目的，不是发展学生运用身体本身进行艺术表现的能力，而是更有效地提升学生对音乐要素的感知和表现能力。

达尔克罗兹体系教学法中的一个相当特殊的模式是：教师必须即兴用钢琴弹奏出将要让学生用身体动作反映出的节奏、拍子、速度、力度、乐句，甚至呼吸等要素。学生也正是通过这样的即兴反应训练，才能够对音乐的这些要素越来越敏感。

一个多世纪以来，达尔克罗兹体态律动体系的教学也有了很大的变化，许多继承该体系的教学机构早已经不再拘泥于用钢琴即兴伴奏（过去如要获得达尔克罗兹教师资格认证，就必须先过"钢琴即兴伴奏"这一关），而是改用各种更容易得到和掌握的乐器进行伴奏，如吉他、竖笛、鼓等，甚至可以用人声。

> **提示**：请参见本节案例"8月25日律动课程（三）"中的流程2"基本节奏入门"。在这个案例中，我们可以非常清楚地看到达尔克罗兹体态律动体系的教学模式的痕迹。

（四）拉班律动理论体系

拉班先生的研究和贡献主要是在身体运动本身的表现力方面。为此，他总结出了律动表现力的概念体系：力量、空间、时间、运动的流畅与阻滞，以及八种动作元素。拉班律动理论体系（第一章有相关介绍）对奥尔夫律动教学体系有较深的学术影响。

> **提示**：请参见本节案例"8月24日律动课程（二）"中的相关内容。

二、律动与其他表现活动的结合

（一）律动与音乐基本理论学习

请参见本节案例"8月25日律动课程（三）"中的流程2"基本节奏入门"。

（二）律动与歌唱

请参见本节案例"8月23日律动课程（一）"中流程4的"圈圈舞"、"8月24日律动课程（二）"中的流程4"非移动"动作、"8月25日律动课程（三）"中的流程1唤醒游戏等内容。

（三）律动与奏乐

请参见本节案例"8月25日律动课程（三）"中的流程5"器具声音"性质的联想与创造性表演、流程6"纸棍演奏"与动作表演相互配合。

三、律动教学的游戏化设计

美国一所中学的"预知学习"教改研究项目，为我们提供了一种"直接应用传统游戏"的简单教学转换模式：

（1）借鉴已有的成熟游戏，将游戏或游戏中的某些元素直接运用到教学过程中，以便起到相应的提升教学效率的作用。

（2）不仅是对已有游戏的简单借鉴和应用，而且是更需要教师从实际教学内容和学生基础的角度出发，使设计更能契合教学任务和学生本身的学习能力，更容易达到促进学习效率和提升学生基础素养的目的。

在本书第二章"奥尔夫体系的教学法"中，我们为大家提供了一个实例"全世界原生态规则游戏的基本类型"。

在接下来提供的几个奥尔夫原版律动教学的案例中，我们可以清楚地看到在教学过程中"直接应用传统游戏"规则的痕迹：

第一，"情境表演游戏"几乎是无处不在的。因为"故事"（对于学员来说既有情境理解意义，又有情感体验意义）是学员学习，特别是创造性学习的有力支持框架。奥尔夫老师不但要求自己在教学中必须使"情境无处不在"，同时也反复告诫受训学员必须使"情境无处不在"。

第二，奥尔夫老师大量直接地使用了原生态的传统音乐游戏。其原因在于：奥尔夫老师认定自己所希望达成的各种音乐舞蹈、智能体能、社会道德、身心健康的目标，本身就包含在这些传统游戏之中。

在本节后面所谈的案例"8月24日律动课程（二）"流程7中的4个"情境化圆圈移动"游戏——"邮递员""皇帝在山中""威利威利""猫捉老鼠"，以及本节中的"四方舞""跳转舞""邀请舞""我的圈圈""过来坐在我身边"等，都属于直接应用的案例，这里不再赘述。

下面请看有关情境表演游戏的案例，即"8月16日教法课程（二）之流程3"——情境表演游戏"海里的鱼"。

8月16日教法课程（二）之流程3

（1）教师邀请学员用一句话描述一种海里的鱼。

（2）教师先示范，然后让学员"思考—创编—分享"，

提示：这是遵循"从用语言表达已有经验开始"的基本原则。

如多春鱼、三文鱼、鲸鱼、章鱼……

（3）教师要求学员将自己普通的语言描述转换成8拍的节奏朗诵和表演动作。

（4）教师先示范，然后让学员以4—5人为一组结伴创作并排练。

（5）各组之间展示分享，教师引导评价和相互学习。

最终结果如下所示。

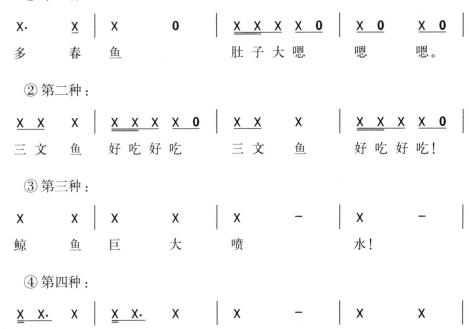

（6）教师加入指挥手势和低音音条琴，用稳定拍支持学员的朗诵和动作表演。

（7）教师组织与支持学员一组一组地进入叠加，逐步形成四个声部的"朋友歌"形式，再一组一组地逐步退出，形成渐强和渐弱的表演效果。教师用这种效果来表征海洋里的一天，从宁静开始变得越来越热闹，再逐渐地恢复宁静……

> **注意**：如果说这个活动中还有许多内容不是纯粹的即兴表演的话，那么下面的另外一个案例"睡美人"中的即兴将会更多一些。在这个案例中，尽管已经使用了歌曲，有了一定的对表现内容的限制，但每个人的表演都是在限定内容中随意进行的。具体的过程和方法请参见本书第一章第三节中8月24日"第一课　律动"的流程3"故事表演《睡美人》"。

♪ 专题分析 ♪

律动教学的基本流程

游戏化集体教学基础流程

| 意义追求
情趣追求
理解体验1 | 符号化
表现、记忆
理解体验2 | 辨识
模仿性表现
理解体验3 | 意义再追求
创造性表现
理解体验4 |

游戏化律动教学基础流程

| 能用的故事 | 匹配故事：
① 教师规定
② 幼儿创编 | 匹配故事和动作 | 提供适宜的更高级的挑战 |

时间的调控原则

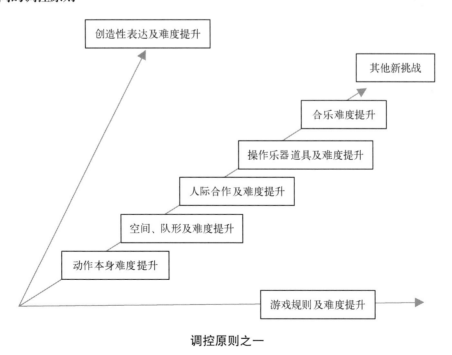

调控原则之一

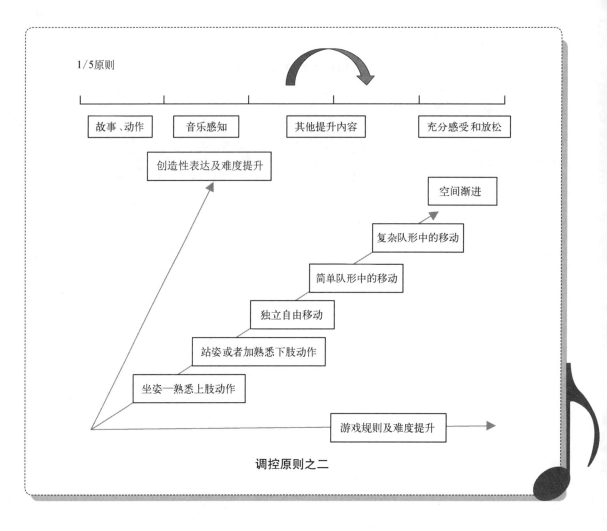

四、创作技法与即兴律动学习

与歌唱活动一样，奥尔夫的律动创意或即兴创造性表达教学，从大模式的角度来讲，也是依照"模仿—理解—应用—创造"流程的。几乎在所有教学方案中的教授新内容的流程中，无一例外地都是如此。（请参看后面的案例"8月23日律动课程（一）"中的流程2邀请舞，这里不再赘述）

奥尔夫教学法的基本原则之一就是学员需要框架的支持。如果没有框架的支持，学员容易混乱，而且也不容易达到审美的境界。下面我们来看奥尔夫老师的原版律动课程案例。

8月23日律动课程（一）

1. 理论——教学目标

（1）学习如何全身心地体验音乐；改善肌肉动作的感觉和音乐感。

（2）知道如何通过律动学习或教授音乐元素和结构；学习如何品味音乐在自己心中的

全部感受。

(3) 了解奥尔夫音乐教育体系中的歌、舞、乐教学所必须遵循的"从模仿到即兴创作"的建构性流程。

提示：紧密衔接教学目标中（3）中的观点：体验"从模仿到即兴创作"。

2. 邀请舞

（1）教师教授邀请舞，示范如何与舞伴"打招呼"。（示例）

（2）学员边熟悉舞蹈边即兴更换与舞伴打招呼的方式（打招呼的语言和动作）。（应用"近迁移"）

（3）学员分组选用新歌曲，创编新游戏。

注意：如果仍旧选用类似的结伴打招呼这一内容和形式的歌曲和游戏，则为"近迁移"。如果选用完全不同内容的歌曲和完全不同的游戏，而且只是应用了"歌曲加游戏"的思路，则为"远迁移"，也就是"创造性应用"。

3. 理论——身心力度性质

（1）身心力度性质是拉班律动理论体系中的重要概念。

（2）我们要认真区分三种具体的身心力度性质，它们分别是：① 放松状态；② 准备状态；③ 表达状态。

4. "体验—理解"游戏

(1) 游戏1 "请问你去哪?"——行走与对话（角色扮演游戏）。

① 三对角色：灰姑娘与坏姐姐；小杰克与大巨人；白雪公主与猎人。

② 过程：学员想象并扮演各种不同角色，用不同的力度性质行走，用不同的力度性质问话和回答。

③ 体验与交流。

    a. 引导性问题一：在内心、身体和嗓音方面，你感受到了什么区别？

    b. 引导性问题二：如何通过律动让你或你将来的学生了解音高、音强、音色、速度这些音乐元素呢？

    c. 引导性问题三：这些音乐元素之间的逻辑结构关系是怎样的呢？

（2）游戏2 "数数"（角色扮演游戏）。

① 三种角色：

    a. 银行职员在数钱。（谨慎）

    b. 摔跤比赛、拳击比赛的观众在"倒数"。（疯狂）

    c. 小孩在数流星。（惊喜）

② 过程：略。

③ 小结：所有的音乐作品都有故事，都有感情，而不是只有形式。

（3）游戏3 "倾听音乐与动作反应"（即兴假想角色扮演游戏、领袖模仿游戏）。

① 进入"乐句对乐句"的反应：教师作为领袖先做某种4拍重复性动作，学员"回声"模仿。

② 学员4人一组，轮流担任领袖，领袖即兴先做某种4拍重复性动作，其他学员"回声"模仿。

③ 进入"乐段"的反应：A段一拍一次动作（表现四分音符），B段半拍一次动作（表现八分音符），教师提供示例。（伴奏音乐可选类似动画片《狮子王》主题的非洲风格音乐）

④ 学员分小组依次进行"创编—排练—展示—分享—评价"。

（4）游戏4"四方舞"（方向认知游戏）。

配合一首童谣跳简单的舞蹈，每跳完一遍就右转，顺时针换一个方向跳，当一圈四个方向都跳完后，再逆时针（反方向）依次跳。

（5）游戏5"照镜子"——即兴表演（领袖模仿游戏、方向认知游戏）。

学员两两结伴轮流扮演镜子和照镜子的人，相互模仿即兴表演动作。动作模仿者必须"镜面模仿"。

（6）游戏6"纱巾"（玩具、道具游戏和角色扮演游戏）。

> 提示：这是借助纱巾道具来进行的戏剧表演游戏。学员可以将纱巾当成风、阳光和衣服等。

故事《风和太阳》（著名的寓言故事）的主要内容是：风和太阳比赛，看谁能够让道路上的行人把衣服脱下来。

（7）游戏7"圈圈舞"——邀请舞（身体部位认知与方向认知游戏）。

歌曲《我的圈圈》：

1 = C 4/4

3 5　5.5　6 5 0 ｜ i 5　5.5　6 5 0 ｜
走 走　我的　圈 圈，　跑 跑　我的　圈 圈，

3 3　3.3　2 1 0 ｜ 3 3　3.3　2 1 0 ｜
面 对　面的　圈 圈，　肩 对　肩的　圈 圈，

3 3　3.3　2 1 0 ｜ 3 1　1.6　1 1 0 ‖
背 对　背的　圈 圈，　再 见　我的　圈 圈。

① 游戏玩法1：全体站成一个圆圈，一边拍手一边唱歌；刚开始时，选中一人在圈外逆时针移动，并按歌词指示找到一个人与之进行面对面、肩对肩、背对背的互动；被邀请者参与圈外行走，继续与被选中的人按歌词互动；游戏继续，反复进行，直到所有人都被邀请完。当缺少被邀请人的时候，学员自由结伴互动。

② 游戏玩法2：全体平均分成两组，站成一内一外的两个同心圆；内圈人一边拍手一边唱歌；外圈人按逆时针方向移动，并找朋友互动。当唱到"再见"时，内外圈相互交换；游戏继续，反复进行。

（8）游戏8"跳转舞"——持续换伴的集体舞蹈（方向认知游戏）

① 音乐：略。

② 游戏玩法：全体舞者结伴面对面站成一个圆圈（单圆双圈），自然形成一个顺时针圆圈和一个逆时针圆圈。两个舞者手拉手，面对面，相互交换位置，然后同时向圈外方向正后方跳转180度，这时两个舞者各自会见到一个新的舞伴。学员在音乐声中持续舞蹈和结交新舞伴。

③ 教学法：

> **提示**：以下这个"循序渐进"的教学流程，极其重要！

  a. 教师先邀请一位学员与自己共同示范。

  b. 当两人最终转向成背对背时，各自再邀请一位学员与自己面对面（现在已经形成两对舞伴）。

  c. 再以同样的方式邀请新的舞伴（现在已经形成三对舞伴）。

  d. 按此模式反复进行，直到所有学员全部进入圆圈为止。

> **注意**：此种教学流程的高明之处在于：学习者可以头脑冷静、从容不迫地逐步通过反复观察来了解比较复杂的队形变化的空间逻辑。

8月24日律动课程（二）

1. 理论——拉班律动理论

（1）金句1：知识永远都是工具而不是目标。

（2）金句2：乐感永远与情感体验和表达有关。

（3）来自拉班的动作元素：

① 时间：拍子（稳定拍）、节拍（重音组织规律）、节奏（长短组织规律）、句长等。

② 空间：方向、形状、高度水平、运动轨迹（路线）、团队（人际）的空间关系等。

> **提示**：以上元素的组合应用模式，将直接影响到动作表现的独特性质。

③ 力量（力度的特质）：轻/重、断/连、阻滞/流畅等。

2. 体验与理解

> **注意**：紧密衔接上面环节中的拉班的动作元素。

（1）听音"移动与停止"。（入门阶）

① 听教师的口头指令行走或停下。（逐步将听口令自然停止，改成有意识的静止造型）

② 听教师的鼓声指令行走或摆出静止造型。

（2）听音乐改变"移动—停止"的运动方式和造型姿态。（初步进阶）

① 使用类似《狮子王》的音乐（有点疯狂的非洲舞蹈风格），学员自行选择合适的行走力度模式。音乐开始就移动，音乐停止便摆出静止造型。

② 音乐突然换成《胡桃夹子》中的《士兵进行曲》(有点严肃的进行曲风格)，学员应立即重新选择更为合适的行走力度模式。音乐开始便移动，音乐停止便摆出静止造型；音乐更换时，便更换移动的动作力度模式。

（3）金句：教幼儿的时候，总是要从他们已经熟悉的事情开始。

3. 理论——"基本移动"

（1）金句1：在一个教案中，通常最好选择2—3种拉班的基本移动动作，让学员通过跟随音乐的移动来感知音乐元素的概念。

（2）金句2：奥尔夫先生运用了达尔克罗兹先生的音乐教育哲学与方法和拉班先生的动作元素概念体系来教授音乐元素。

（3）来自拉班的基本移动动作体系。

① 该体系的"行走"移动体系概念包含脚尖走、行军走、跺脚走和普通走等。

② 该体系的"跑和跳"移动体系概念包含单脚跳、双脚跳、跑跳和踏跳等。

③ 更高级的移动体系还包括滚动、拖行、爬行、各种体位的旋转移动和空中飞跃移动等。

> **注意1**：在低龄幼儿阶段，一般不轻易使用跑动、滚动等，以免幼儿因控制不住兴奋的情绪而导致行为失控。
>
> **注意2**：移动的基本原则是不跟人、不撞人，能够在自由空间中自由"穿行"。

4. "非移动"动作——概念感知与理解（游戏化的体验练习）

歌曲《我们应该干什么》：

$1 = {}^\flat E \quad \frac{2}{4}$

‖: 5 5 3 | 4 4 2 | 3 3 1 1 | 2 2 5̣ :‖
　星期　一　　星期　一，　我们应该　　干什么？

1.3 2 2 | 3 3 4 | 3.1 2 7̣ | 1 0 ‖
我们 应该　这样 做　这呀 这样　做。

> **注意**：每次从星期一唱到星期天；领袖的即兴指令是做某种上肢或躯干的动作，没有身体移动。

5. "移动与非移动"动作——概念感知与理解

音乐：

$1 = C \quad \frac{2}{4}$

0 5 6 5 | 1̇ 0 0 | 0 5 6 5 | 1̇ 0 0 |

0 5 6 5 | 1̇ 1̇ 6 | 1̇ 1̇ 3 0 |

```
0 5 6 5 | 7 0 0 | 0 5 6 5 | 7 0 0 |

0 5 6 5 | 7  7 5 | 6 5 i 0 ‖
```

> **注意：** 句子开始的时候便行走，句末休止的时候必须停止在造型上。教师不断用学员中的范例榜样和概念语词，鼓励和引导学员去作出"不同水平高度"的造型。

6. "移动练习的情境化"

（1）教师示例：如遛狗、行军、巨人行走、散步看星星等。

（2）学员迁移：先近迁移教师提供的情境，然后自行想象情境。

① 每组自选两种不同的情境和不同的移动方式；自己匹配两首不同的音乐或儿歌。

② 组内自己排练。

③ 组间展示、分享和评价。（含自评和互评）

7. "情境化圆圈移动"游戏

（1）邮递员：类似我们的传统游戏"丢手绢"——同向追逐跑。

（2）皇帝在山中：类似我们的传统游戏"开火车"——邀请舞。

（3）威利威利：类似我们的传统游戏"找朋友"——遇见和告别。

（4）猫捉老鼠：类似我们的传统游戏"猫捉老鼠"——表演、四散追逐跑、上位安全。

附作业：

（1）当堂小组实操作业（教师当场辅导，澄清纠偏）。

① 自选基本移动动作。

② 自选儿歌。

③ 创设完整游戏。

④ 尝试教授其他学员或同伴。

（2）家庭个人书面作业（第二天交作业，教师在下一次上课时进行反馈）。

> **注意：** 在每天布置课外作业之时，教师都会先辅导一次集体作业，再辅导一次小组作业，以免学员对当日所学进行独自作业迁移时有过多记忆或理解方面的问题。

8月25日律动课程（三）

1. 唤醒游戏："过来坐在我身边"——各种"移动动作"复习

（1）歌曲曲谱（略）。

（2）玩法：

① ×××（学员同伴的名字），请"走"过来坐在我身边！移动到我身边坐下。

注意： 发出邀请者A可以即兴说出任何被邀请者B可能做到的移动动作。

② 来了！

注意： 被邀请者B必须遵照邀请者A的要求执行。

（3）流程：

① 教师先示范几次。

② 学员轮流担任邀请者A（刚刚完成指令的被邀请者B担任新的邀请者A）。

2. 基本节奏入门

基本节奏入门包括全音符、二分音符、四分音符、八分音符。

挑战2	动作要求同"挑战1"，伴奏先改为教师即兴钢琴伴奏，后再改为录音音乐。当音乐变化时，自创动作模式就要变化。
挑战1	运用鼓声音乐伴奏，在自由空间中移动，上下肢不同的自创动作模式要求不变，增加遇见同伴需进行表情交流，进而再进行身体接触性交流的要求。
概念应用2	站姿—移动，倾听由多种音符节奏组成的节奏型指令，当节奏型变化时，需自创另一种新的上下肢对应模式。
概念应用1	站姿—移动，倾听鼓声均匀的四分音符节奏，自创一种上下肢不同的对应模式。
概念理解3	站姿—移动，倾听鼓声均匀的四分音符节奏，模仿老师的上肢全音符（一个动作做四拍）、下肢四分音符（一个动作做一拍）的对应模式。
概念理解2	站姿，倾听鼓声指令，模仿老师将下肢动作与音符表示的长短一一对应。
概念理解1	坐姿，倾听鼓声指令，模仿老师将上肢动作与音符表示的长短意义对应。
基本概念	从倾听鼓声入手，将音符（全音符、二分音符、四分音符、八分音符）名称与鼓声长短一一对应。

基本节奏入门阶梯

3. 戏剧表演"睡美人"（参见第一章中的案例）

（1）歌曲（略）。

（2）玩法（略）。

（3）流程（略）。

（4）理论提炼：

① 随时随地要把思想、情感、身体融为一体。

② 故事和动作模式给了学员一个创作的框架。

③ 在这个框架中，学员可以在强有力的支持下自由发挥。

④ 若没有这个框架，学员便很可能陷入混乱，不能体会到作品中蕴含的艺术美。

4. "器具外形"的联想与创造性表演

（1）教师分别出示鼓和鼓槌。

（2）引导学员联想：它们分别可能是生活中的什么物件？

（3）学员中的志愿者轮流用动作展示、分享自己的想法。例如：鼓槌代表绣花针；鼓代表飞碟等。

（4）教师引导学员关注动作的力量模式（力度特质）。例如：绣花是弧线运动，是柔和、连贯、优美的；掷飞碟是直线运动，是干脆、爆发、帅气的等。

5. "器具声音"性质的联想与创造性表演

（1）用鼓槌敲击鼓面，表现"在森林中被人追赶"。

（2）用鼓槌摩擦鼓面，表现"在山路上疲劳地挣扎前行"。

（3）用铃轻击，表现"在将要化冻的冰面上小心移动"。

（4）理性指导：

① 每次表演结束，学员必须以一个造型完美结束。在不同情境的移动后，应该做什么样的造型？表情应该是怎样的？

② 被"追赶"和"害怕冰面碎裂"情境下的移动，都是身心"绷紧"的。但这两种"绷紧"之间有什么不同呢？

③ 在"疲劳地挣扎前行"时，身体完全无法"绷紧"，因为没有能量；但内心仍旧"绷紧"，因为仍旧"怀有求生的期望"。

注意： 仍旧是"移动"动作，但已经是情境化、戏剧化的移动了。

6. "纸棍演奏"与动作表演相互配合

注意： 将整本杂志卷起而形成的"纸棍"，在相互敲击、敲击身体、敲击地面时都能够发出声音，但声音比较柔和，且在许多人一起敲击时也不会产生很大的噪声。

（1）老师提供了四首小诗，分别表现一个巨人、一个精灵、一个极大的圆球和一只极小的老鼠。

> **注意**：这是奥尔夫的经典课例故事《老鼠精灵找朋友》中的角色。小老鼠用耳朵仔细听，听听是不是自己的朋友来拜访。大桥的桥面上传来了巨人"咚咚"的脚步声，大球"沙沙"的脚步声……都不是，终于，远处传来了轻轻的"嘀哆嘀哆"的脚步声……

（2）学员分组，在各组内分工合作创编和排练。

（3）各组展示分享与相互评价。

（4）理论总结：

① 所有的动作都需要在"生动的、谨慎的能量投入"后，再转化成"生动的身体能量"输送出来。

② 所有以上活动也都可以被看作是未来使用乐器表达"内在能量模式"的铺垫。

③ 所有的儿童天生都能够表达各种不同的情感体验，但有的后天被压抑了。因此，教育仅仅是让其恢复天性。

7. "魔法手套"——有声与无声（哑剧）表演

（1）假装一个手指一个手指地"戴手套"，同时出声地从一数到十。（数完后变成哑巴）

（2）在教师的引导下，无声地做动作和表情。（表现某个场景中的事件）

（3）假装一个手指一个手指地"脱手套"，同时出声地从一数到十。（恢复正常）

（4）做有声音的动作和表情。（表现与之前相同场景中的事件）

8. "迪克和达克"——只用"手指"讲的故事

（1）动作：

晚上，回家（握拳、竖大拇指）；开门（立掌、竖大拇指）；进门（立掌、收大拇指）；关门（收四指成握拳）。

早上，开门（立掌、伸出四指收住大拇指）；出门（立掌、竖起大拇指）；关门（收起四指、竖大拇指）。

（2）故事与表演：说到相关的词语时，变化手的姿态。

① 迪克（右手）：回家—开门—进门—关门—睡觉（拳头横放）。

② 达克（左手）：回家—开门—进门—关门—睡觉（拳头横放）。

③ 迪克（右手）：起床（拳头竖起）—开门—出门—关门—上山，下山，上山，下山，上山，下山；去找达克，敲门（用拳头）；达克不在家，只好回家；上山，下山，上山，下山，上山，下山；回家—开门—进门—关门—睡觉（拳头横放）。

④ 达克（左手）：同上，略。

⑤ 迪克和达克（左、右手）：一起……在路上遇到，愉快交谈，然后一起各自回家。

（3）流程：

① 教师示范。

② 学员模仿。

③ 学员练习。

> **注意**：教师讲故事的时候，声音、动作、表情都要非常生动。上山，下山，见面，对话的表演要很形象、很自由。

9. "汤姆的鬼魂"——只用"手臂"讲的故事

（1）动作与音乐：

$1 = C \quad \frac{4}{4}$

| $\dot{6}$ $\dot{5}$ $\dot{6}$ $\underline{1\ \dot{7}}$ | $\dot{6}$ $\dot{5}$ $\dot{6}$ — ‖ 手臂上升 |

| 1 $\dot{7}$ 1 $\underline{3\ 2}$ | 1 $\dot{7}$ $\underline{6\ \dot{7}}$ $\underline{1\ 2}$ ‖ 手臂伸展 |

| 3 5 3 $\underline{6\ 5}$ | 3 2 3 — ‖ 手臂移动并伸展 |

| $\underline{3\ 3}$ $\underline{2\ 2}$ $\underline{1\ 1}$ $\underline{\dot{7}\ \dot{7}}$ | $\dot{6}$ $\dot{5}$ $\dot{6}$ — ‖ 手臂下降 |

> **注意**：该音乐片段没有记录歌词，读者使用时可用"哼鸣"或用其他合适的无意义音节来演唱。

（2）流程：

① 教师示范唱歌，学员回声式逐句模仿。

② 加入音条琴和沙球的伴奏（教师和个别学员）。

③ 教师加入动作的示范，学员回声式模仿。

④ 学员边唱边做动作。

⑤ 学员分成两组，用轮唱的方式边唱边做。

⑥ 学员分成四组，两组唱和做，两组伴奏，形成唱、做、奏两声部"卡农"。

⑦ 教师提示学员体验和反思：手臂飘动张力（能量模式）在上升、扩展和下降的过程中的变化。

第二节 迁移应用的律动教学案例

在实施以下律动活动的时候，有几个要点还是需要再次提醒读者特别留意：

（1）一般情况下，所有活动在导入时都应该拥有一个儿童会感兴趣的情境。教师也可使用音频、视频、图片、实物，以及自身的体态语言和口头语言等手段引领儿童进入情境。

（2）一般情况下，音乐作品在最初几次与儿童接触时，都应该是完整的作品。如果没有特殊需求，不要轻易把音乐切割成"碎片"。

（3）一般情况下，教师的讲解示范与儿童的观察模仿还是需要安排在活动流程的前端。有时候，在作品规模较大、结构较为复杂，活动内容比较多、难度比较大的时候，一次教学活动不能够达成全部目标。这时，有关创造性的流程课例需要安排到第二、三次，甚至第四次教学活动中慢慢进行。教师不要因为害怕别人说"活动没有安排创意表达流程"就随意取消必要的观察模仿学习流程，因为这个流程是教师给儿童提供语汇和思路，以及新学习支架的流程。

（4）律动活动的音乐一般需要使用音响效果良好的录音音频。除非教师自己有比较"高超"的即兴声乐演唱技能或器乐演奏技能，同时又拥有边表演边观察判断边指导儿童进行学习或练习的能力。

（5）由于版权处理难度比较大的原因，本教材不能给读者提供音频资源，读者需要自行合法地获取音频资源。在学校情境中，将这些音频资源用于教学是合法的，但注意不能够使用这些音频资源去谋求经济利益。

（6）所有律动活动都必须在"听前奏"后才开始。儿童在刚接触时，还必须同时倾听教师配合前奏给出的"预令"。我们也尽量在乐谱中为读者提供这些信息。对这一点，本章"律动教学"和下一章"奏乐教学"的原则相同。而上一章"歌唱教学"，一般要求教师自己弹琴来解决前奏问题。

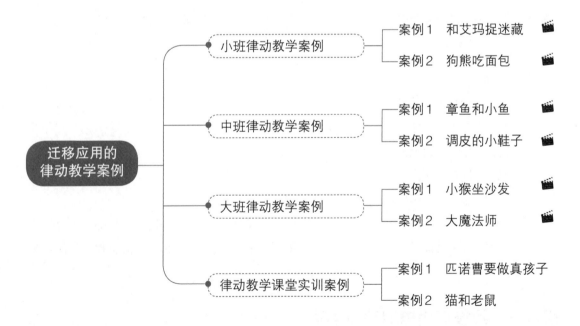

一、小班律动教学案例

 案例1 和艾玛捉迷藏 （南京 周 瑾）

使能目标阶梯

挑战4	指导幼儿在散点站立、自由移动的条件下随乐玩游戏。	创造性应用	在教师的提醒下，学习合拍运动（克制过度兴奋）；学习用语言清楚地表述"在哪里发现了艾玛"。
挑战3	组织幼儿在椅子前面保持站立姿态随乐玩游戏。	应用迁移	将手在大腿上"行走"的动作替换成真实的下肢行走动作，并注意努力合拍行走；在教师的帮助下，学习用语言表述"此种替换"。
挑战2	引导幼儿即兴创编不同方向的喷水动作。	创造性拓展	在创意动作表现的基础上，学习用语言表述可以"向哪些方向"喷水，可以对着朋友的"哪些身体部位"喷水。
挑战1	出示幻灯片，引导幼儿边随乐做动作边玩游戏。	模仿练习	在做游戏动作时，力争合乎音乐的节奏；努力作出各种相关的表情变化；学习用语言表述出对"艾玛"躲在哪里的猜测。
音乐	再次示范，鼓励并带领幼儿尝试模仿，独立用语言描述动作。	感知模仿	继续倾听、观察、感知、理解，努力尝试记忆乐曲和游戏动作的各个要素及顺序；学习用语言帮助自己理解和记忆（走、喷水和打招呼，重复2次；蒙眼睛—打开—寻找—询问"找到没有"）。
动作	随乐示范游戏动作。	观察	重点观察游戏。理解动作的意义和顺序（走、喷水、打招呼、玩"捉迷藏"的游戏）；进一步感知乐曲和游戏动作各要素之间的匹配关系及顺序。
故事	用将要学习的律动动作配合简述"小象艾玛与其他小象（小朋友）玩捉迷藏游戏"的故事情境。	观察理解	情境理解，产生兴趣，明确任务：初步了解音乐及情境动作在形式结构和力度模式上具有一一匹配的关系。

🎵 游戏玩法

（1）线索推理：从幻灯片画面中根据"彩格"线索寻找小象艾玛。

（2）在活动场地中，根据现有经验寻找被藏起来的小象艾玛的图片。

【动作建议】（参见乐谱）

夸大妄想

1 = D　4/4

[日本]加藤达也曲

前奏

口令：出去玩喽！　走！

动作：双手做呼喊状放在嘴巴的前面　　双手轮流在腿上拍

A段

准备喷水！　吸　喷　吸　喷

双手在胸前相握　张开手臂向上伸（同前）

吸　喷　吸　喷　扬起鼻子，　打个招呼。

（同前）　　（同前）　　双手相握把手甩向右边　双手相握把手甩向左边

一起玩　　真开心！再来次喷水！吸　喷　吸　喷

双手相握把手甩向右边　双手相握把手甩向左边（同前）

吸　喷　吸　喷　扬起鼻子，　打个招呼。

（同前）

B段

| 4̇ 3̇ 2̣ 6̣ 7̣ − | 3̇ 0 1̇ 0 | 5 0 4 0 | 3 0 ♭3 0 |
| X 0 0 0 | X 0 0 0 | X 0 0 0 | 0 0 0 0 |

游戏就要　　　开始啦！　　　闭上眼睛，艾玛快躲，我们来找，五
　　　　　　　　　　　　　　　双手捂住眼睛不能松开

| 2 0 2 0 | 5̣· 0 5̣ 0 | 2/4 0 0 | 4/4 3̇ − ♭3̇ − |
| 0 0 0 0 | 0 0 0 0 | 2/4 X 0 | 4/4 X𝄎 − − − |

四　　三　　二　　一　　　　　　睁眼　　　　看
　　　　　　　　　　　　　双手放下　双手放额头，挥动手指

| 3̇ − ♭3̇ − | 3̇ − ♭3̇ − | 3̇ − ♭3̇ − | 2/4 0 0 |
| X𝄎 − − − | X𝄎 − − − | X𝄎 − − − | 2/4 0 0 |

　　　　　　　　　　找
　　　　　　　　双手放额头处挥动手指

| 4/4 5 #5 6 #6 7 − | 7 1̇ #1̇ 2̇ #2̇ − | 1̇ 0 5 0 | 1̇ 0 1̇ 0 ‖
| 4/4 X 0 0 0 | X 0 0 0 | X 0 X 0 | X 0 X 0 ‖

艾玛去哪儿了？　　艾玛去哪儿了？　　你　找　到　　了吗？
双手在身体前摊开　（同前）　　　双手伸出食指向前指

🎵 活动目标

（1）初步感知乐曲的旋律和结构，随A段音乐做小象走、喷水、打招呼的动作，随B段音乐玩捉迷藏等游戏动作。
（2）迁移已有经验，尝试创编不同方向的喷水动作。
（3）向同伴身上喷水的时候，注意不要碰到同伴的身体；了解在音乐和动作全部结束以后再玩"找艾玛"的游戏；在游戏中努力遵守"闭上眼睛后就不能偷看"的游戏规则。

🎵 活动准备

（1）物质准备：
　　①智力游戏"艾玛捉迷藏"的幻灯片（具体内容，请参考绘本《花格子大象艾玛》）。
　　②三种大小不同的小象艾玛图片（分别为15厘米×10厘米、10厘米×7厘米、5厘米×4厘米；图片背面有胶纸）。
　　③录音音乐。

（2）经验准备：玩过捉迷藏的游戏，了解相关游戏规则。例如：有人躲，有人找；找的人闭上眼睛数数，躲的人在数数结束前躲好。在数数过程中，找的人不能偷看；躲的人被找到就要出来，若没有被找到的，要在最终宣布游戏结束后才能出来，等等。

（3）空间准备：全体围坐成大的半圆。

活动过程

1. 了解故事，进入情境

教师用幻灯片出示第一张图片，然后随乐边做动作边讲故事：艾玛和一群小象走进了森林，它们相互喷水、打招呼，再喷水、再打招呼，一起玩得真开心。艾玛说："嗨，我们来玩捉迷藏吧！""闭上眼睛，我躲起来，你们来找。"五、四、三、二、一，睁开眼睛看，找一找艾玛躲哪儿了？艾玛躲哪儿了？你找到了吗？（第1遍示范）

> **提示**：教师的讲述和动作需要全部随乐进行。

2. 引导幼儿重点观察游戏的动作部分

（1）教师第二次完整示范整个随乐动作模型。

教师：你们来看一看，艾玛和小象们玩的是什么游戏？它们是怎么玩的？（第2遍示范）

幼儿：捉迷藏。

教师：怎么玩呢？

幼儿：要闭上眼睛。

教师：对，要闭上眼睛。等数完数以后，老师说睁开眼睛的时候再睁开。我们一起来试试看吧！

教师：闭上眼睛，艾玛快快躲，我们来找，五、四、三、二、一，睁开眼睛看。

> **提示**：游戏玩法是这个活动的核心内容，目前采用了"重、难点前置"的教学策略。

> **注意**：在这里，教师一定要用与音乐相匹配的语音、语速及节奏来说这段游戏指导语。

（2）教师第三次随乐示范动作模型，并用表情和体态引导幼儿进一步细致观察整套动作的顺序和重复变化的规律。（第3遍示范）

教师：小象们在睁开眼睛之后，还做了哪些事情呢？

幼儿：看。

教师：它们看什么呢？

幼儿：看艾玛。

教师：对，看艾玛躲在哪里。教师边说边示范看的动作（将双手放在眉毛处，震动手指，身体慢慢地自左向右移动，然后再返回原处）。我们一起来看一看。

> **注意**：教师在指导幼儿学习时，要把话说完整，把动作做到位。

教师：很好，你们都看得很仔细，一定能够把艾玛找出来。

教师：那么，小象们做游戏之前又做了哪些事情呢？它们走进森林……

幼儿……

教师：记不得了吧，没有关系，请你们再看我表演一次。它们走进森林……（第4遍示范）

注意： 教师必须边说边做，如同第1遍示范。

教师：小象是怎样走进森林的呢？

幼儿模仿教师用双手轮流点一下大腿。

教师：这是什么意思呢？

幼儿：走。

教师：对。我们现在用小手在腿上做"走路"的动作，假装是小象在走路。

教师：小象走到森林里以后，又做了什么事情呢？

幼儿：吸水和喷水玩。

幼儿：还有打招呼。

教师：对！吸水的时候，小象的鼻子要向里卷起来；喷水的时候，小象的鼻子要向外甩出去。打招呼的时候，小象的鼻子要高高举起，先甩到左边，再甩到右边，就像是在说：你好！你好！（边做边说）

注意： 教师的语言应清晰、精练、准确，以便能够为提升幼儿用语言描述动作的能力作出好的榜样。语言和动作相互"翻译"，是一种重要的智慧能力。

（3）教师带领幼儿尝试学做完整律动，并开始玩智力游戏。（第1遍随乐练习）

教师：艾玛说，你们准备好和我一起玩了吗？请你们在音乐结束以后再来找我哦！

注意： 因小班幼儿年龄小、控制力弱，因此教师要随时提醒幼儿"动作一定要做到音乐结束"。教师也要在音乐结束以后再点开下一张具有迷惑性的幻灯片，即根本没有艾玛，而仅有类似干扰信息的图片。

教师：（在完整带幼儿做完动作之后，教师点开第一张幻灯片）再来找找看，艾玛躲在哪里呢？

众幼儿：那里！（幼儿同时都用手指指向幻灯片上艾玛躲藏的方向）

教师：那里是哪里呀？谁能够说清楚？我请他过来找一找。

注意： 教师一直在坚持延续"用语言澄清"细节的要求。

幼儿：在狮子的头顶上。

教师：你说得真清楚。请你过来，点一下狮子的头顶，看看是不是艾玛。（幼儿点击

鼠标打开幻灯片，不是艾玛）

（4）继续跟随教师练习随乐动作表演，继续游戏。

  教师：原来不是艾玛呀，不过没有关系，下次也许就能找到啦。小象们和艾玛一起玩游戏是一件很高兴的事情，你们可以高兴地来玩游戏吗？

  幼儿：能！

  教师：这次艾玛会邀请一位最高兴的"小象"（幼儿）来找它哦。（第2遍随乐练习）

  教师：（在律动全部结束以后点开下一张幻灯片）你们来找找看，艾玛躲在哪里呢？

  众幼儿：树的旁边。

  教师：哪棵树？这里有许多树。

  众幼儿：蓝色的那棵。

  教师：你们说得非常清楚了。刚才艾玛要请一位最高兴的"小象"来找它。我看这只"小象"刚才从头到尾都在微笑，笑容真灿烂，就请你吧。（该幼儿点开幻灯片，还不是艾玛）

3. 教师引导并鼓励幼儿创编不同方向的喷水动作

（1）创编不同方向的喷水动作。

  教师：原来还不是艾玛呀！不过没有关系，下次也许就能找到它啦。小象们和艾玛一起玩喷水游戏也是一件很高兴的事情，你们可以向不同的地方喷水吗？我们刚才都是向前面喷水的，还可以向……

  幼儿：向上喷。

  幼儿：向下喷。

  教师：好，我们一起来喷一次水。吸——喷——摆好不要动，我来看你们是怎么喷的。我看到你们有向上喷的，有向下喷的，有向两边喷的，（教师对着一名幼儿）你这是向哪里喷的呢？

  幼儿：向后喷。

  教师：非常好！这一次，你们都可以选自己喜欢的方向喷水，也可以每次都喷不一样的方向。（第3遍随乐练习）

> **注意**：教师在此处千万不要限定方向，而应该引导和鼓励幼儿自己选择适合他们自己的方向。

  教师：（在律动结束后点开下一张幻灯片）找找看，艾玛躲在哪里呢？

  众幼儿：在那棵紫色的树后面。

  教师：是不是呢？这次艾玛说要请一位换了好多方向喷水的"小象"（幼儿）来找它，就请你吧。（该幼儿点开幻灯片，真的是艾玛）

  众幼儿：是艾玛。

  教师：原来真的是艾玛呀，我们终于把艾玛找出来啦！

（2）将用手假装走路的动作换成用脚走。

教师：现在艾玛要躲到更远的地方去了，这次我们也要真的用小脚来走一走了。谁会用小脚在自己的椅子前面慢慢地走呢？谁来试试看？

教师请一位幼儿尝试模仿小象走路。

教师：他走得像不像小象呀？我们一起来学学他的走路姿势吧！你们要一步一步地跟着音乐慢慢走哟！（教师唱谱，幼儿练习）

注意：幼儿需要先将手的"假走"动作转换成脚的原地走动作，然后再换成自由散点走。这样循序渐进的设计，既有利于教师的指导，也有利于幼儿的稳健学习和自我管理。

教师：（出示最大的那张艾玛信箱卡片）这次艾玛真的要出来和你们玩喽！它会在你们蒙住眼睛的时候悄悄地藏在你们旁边，你们一定要在音乐结束以后再去找它哟！

教师：（在幼儿蒙住眼睛的律动过程中，教师将艾玛卡片贴在黑板或电视机比较显眼的部位。等律动结束后，请幼儿找艾玛）你们找找看，艾玛躲在哪里呢？

幼儿在原地张望……（第4遍随乐练习）

教师：（挥臂划过空间，也顺势划过卡片所在处）到底在哪儿呢？

众幼儿：在那里，在电视（黑板）上。

（3）幼儿在散点状态下自由行走，随乐游戏。

教师出示中等大小的艾玛卡片，带领幼儿随乐游戏。（第5遍随乐练习，这次教师可将卡片贴在自己的背上，若幼儿找不出，教师可以在幼儿面前慢慢旋转……）

注意：这次教师应该带头用"向幼儿身上喷水"的示范，为幼儿提供互动的榜样。

教师：艾玛，你可真调皮，什么时候藏到我背后了呢？看来，这次还是没有难倒你们。这次艾玛吃了一颗缩小丸，你们看！艾玛变得这么小，你们能不能找到它？

教师：（出示最小的艾玛卡片，带领幼儿随乐游戏）向朋友身上喷水是很好玩的，我是喜欢你才喷你的。你们觉得可以喷在哪里呢？

幼儿提出各种意见。

教师：注意不要将"鼻子"真的碰到你的小伙伴哟！（这次教师可以将艾玛卡片贴在一位幼儿的背上，第6遍随乐练习）

注意：这时幼儿已经基本上可以比较流畅、自由、完整地进行游戏了。

教师：今天艾玛和你们玩得真高兴。艾玛说你们真棒，下次还要跟你们一起玩，好不好？

众幼儿：好！

♪ 温馨提示

（1）该活动比较适合在小班下学期开展，如果要在中班上学期开展也可以。

（2）该活动可以转换为亲子活动，在家长开放日时与大家一起玩。在具体活动时，既可以将图片藏在幼儿身上让家长找，也可以藏在家长身上让幼儿找。在亲子活动中，家长和幼儿相互假装喷水玩，也会特别有趣。

（3）该活动还可以拓展为请幼儿随乐玩真实的"捉迷藏"游戏。即扮演艾玛的幼儿真实地藏起来，让同伴或家长来找。

友情提问

（1）你觉得在这个活动中，寻找艾玛的情境和游戏起到的作用是什么？

（2）除了音乐方面的学习以外，此活动对幼儿其他方面的发展有什么推进作用？

（3）为什么教师需要使用许多的口令？口令在幼儿律动学习的过程中起到了什么样的作用？

（4）为什么教师的口令不是"预备——齐"这种类型，而是"出去玩喽"这种类型？

案例2 狗熊吃面包   （南京 陈 雪等）

扫码看活动视频

使能目标阶梯

挑战4	指导幼儿在自由交换座位和散点站立的条件下，继续随乐玩游戏，巩固新的成功游戏的策略。	创造性应用	继续随乐游戏，自由交换座位之后，在教师的提醒下，迁移前面的游戏经验，在快速上位时，保持头脑冷静，快速观察、记忆自己周围邻近的同伴。
挑战3	指导幼儿玩"大熊来啦"的游戏，学习成功游戏的策略。	应用迁移	迁移"猜猜什么不见了"的游戏经验，在律动结束之后，猜测"哪只小面包被大熊拿走了"。在教师的引导下，了解并理解快速判断的策略：记住坐在自己左右的同伴和他们的名字。
挑战2	引导幼儿探索、创编不同的面包造型。	创造性拓展	在用创意动作表现面包制作过程的基础上，继续随乐做动作，增加探索：想要把面包做成什么样的自己熟悉的"动物"或"事物"造型。
挑战1	引导幼儿探索在身体不同部位制作面包的动作。	探究练习	在教师的引导下，尝试随乐探索：可以把身体的哪些部位当作面包制作加工的"对象"。
音乐	随乐完整示范，鼓励并带领幼儿尝试模仿。	感知模仿	继续倾听、观察、感知、理解，努力尝试记忆乐曲和游戏动作的顺序和细节。学习用语言帮助自己理解和记忆：揉面、刷黄油、撒果粒、进烤箱……慢慢变大。
动作	结合图片或视频，简述制作面包的流程：揉面、刷黄油、撒果粒、进烤箱等。然后出示玩具面包模型或真实面包，再展示把做好的面包藏起来的情境动作。	观察	重点观察、理解、记忆动作的意义和顺序：揉面、刷黄油、撒果粒、进烤箱。
故事	教师打扮成厨师模样，创设做面包的情境。	观察理解	情境理解，产生兴趣，明确任务：初步了解音乐及情境动作在形式结构和力度模式上一一匹配的关系。

🎵 游戏玩法

（1）A段音乐：幼儿坐在椅子上做制作面包的动作，即揉面、刷黄油、撒果粒、进烤箱。最后一拍双手抱住头趴在膝盖上藏好。

（2）B段音乐：大熊出来，在小面包群中行走并带走一到两个面包藏好。其他小面包等到音乐结束再抬起头，在猜出是谁被大熊带走后，大家一起解救它。

【动作建议】（参见乐谱）

狗熊吃面包

1 = C 2/4

汪爱丽曲

前奏
（ 1̇ 3 | 2 1 2 3 1 ）|

预令：准 备 揉 面 团

A段

1̇ 3 | 5 5 6 5 | 1̇ 3 | 2 1 2 3 | 2 | 1̇ 3 | 5 5 6 5 | 1 3 | 2 1 2 3 1 |

口令：　　　　　　　　　　　　　　　　　　　　　　　　　　准 备 刷 黄 油

动作：双手做揉面团的动作，一拍动一下，共两个八拍（可以在身体的任意一个部位揉面团）

5 5 6 5 3 | 5 5 6 5 | 3 5 6 5 3 | 2 1 2 3 2 | 5 5 6 5 3 | 5 5 6 5 | 3 5 6 5 3 | 2 1 2 3 1 |

　　　　　　　　　　　　　　　　　　　　　　　　　　　　　　　准 备 撒 果 粒

一只手在另一只手臂上做刷黄油动作，一拍一刷，第一个八拍刷左臂，第二个八拍交换刷右臂

1̇ 3 | 5 5 6 5 | 1̇ 3 | 2 1 2 3 | 2 | 1̇ 3 | 5 5 6 5 | 1̇ 3 | 2 1 2 3 1 |

　　　　　　　　　　　　　　　　　　　　　　　　　　　　准 备 进 烤 箱

双手做撒果粒的动作，一拍动一下，共两个八拍

5 5 6 5 3 | 5 5 6 5 | 3 5 6 5 3 | 2 1 2 3 2 | 5 5 6 5 3 |

5 5 6 5 | 3 5 6 5 3 | 2 1 2 3 1 | 1̇ 5 | 1̇ — ‖

　　　　　　　　　　　　　　　　　　　　大 熊 来 了 躲

双手手心相对，一拍动一下，小面团慢慢变大，变成大面包，共两个八拍，最后一拍停住不动（后期调整为摆一个小动物的造型），然后低头做躲猫猫游戏

B段

1 7 | 1 7 | 1 7 | 1 7 | 1 2 | 3 1 | 3 #2 | 3 — | 2 #2 | 3 — |

1 2 | 3 1 | 3 #2 | 3 — | 3 #2 | 3 — | 1 5 0 | 1 5 0 | 1 2 3 4 5 6 7 | 1̇ — ‖

小面包躲好不动，大熊带走一个面包藏起来（躲在窗帘后面等隐蔽的地方），直到音乐结束

活动目标

（1）感受乐曲轻松、愉快的风格；在A段音乐做面包，在B段音乐玩游戏。

（2）学习创编在身体不同部位做面包的动作和不同的面包造型；迁移已有的游戏经验，通过有意记忆，快速判断"哪只面包不见了"。

（3）享受成功猜测和获得新策略的快乐；享受把"面包同伴"从大熊家中成功"救"出的快乐。

活动准备

（1）物质准备：

　　① 实物或模型面包，面包制作流程的图片或视频。

　　② 黑板或相关设备。

　　③ 录音音乐。

（2）经验准备：玩过类似"猜猜什么（是谁）不见了"的游戏。

（3）空间准备：全体围坐成大的半圆。

活动过程

1. 进入情境，了解做面包的过程

（1）教师：我是一名会做面包的大厨师。瞧，我戴上了厨师帽，穿上了厨师的围裙，现在我准备要去做面包了。

> **注意**：对于小班幼儿来说，教师穿戴起来，就像是真的厨师一样，这样幼儿会比较容易进入角色和情境，有利于集中注意力。

（2）教师：面包怎么做呢？我们要先揉面团，揉揉揉；接着要刷黄油，刷刷刷；再撒一点好吃的果粒吧，撒撒撒；放进烤箱，变大变大变大！哇……香喷喷的面包出炉啦，真好吃呀！哎呀，香喷喷的面包把大狗熊都引来了，快带着面包藏起来！（教师每讲一步，就在黑板上出示一张相关的流程图片）

> **注意**：教师要在讲述之前出示图片，讲述时语速要慢，在讲述的同时要配合做相关的动作。因为小班幼儿比较缺乏相关经验，教师详细的讲述加上直观的图片操作，能更容易让他们理解。

2. 感知动作模式和音乐结构，创编揉面动作

（1）教师提供范例，幼儿模仿学习。

　　教师：我们一起跟着音乐来做面包吧！你们看看我是在身体的哪个地方揉面团的？

（第1遍带领幼儿随乐练习）

教师：面包做好了。我来闻一闻，真香呀！

注意：教师要一个一个地闻幼儿手上假想的面包，因为对于小班幼儿来说，这种互动很重要。

教师：你们谁还记得，刚刚我是在身体的哪个地方揉面团的呢？

幼儿：腿上。

教师：对，我是在大腿上揉面团的。

（2）幼儿提供"替换"意见，继续练习，不断熟悉音乐和动作。

教师：我们再来做一个新面包吧！这次你们想在身体的哪个地方揉面团呢？

幼儿：肚子上。

教师：好的，我们就一起在肚子上揉面团吧！（第2遍带领幼儿随乐练习）

教师：面包做好啦，闻一闻，香不香？

注意：教师还是要一个一个地闻幼儿手上假想的面包，同时可以引导幼儿闻闻自己手上的假想面包。

（3）继续创编，继续练习。

教师：你们还想在身体的哪些地方揉面团呢？

幼儿：脚、头、脸……（根据幼儿意见替换，再随乐练习2—3遍，第3—5遍带领幼儿随乐自由练习）

3. 加入游戏

（1）如果大熊来了，小面包们（幼儿）要藏好。

教师：哎呀，好香的面包，可能会把大熊引来哦。大熊要是来了，小面包们要怎么办？

幼儿：躲起来。

教师：对，小面包们赶快都藏起来。小面包们，赶快抱住小脑袋，千万不要抬头哦！不然就要被大熊带走了。

（幼儿在教师的指导下练习"双手抱臂，脸靠近膝盖"的动作，表示藏起来）

（2）大熊真的来了。

（配班教师随乐扮演大熊出来巡视一番）

教师：大熊真的来了哦！小面包们是不是都藏好了？（教师注意指导幼儿保持正确的姿势）

注意：这是大熊第一次出来，但不能带走幼儿（小面包）。这次的重点在于帮助幼儿迁移与巩固"躲猫猫"游戏的经验。主班教师的工作重点是：在此过程中制止、教导"偷看"的幼儿，安抚、鼓励"害怕"的幼儿，以保证所有幼儿的躲藏姿势正确。

4. 完整游戏，创编不同的面包造型

（1）教师提供范例。

　　教师：大熊走了，但它一个面包也没有拿走，好像是觉得我们做的面包不太可爱。这次，我们来做可爱的动物面包怎么样？看，我做的这是什么动物面包呢？（教师做一个模仿小兔子的动作）

　　幼儿：小兔子面包。

（2）教师引导幼儿替换。

　　教师：除了小兔子面包，你们还想做什么样子的面包呢？

　　幼儿：小猫、小狗、小猪……

　　教师根据幼儿的意见，带领幼儿随乐做动物面包2次。（第6—7遍带领幼儿随乐练习）

> **注意**：教师在第6—7遍带领幼儿随乐练习时，应该根据实际情况逐步"退出"——减少动作和语言提示的成分。所以在以后的提示中将没有"带领幼儿"几个字了。

（3）大熊又来拿面包了。

　　（教师和幼儿完整玩2遍游戏。狗熊每次拿走一个面包，幼儿便进入"是谁不见了"的判断游戏）

　　教师：这次你们又准备做什么面包呢？

　　幼儿提供建议。（第8—9遍随乐练习）

　　教师：（配班教师扮演的大熊带走一名幼儿）你们看看，是哪个面包不见了呢？

　　幼儿：×××（幼儿姓名）。

　　教师：你是怎么知道的呢？

　　幼儿提供理由。

　　教师：我们喊他一下吧！如果他答应我们，他就被我们救回来啦！

　　全体：×××（幼儿姓名）。

　　被带走的幼儿：唉！（从隐藏处出来）

　　众幼儿在教师的带领下欢迎×××幼儿。

5. 交换座位，挑战迁移判断策略的能力

再玩2次游戏。（第10—11遍随乐练习）

（1）每次开始做面包之前换座位。

> **注意**：幼儿有较多时间观察、记忆邻近的同伴是谁，比较容易。

（2）每次面包做好之后换座位。

> **注意**：幼儿只有较少时间观察、记忆邻近的同伴是谁，比较困难。

再玩1次游戏。

（3）一开始幼儿就选择自由空间站立做面包，原地蹲下躲藏。

> **注意1**：幼儿虽然有较多时间观察、记忆邻近的同伴是谁，但因为空间条件复杂，还是不太容易做到。
> **注意2**："你是怎么知道的？"这是教师在引导幼儿反思并用语言表述自己所使用的策略。教师应该鼓励幼儿提供更多不同的理由。幼儿的回答越多元、内容越丰富，幼儿之间相互学习的可能性就越大。
> **注意3**：幼儿一开始也可能判断正确，但说不出理由，教师可以引导：是不是因为他坐在你旁边，你记住他了，他不见了，你就发现了呢？

温馨提示

（1）最好在小班上学期的期末或下学期进行本活动。

（2）扮演大熊的配班教师语调要尽可能温柔，避免幼儿害怕。

（3）幼儿对游戏熟悉后，可在平时重复游戏，也可改变玩法。例如：让被带走的幼儿呼唤同伴去救他，而同伴则根据音色判断他是谁；或者增加被带走的幼儿人数，看谁能更快说出更多"失踪"幼儿的姓名。

友情提问

（1）有时候，有些小班幼儿可能会对此游戏情境产生恐惧，那么教师可以对相关情境和活动进行哪些调整呢？

（2）如果将带走某幼儿改成用大的头巾将其盖起来，会怎样呢？

（3）如果事先征求幼儿意见"谁愿意假装跟大熊回家去"，会怎样呢？

（4）如果将情境改成大熊和面包玩躲猫猫游戏，会怎样呢？

二、中班律动教学案例

案例1 章鱼和小鱼 （南京 郑姗姗）

使能目标阶梯

挑战4	引导与组织幼儿交换玩伴。	创造性应用	连续游戏，在游泳动作处自由交换玩伴。
挑战3	引导幼儿替换吹泡泡和游泳的动作。	应用	在教师的引导和组织下，替换吹泡泡和游泳的动作。
挑战2	组织幼儿两两结伴完整地进行随乐游戏。	应用	两两结伴完整地进行随乐游戏。
挑战1	从教师示范过渡到师幼示范随乐游戏玩法。	观察	多次观察示范，了解、理解游戏规则。
音乐	带领幼儿随乐完整练习。	模仿	感知、理解、记忆音乐和动作，感知故事、动作和音乐三者之间的对应关系。
动作	引导幼儿创编吹泡泡、游泳两个动作的基本模式。	创编	在教师的启发下，创编吹泡泡和游泳的基本动作。
故事	简述章鱼先生和小鱼多丽"吹泡泡—游泳—玩'顶锅盖'游戏"的温馨故事。	理解	情境理解，产生兴趣，明确任务。

第四章 律动教学 | 143

🎵 游戏玩法

这是一个传统的经典民间游戏，许多地区称之为"顶锅盖"（上面的手掌类似"锅盖"，下面的食指类似"筷子"）。一人双手掌心向下，一人双手食指向上顶住他人的掌心，随着向上、向下、转圈、原地等指令一起运动。在儿歌结束时的最后一个"跑"字上发起"追逃"活动。

在这个活动中，可将"顶锅盖"游戏迁移改编成章鱼和小鱼玩追逃的游戏。

【动作建议】（参见乐谱）

紫色激情

1 = F 4/4

[保加利亚]戴安娜·柏启华 曲

A1段

动作说明：章鱼和小鱼一起一个一个地吹泡泡。

A2段

动作说明：章鱼和小鱼一起上上下下地游泳。

B1段

动作说明：章鱼和小鱼一起说"顶锅盖"游戏的准备部分。

$\underline{\dot{3}1\dot{3}1}$	$\underline{\dot{3}1\dot{1}2}$	$\underline{\dot{1}76}$	7	$\underline{72\dot{7}2}$	$\underline{72\dot{7}2}$	$\underline{\dot{1}1\dot{2}}$	$\underline{\dot{3}1\dot{2}}$
小	鱼	小	鱼	上	面	游，	

向上运动

$\underline{\dot{3}.\ \dot{4}}$	$\underline{\dot{5}5\dot{6}}$	$\underline{5\dot{4}\dot{3}}$	$\dot{4}$	$\underline{{}^\#\dot{2}\,{}^\#\dot{4}\dot{1}\dot{2}}$	$\underline{4\dot{1}\dot{3}\dot{2}}$	$\underline{\dot{1}76}$	7
小	鱼	小	鱼	下	面	游。	

向下运动

$\underline{\dot{3}1\dot{3}1}$	$\underline{\dot{3}1\dot{1}2}$	$\underline{\dot{1}76}$	7	$\underline{72\dot{7}2}$	$\underline{72\dot{7}2}$	$\underline{\dot{1}1\dot{2}}$	$\underline{\dot{3}1\dot{2}}$
小	鱼	小	鱼	转	圈	游，	

转圈运动

$\underline{\dot{3}.\ \dot{4}}$	$\underline{5\dot{6}5}$	$\underline{5.\dot{4}3}$	2	$\underline{\dot{3}1\dot{4}2}$	$\underline{\dot{1}3\dot{5}7}$	$\underline{\dot{1}76}$	7
小	鱼	小	鱼	游	游	游。	

原地运动

B2段

动作说明：章鱼和小鱼一起继续说"顶锅盖"游戏的准备部分。

$\underline{\dot{3}1\dot{3}1}$	$\underline{\dot{3}1\dot{1}2}$	$\underline{\dot{1}76}$	7	$\underline{72\dot{7}2}$	$\underline{72\dot{7}2}$	$\underline{\dot{1}1\dot{2}}$	$\underline{\dot{3}1\dot{2}}$
小	鱼	小	鱼	上	面	游，	

向上运动

$\underline{\dot{3}.\ \dot{4}}$	$\underline{\dot{5}5\dot{6}}$	$\underline{5\dot{4}\dot{3}}$	$\dot{4}$	$\underline{{}^\#\dot{2}\,{}^\#\dot{4}\dot{1}\dot{2}}$	$\underline{4\dot{1}\dot{3}\dot{2}}$	$\underline{\dot{1}76}$	7
小	鱼	小	鱼	下	面	游。	

向下运动

$\underline{\dot{3}1\dot{3}1}$	$\underline{\dot{3}1\dot{1}2}$	$\underline{\dot{1}76}$	7	$\underline{72\dot{7}2}$	$\underline{72\dot{7}2}$	$\underline{\dot{1}1\dot{2}}$	$\underline{\dot{3}1\dot{2}}$
小	鱼	小	鱼	转	圈	游，	

转圈运动

$\underline{\dot{3}.\ \dot{4}}$	$\underline{5\dot{6}5}$	$\underline{5.\dot{4}3}$	2	$\underline{\dot{3}1\dot{4}2}$	$\underline{\dot{1}3\dot{5}7}$	$\underline{\dot{1}2\dot{1}}$	6
小	鱼	小	鱼	快	快	跑[①]！	
						追逃	

原地运动……

6	—	—	—	$\dot{1}$	—	—	—
				耶！			
				静止造型			

[①] 当念到"跑"字时发起"追逃"活动，然后立即做静止造型，直到音乐完全结束。

活动目标

（1）初步熟悉音乐，了解音乐结构，按照节奏和AB结构随乐做动作和玩游戏。

（2）有意识地利用原有经验，创编更多不同的游泳和吹泡泡的动作。

（3）玩"顶锅盖"游戏时，努力克制一味追求"追逃成功"的冲动，坚持在"跑"字上发动"追逃"行为；学习在自由换玩伴时利用小策略，力争做到"迅速安静"地结交新玩伴；在教师的引导与鼓励下，乐于接受所有的"潜在玩伴"。

活动准备

（1）物质准备：

① 有相关情节的幻灯片。（最好是原动画片中的截图）

② 用各种工具吹泡泡的图片或视频。（可以将图片集中在一张幻灯片上，也可以是一系列不同的吹泡泡短视频）

③ 海洋动物的图片。（有相关的视频更好）

④ 录音音乐。

（2）经验准备：

① 最好玩过"顶锅盖"的游戏。（没有玩过也不是很要紧）

② 拥有自由结伴、换伴的经验。

③ 拥有玩真实的吹泡泡游戏的经验。

④ 拥有一定的海洋生物相关知识。

（3）空间准备：

① 最好让男女幼儿间隔着坐。

② 全体幼儿围坐成大的半圆。

活动过程

1. 了解故事，创编动作

（1）了解故事的情境与结构。

教师：（伴随音乐讲述故事）章鱼哥哥和小鱼妹妹终于幸福地生活在一起了。它们每天在一起吹泡泡（幻灯片），还一会儿上一会儿下地游泳（幻灯片），休息的时候还一起玩"顶锅盖"的游戏。像这样（教师做动作）：章鱼在上面（左手张开，手心向下，五指自由运动），小鱼在下面（右手食指顶住左手手心）。小鱼小鱼上面游（双手一起向上移动），小鱼小鱼下面游（双手一起向下移动），小鱼小鱼转圈游（双手一起画一个大圈），小鱼小鱼游游游（双手一起停在胸前，注意左手五个指头要一直不停地像章鱼的触手一样自由运动）。再玩一次，小鱼小鱼上面游，小鱼小鱼下面游，小鱼小鱼转圈游，小鱼小鱼快快跑！（在念到"跑"字时，左手的手指快速合拢并抓住右手的食指）哎呀抓住了！哈哈哈！

（2）创编基础动作。

　　教师：下面我们一起来表演这个故事。大家说，两个好朋友是怎样吹泡泡的呢？

　　众幼儿各自作出自己的动作，教师选择一个最容易模仿的动作。

　　教师：那它们又是怎样游泳的呢？

　　众幼儿各自作出自己的动作，教师选择一个最容易模仿的动作。

注意： 教师需要先照顾中等及其以下水平的幼儿，选择最易于大家共同模仿的动作，个性化的创编和即兴表演是需要安排在后面"更高级的挑战"流程中的。

2. 感知故事、动作、音乐之间的关系

（1）教师带领幼儿做动作。（一般应重复练习3—4遍）

（2）教师逐渐退出。（一共练习5—6遍）

注意： 教师需要密切观察幼儿的掌握情况，大约在第3遍练习的时候，可根据情况逐步改成用语言提醒动作改变和动作节奏，如吹、收、上、下等。后面的动作和节奏用儿歌来提醒。鼓励幼儿跟念，但不鼓励其大声念。教师退出后，还需用暗示的策略支持幼儿再练习2遍左右。

3. 了解（迁移）游戏规则

注意： 这是"难点专攻"的设计，仅仅只做B段音乐的游戏动作。

（1）观察教师示范。两位教师示范B段音乐的游戏：一人当章鱼，一人当小鱼，都使用两只手，先一起运动，最后章鱼捉、小鱼逃。

（2）观察教师和一位幼儿同伴示范。（可根据情况重复）

注意： 需要示范"角色协商"的部分。

（3）观察两位幼儿同伴示范。（可根据情况重复）

注意： 教师重点指导幼儿，一定要在"跑"字上发动"追逃"。需要邀请全体幼儿监督规则执行的水平。

4. 尝试结伴完整地进行游戏

过程略。

5. 做基础动作玩游戏

教师组织幼儿两两结伴，完整地随乐进行游戏。（完整随乐游戏2遍）

（1）澄清、丰富相关经验。

　　教师提供各种吹泡泡和海洋动物的图片或视频，引导幼儿提供吹泡泡和不同海洋动物

游泳的动作。

> **注意**：幼儿的相关经验不是非常清晰熟练，且提取不易，所以教师最好要给他们的想象创造提供一些实际的支持。

（2）替换动作玩游戏。

教师将幼儿提供的新的吹泡泡和游泳动作替换掉刚开始时选择的基础动作。每次完整游戏前，吹泡泡和游泳各替换成一种统一的新动作。（完整随乐游戏第4—6遍）

> **注意**：这是帮助中等及其以下发展水平的幼儿积累动作语汇和提高动作自信的一种必要策略。

6. 面对更高级的挑战

（1）从集体替换到各自即兴。继续游戏，教师此时可以鼓励幼儿各自选择自己喜欢的动作来吹泡泡和游泳。

（2）开始引导幼儿进行高级交流。教师此时也可以通过榜样引导，鼓励幼儿注意表现两人之间的情感交流和动作配合。

（3）从固定同伴到自由结伴。连续游戏，音乐不断，在A2段音乐中，边游泳边寻找到新的玩伴。

> **注意**：教师可告知一些小策略，例如：尽早用眼神"预定"新朋友；早一点游到新朋友面前确定结伴关系；没有同伴时，可以高举手臂示意，方便别人了解到哪里还有"结伴机会"。

♪ 温馨提示

（1）这个游戏改编自传统游戏"顶锅盖"。它是中国的传承游戏，在家庭中往往以亲子游戏的形式出现：成人大手手心向下，儿童小手（也可能是多名儿童）用食指顶住成人的手心，当儿歌结束的瞬间，大手追抓小手，小手迅速逃脱。该游戏能增进亲情且很有乐趣。在儿童游戏场合，儿童之间也会玩此游戏，以锻炼反应的速度，体验胜利的成就感。流传比较广泛的儿歌有："顶锅盖，油炒菜，辣椒多了不要怪！"同更小年龄的儿童玩时，也许会念："点虫虫，虫虫飞！"

（2）上述活动过程6对幼儿能力基础的要求比较高，一般会在另外的集体教学中再进行。若将本次活动移到基础更好的大班阶段甚至大班下学期进行，则无障碍。

案例2　调皮的小鞋子　（南京　黄　悦）

扫码看活动视频

使能目标阶梯

挑战4	组织全体幼儿尝试并加入"爷爷出来检查"的情节。	创造性应用	在教师的组织与指导下，全体尝试完整随乐游戏并与"爷爷"暖心俏皮互动，即造型配合表情。
挑战3	邀请两位幼儿尝试示范前述的配合表演模式。	应用	继续了解、记忆两人结伴配合表演的模式；少数人开始尝试表现这个模式。
挑战2	带领一位幼儿示范两只小鞋向后跑出鞋柜的配合表演模式。	观察	观察、理解两人结伴配合表演的模式：后跑出来者"镜面"对称模仿先跑出来者。
挑战1	引导幼儿创编各种奇异的小鞋子造型。	创造	在教师的引导下，创编各种奇异的小鞋在"自我展示"时的造型，并学习立即模仿同伴的造型。
音乐	带领幼儿随乐练习全套律动的基础动作。	模仿	感知故事、动作、音乐三者之间关系，记忆动作，熟悉音乐的节奏、结构和力量特质的变化。
动作	引导幼儿讨论全套律动的基础动作。	创造	在教师的引导下，讨论创编"跑出—造型""拍手—打招呼""跑回—坐好"等基础律动动作。
故事	配合音乐的结构，简述"小鞋子偷偷开舞会"的情节。	理解	情境理解，产生兴趣，明确任务。

第四章　律动教学　149

🎵 游戏玩法

在最后几次活动中，配班教师可在音乐结束后装扮成鞋匠爷爷"出来检查"，以增加游戏的紧张气氛。

【动作建议】（参见乐谱）

闲聊波尔卡
（调皮的小鞋子）

1 = A　2/4

[奥地利] 约翰·施特劳斯曲

前奏　　　　　　　A段

动作说明：前4小节，第一只小鞋出，后4小节造型；下一个8小节，第二只小鞋出，造型。

```
        [1]              [3]              [5]
0 | 00 | 005 ‖: 5 0 0 5 | 5 0 0 #4 | ♭4 3 2 1 | 7 0 0 6 | 2 0 0 6 | 2 0 0 6 |

[7]          [9]              [11]             [13]
2 3 4 2 | 3 0 5 | 5 0 0 5 | 5 0 0 #4 | ♭4 3 2 1 | 7 0 0 7 | 3 0 0 7 |
```

转 1 = E（前 2 = 后 5）

B段

动作说明：走走走走，拍拍手；打个招呼，打个招呼。（按照节奏做相应动作，重复1次）

```
             [15]            [1]          [3]              [5]
3 0 0 6 7 | #1 3 5 #1 | 2 . 5 | 7 7 ‖ 7 ⌢6 5 | i 0 i 0 | 1 - | 7 0 7 0 | 7 - |
                                        D.S. Fine

[7]          [9]         [11]          [13]           [15]
6 0 6 0 | 5 . 5 | 7 7 | 7 ⌢6 5 | i 0 i 0 | i - | 1 2 ♭3 0 | ♭3 2 1 0 | 5 5 5 5 |
```

　　　　　　　　　p
　　　　　　[17]　　C段　渐强　　　　[19]　　　　　　　　[21]　　　　　　　[23]

动作说明：前4小节，做倾听状；从第5小节开始到结束，跑回"鞋柜"坐坐好。

```
5 5 5 5 | 5 5 5 5 | 5 5 5 5 | 7 7 7 7 | i i i i | i i 6 #4 | ♭3 i 6 #4 | 5 #5 6 7 |
```

尾声　　　　　　　　　　　　　　　　　　　　　　　　　　转 1 = A（前 i = 后 5）

```
       [1]           [3]            [5]           [7]              [9]
i . 0 | 1 1 ♭2 | 1 1 ♭2 | 1 1 ♭3 | 1 1 ♭3 | 3 4 | #4 5 | #5 6 | ♭7 7 i | 5 0 0 5 :‖
```

教师预令：爷爷　没醒，再来　一次！

活动目标

（1）初步熟悉音乐，感知音乐的节奏、结构和情绪的力量模式特质；按音乐的节奏、结构和情绪模式进行律动和游戏。

（2）创编鞋子造型动作并做"镜面领袖模仿"游戏。

（3）理解"悄悄溜出来跳舞"是因为不想打扰爷爷休息，也不想让爷爷担心；当爷爷"出来检查"时，能认真地作出"我是好乖乖，一直坐在鞋柜里，啥事也没干"的俏皮表情。

活动准备

（1）物质准备：
　　① 汇集各种奇异鞋子造型的大图片。（也可以是幻灯片）
　　② 一张小鞋子开舞会的场景图画，最好有一点浪漫情调。

（2）经验准备：
　　① 最好阅读过绘本《米格爷爷的鞋匠铺》。
　　② 最好有一些"镜面领袖模仿"游戏或对称的感性经验。

（3）空间准备：幼儿围坐成大半圆。

活动过程

1. 了解故事情境，初步感知音乐

（1）教师用与音乐完全匹配的速度、力度及结构讲述故事，帮助幼儿理解动作线索和游戏情境。

（2）教师：（出示图片）这是米格爷爷的鞋匠铺，这是爷爷制作的各种奇异的鞋子。请你们仔细听听，米格爷爷的鞋匠铺里藏着什么秘密？（放完整背景音乐）

（3）教师：在城市的巷子里有一家"米格爷爷的鞋匠铺"，里面住着修鞋子的米格老爷爷和他漂亮的小鞋子们。米格爷爷的手艺很好，人也很善良，所以大家都喜欢上他这里来做鞋。这里有穿在高贵小姐脚上的黑美人；有穿在活泼小男孩脚上的小叮当；还有许多许多你想象不到的特别的鞋子。鞋匠铺里有个秘密：那就是每天到午夜12点，当米格爷爷睡着的时候，小鞋子们都会活起来。调皮可爱的小鞋子们不仅会摆出各种有趣的造型，还会一起跳舞呢！这天，鞋柜里的小鞋子们正在商量一起跳支有趣的舞蹈，给辛勤工作的米格老爷爷一个惊喜呢！

2. 创编基础动作，进一步了解故事情境的结构

（1）创编A段音乐中的小鞋子从鞋柜跑出然后做造型的基本模型。
　　教师：鞋匠铺里有个什么秘密？

幼儿：小鞋子会从鞋柜里跑出来做漂亮的造型。

幼儿：每到午夜12点，米格爷爷睡着的时候，小鞋子们都会从鞋柜里跑出来做漂亮的造型。

教师：请你们仔细想一想，两只小鞋子是一起出来的吗？

幼儿：不是一起出来的。

教师：你们看清楚它们是怎样出来的吗？

幼儿：一只小鞋子先跑出来，另一只小鞋子后跑出来。

教师：小鞋子跑出来做一个漂亮的造型，是什么样子的呢？

幼儿：做小花盛开状。

教师：漂亮，小花鞋子。我们跑出来变小花鞋子，跑回家还变小花鞋子吧！我们一起来试一试。（教师唱A段和C段音乐，幼儿集体坐在各自的椅子上练习1遍动作，站起来在椅子前原地跳1遍）

（2）创编B段音乐中的跳舞动作的基本模型。

教师：小鞋子出来以后做了什么事情呢？

幼儿：小鞋子会跳舞。

教师：接下来，请你们一边听老师唱歌，一边想一想：小鞋子是怎样跳舞的？

幼儿说出各自的看法，一边做动作一边描述："走一走，拍拍手，打个招呼。"

教师：我们一起来试一试。（教师唱B段音乐，练习B段音乐的集体伴随动作——"走一走，拍拍手，打个招呼。"坐在椅子上做1遍，站起来在椅子前原地跳1遍）

教师：这次请你们和我一起用小手来试一试。（随完整乐曲在座位上用上肢做1遍）

注意： 有动作可用便需接纳，此时只是创编基础动作，后续会逐步丰富和深入。

3. 随乐进行整套基础律动的模仿练习

教师用基础动作模型，带领幼儿练习3—4遍。（第4遍随乐练习）

注意： 教师双手的五指快速运动，表示跑；每次可以从身体的不同部位（如头顶、耳朵、脸颊、嘴唇等）出发，以此表示从鞋柜的不同隔层跑出来，最后都统一停在大腿上，然后再做小花造型。

4. 不断替换新的小鞋子造型动作，并继续反复熟悉音乐和动作模型

教师不断用幼儿建议的新造型替换掉原先的鞋子造型，继续带领幼儿完整地进行随乐练习3—4遍。

注意： 在音乐的时值内且按照音乐节奏进行即兴创编，对幼儿来说是一种挑战。"我数一、二、三，大家把你想到的动作准备好"是活动中常用的组织方法，目的在于给予幼儿充分的准备时间，同时又让幼儿明白要在一定的时间内完成动作的创编。教师可引导幼儿在短时间内作出不同的造型，并让幼儿用语言描述自己的动作，升级已有的造型经验。

5. 学习两人配合的表演游戏

（1）教师与一名幼儿分角色示范游戏玩法。

  教师：我想做一只和你一样的鞋子，一会儿跳舞的时候，我们俩就是一双鞋子，我可以怎么做呢？

  幼儿：要和我的动作一样，但是动作的方向不一样，比如我动左手你就动右手。

  教师：我们刚才听音乐的时候，两只小鞋子是一前一后出来的，我想请我的伙伴做先出来的那只小鞋子，我来和他一起表演。请你们看一看我们是怎样做的。

（2）两名幼儿分角色再次示范游戏玩法。

  教师：这次请我刚才的合作伙伴从你们中间找一位同伴来一起表演，我们看一看他们能不能完成所有的动作。（请两位幼儿合作示范，尝试共同游戏，第1—2遍观察示范）

  教师：刚才这两位小老师做得好不好？

  众幼儿：好！

> **提示**：此为"镜面领袖模仿游戏"的造型。

（3）全体幼儿两两结伴尝试。

  ① 男孩子先做造型，女孩子后做造型。

  教师：接下来，请所有的男孩子当第一只小鞋子，把你们的椅子搬到舞台上排成一排，变成我们的小鞋柜。女孩子当第二只小鞋子，站在男孩子的小鞋柜后面做准备。

> **注意**：如果在第一次幼儿两两合作的过程中有问题，教师需要帮助全体幼儿澄清，如"需要在音乐的时值内做相应的动作""两只小鞋子的造型动作需对称""听到'回家'的音乐时要退回鞋柜并保持不动"等。

  ② 女孩子先做造型，男孩子后做造型。（重复游戏同①，第1、2遍升级为完整随乐合作游戏）

> **注意**：重点解决有些扮演第二只鞋子的幼儿会"抢跑"的问题和第二只鞋子不能作出"对称"动作的问题。

6. 完整游戏，体验与米格爷爷温馨互动的乐趣

继续游戏，可以鼓励更换同伴，重点启发幼儿回到鞋柜后坐好，并同时作出"正经八百"的"我没有出去过，我啥也没干过"的表情，以便让爷爷放心。

教师：（装扮成米格爷爷）刚才我好像听到了什么声音，有发生不安全的事情吗？

众幼儿：没有！

教师：你们有从鞋柜里出去吗？

众幼儿：没有！

教师：（做犯困状）你们真是可爱的好孩子！

众幼儿：做忍住偷笑状。

教师：我要去休息了，再见。（游戏可以重复2次，第3、4遍升级游戏）

🎵 温馨提示

（1）这个活动最好安排在中班下学期或大班上学期进行，活动的场地最好大一些，以便幼儿有充分的活动空间。最好组织班级的一半幼儿参与活动。

（2）如果幼儿在"对称"方面的认识和反应能力不足，大致原样模仿或近似模仿也可以接纳。

（3）在创编鞋子造型时，幼儿可能会有两种情况。

　　① 幼儿完全不知道怎么做。这时教师可以用生活中的事物做一两个范例，启发幼儿，如大鲸鱼鞋子、黑老猫鞋子、小蚂蚁鞋子等。

　　② 幼儿有比较丰富的相关经验。这时教师可以说："大家先想好想要做的造型，我数一、二、三，大家一起做造型。"随后，教师再引导幼儿分享比较新颖的造型思路，如交通工具、乐器、武器、动画片中的人物、食物、植物等。

（4）教师的预令带有动词和进行适当的语气处理很重要，具体要注意以下几点。

　　① 开始学习时，需要用冷静、平淡的语气。

　　② 待幼儿已经比较熟练后，再逐渐加入情感的要求。

　　③ 切不可刚开始学习时就刺激幼儿，避免幼儿在最需要冷静的时候情绪失控。

（5）教学变式：该游戏的元素动作是各种各样的小鞋子造型，然而在游戏的过程中，小鞋子造型动作不停地被新的动作所替换，这就需要教师关注以下几点。

　　① 教师提示幼儿将原有动作产生的"动力定型"（下意识习惯）进行有效的阻断，提醒幼儿记住自己新创编的动作，并适时地作出表达。

　　② 教师一方面要提示幼儿避免别人的动作干扰；另一方面又可以鼓励幼儿在别人创造动作的基础上，微调变化出自己的动作。

　　③ 在活动过程中，教师还可以通过加入不同的想象新思路，提高幼儿参与游戏的趣味性。

（6）家园共育：建议家长与幼儿在家中利用各种材料进行手工游戏，通过添画的方式制作各种各样的小鞋子模型。

（7）活动延伸：在户外运动时，教师鼓励幼儿之间进行组合，模仿绘本中的小鞋子并与自己同一组的同伴相互配合，引导幼儿发现两只鞋子做的是对称的动作，并将对称的身体造型经验进行拓展，创编出更多合作造型的动作。

（8）更多拓展：教师还可以将最后的成果加入到完整的戏剧故事表演中，使之成为中间的一幕。

三、大班律动教学案例

案例1 小猴坐沙发 ｜（南京 杨 静）

使能目标阶梯

挑战4	组织、引导幼儿在自由空间中随乐结伴游戏。	创造性应用	在教师的组织与引导下，尝试将用整个身体创编的变沙发和坐沙发的配合动作加入整体模型，随乐游戏。
挑战3	引导幼儿用整个身体创编，以及尝试练习变沙发和坐沙发的配合动作。	探究创造	在教师的组织与引导下，尝试用整个身体创编变沙发和坐沙发的配合动作。
挑战2	引导幼儿尝试用手变沙发的2人合作方式，继续随乐游戏。	迁移	在教师的组织与引导下，保持坐姿，两两结伴合作进行变沙发的游戏。
挑战1	引导幼儿创编不同的用于替换的挠痒痒部位，继续随乐练习。	迁移	用替换微调的方法反复感知音乐，熟悉律动的整体模式。
音乐	带领幼儿随乐练习。	模仿	理解故事、音乐与动作之间的关系。
动作	按照主要情节引导幼儿创编基础律动模式。	创编	创编动作，进一步熟悉游戏的动作语汇及顺序。
故事	随乐简述"小猴坐沙发"游戏的主要情节：起床—出门找朋友—相互挠痒痒—相互变沙发给对方坐——起摇摆。	理解	情境理解，产生兴趣，明确任务。

🎵 **游戏玩法**

（1）故事梗概：

猴哥猴妹出门找朋友，找到朋友相互挠痒痒玩。猴哥先变沙发给猴妹坐，然后再相互交换。

（2）挠痒痒的游戏进程。

① 先挠自己的脸。

② 再按"脸—手—腋下—肚子"的顺序挠自己。

③ 接下来按音乐结构自由地更换挠的身体部位。

④ 最后再自由地与朋友相互挠。

> **注意**：教师按照顺序给幼儿提建议，既可避免有些幼儿因不知道可以怎样挠、挠哪里而无法顺利进行游戏，又可以避免幼儿在游戏尚未深入到高级阶段，便因为过度兴奋而无法继续深入下去的情况。

（3）变沙发的游戏进程。

① 教师示范最初学习的模式"坐姿，自己玩"：先将自己的左手当作沙发，右手叠加上去表示坐沙发，双手一起摇表示高级按摩椅，按了按钮会自动摇摆。

② 结伴游戏时，分为三个阶段。

  a."坐姿，与同伴玩"：一人出两只手，其他同上。

  b."站姿，与同伴玩"：一人出两只手，其他同上。

  c."站姿，与同伴玩"：一人先用双手变沙发给同伴坐，两人一起摇。

> **注意**：坐沙发时一定要小心，不能真的坐上去。

③ "站姿，与同伴玩"：一人再设法用身体的其他部位变沙发给同伴坐，两人一起摇。

【**动作建议**】（参见乐谱）

甩葱歌

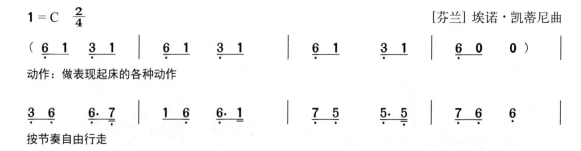

156 | 奥尔夫音乐教学法

| 3̲ 6̣ 6̣·̲ 7̣ | 1 6̣ 6̣· 1 | 3̲ 3̲ 2 1̲ 7̣ | 1 6̣ 6̣ |

东张西望

| 3̲ 3̲ 2 1 | 7̣ 5̣ 5̣ 5̣̲ 7̣ | 2̲ 2̲ 1̲ 7̣ | 1 6̣ 6̣ |

按节奏自由行走　　　　　　　　　　两人结伴面对面

| 3̲ 3̲ 2 1 | 7̣ 5̣ 5̣ 5̣̲ 7̣ | 2̲ 2̲ 1̲ 7̣ | 1 6̣ 6̣ |

东张西望　　　　　　　　　　　　　用手对指认定朋友

| 3̲ 6̣ 6̣·̲ 7̣ | 1 6̣ 6̣· 1 | 7̣ 5̣ 5̣· 5̣ | 7̣ 6̣ 6̣ |

挠对方的痒痒　　　　　　　　　　　做自我护痒状

| 3̲ 6̣ 6̣·̲ 7̣ | 1 6̣ 6̣· 1 | 3̲ 3̲ 2 1̲ 7̣ | 1 6̣ 6̣ |

挠对方的痒痒　　　　　　　　　　　做自我护痒状

| 3̲ 3̲ 2 1 | 7̣ 5̣ 5̣ 5̣̲ 7̣ | 2̲ 2̲ 1̲ 7̣ | 1 6̣ 6̣ |

挠对方的痒痒　　　　　　　　　　　做自我护痒状

| 3̲ 3̲ 2 1 | 7̣ 5̣ 5̣ 5̣̲ 7̣ | 2̲ 2̲ 1̲ 7̣ | 1 6̣ 6̣ |

挠对方的痒痒　　　　　　　　　　　做自我护痒状

口令：变!

‖: 3̲ 6̣ 6̣·̲ 7̣ | 1 6̣ 6̣· 1 | 7̣ 5̣ 5̣· 5̣ | 7̣ 6̣ 6̣ |

A变沙发

口令：坐!

| 3̲ 6̣ 6̣·̲ 7̣ | 1 6̣ 6̣· 1 | 3̲ 3̲ 2 1̲ 7̣ | 1 6̣ 6̣ |

B轻轻坐在A变的沙发上

口令：摇!

| 3̲ 3̲ 2 1 | 7̣ 5̣ 5̣ 5̣̲ 7̣ | 2̲ 2̲ 1̲ 7̣ | 1 6̣ 6̣ |

A和B同时来回摇晃身体

| 3̲ 3̲ 2 1 | 7̣ 5̣ 5̣ 5̣̲ 7̣ | 2̲ 2̲ 1̲ 7̣ | 1 6̣ 6̣ :‖

A和B同时继续来回摇晃身体

1.
口令：换!

2.
6 X

（音乐重复，A和B的动作互相交换）　大家一起：嘿!

活动目标

（1）初步熟悉音乐，随音乐的节奏和结构做律动游戏。

（2）创编沙发造型及坐沙发的动作；在和同伴互相挠痒痒时，即兴决定挠哪个身体部位。

（3）变沙发时，尽量保证沙发的"质量好"（平稳）；坐沙发时尽量"爱护沙发"（轻轻接触，不真的坐上去）；一起摇摆时，能与同伴和谐、融洽、愉悦地互动。

活动准备

（1）物质准备：录音音乐。（前奏加主旋律，重复4遍为一个单位）

（2）经验准备：

① 知道沙发是什么样子，有坐沙发的经验。

② 具备在自由空间状态下找朋友结伴的经验。

（3）空间准备：全体幼儿围坐成大的半圆。

活动过程

1. 了解故事情节，创编基础动作模式

（1）了解故事的主要情节。

教师：森林里住着一群可爱的小猴子，它们清早起来，伸伸懒腰，洗脸漱口，出门去找好朋友玩，它们东张西望，终于找到了好朋友。现在可以一起玩挠痒痒的游戏啦。挠挠自己，挠挠朋友，我怕痒，物品不怕痒。真好玩！玩累了，想歇歇，可是没有地方坐。猴哥说："我来变个沙发给你坐吧！"（想一想，变沙发，变！）猴妹说："看一看，坐沙发，坐！"（按下按钮，沙发自动摇啊摇，真舒服！）猴妹说："我也来变个沙发给你坐吧！"（想一想，变沙发，变！）猴哥也会说："看一看，坐沙发，坐！"（按下按钮，沙发自动摇啊摇，真舒服！）这一天，真是愉快的一天啊！

（2）创编上肢律动基础动作模式。

教师引导幼儿创编。具体过程略。

> **注意：** 参见乐谱中的动作说明和故事中的情境提示。教师应主要依靠采纳幼儿意见来建构律动模式。但此处有几点需要教师注意：① 全部要用上肢；② 挠痒痒只要挠一个身体部位，只能挠自己，而且不要太"煽情"，以免过度刺激幼儿；③ 幼儿对作出变沙发、坐沙发、摇沙发的这些动作可能会有困难，一旦幼儿不知怎样用手来做，教师不要与幼儿纠结这个问题，应立即提供自己的建议。可能的思路是：左手伸出表示沙发，右手搭在左手上表示坐沙发。沙发可以是掌或拳，若是掌，可以手心或手背向上；坐沙发可以是掌、拳或指，姿态可多样；摇沙发应该两手同向左右摇摆。

2. 跟随教师的示范，幼儿随乐记忆律动的动作，感知故事、动作、音乐三者之间的关系

（1）跟随教师模仿、练习基础律动模式，进行2次。（第1、2遍练习）

（2）不断征求幼儿建议，替换挠痒痒的身体部位，进行3次。（第3、4、5遍练习）

（3）不断征求幼儿建议，替换"坐沙发"时的双手姿态，进行2次。（第6、7遍练习）

3. 两两结伴，用上肢尝试合作

（1）邻近幼儿两两结伴，取坐姿，在"坐沙发"部分尝试合作。

（2）改成站姿，尝试合作。

（3）加入相互挠痒痒的环节。（规定部位）

4. 尝试用整个身体合作做"变沙发—坐沙发"动作

（1）两位教师合作示范。

（2）一位教师与一位幼儿合作示范。

（3）两位幼儿尝试合作示范。

> **注意1**：根据情况可重复几次，注意邀请可能有困难的幼儿来尝试，同时引导所有幼儿发现哪些地方容易有问题。这一点很重要。
>
> **注意2**：此时需要教师跟随示范幼儿的速度唱谱或念节奏提示语，不要使用录音音乐。这一点也比较重要。
>
> **注意3**：此环节中，教师需引导、鼓励幼儿作出各自不同的沙发和坐沙发的姿势。

（4）全体幼儿两两结伴尝试。

5. 随乐散点移动，找空地方两两结伴完整地进行游戏

（1）完整地进行游戏2次。（第8、9遍游戏）

（2）继续再玩2次游戏。注意提示幼儿，互相挠痒痒时可以挠身体的各个部位。（第10、11遍游戏）

> **注意**：此时，教师可以带头"逗逗"幼儿，因为已经接近活动结束，大家可以尽情"嗨"一下了。

♪ 温馨提示

（1）挠痒痒是需要注意用力分寸的，教师需要关注、提醒幼儿不要过分用力，以免引起对方的不适。

（2）为了自然地保持幼儿在学习时的既冷静认真又愉快活泼的情绪状态，教师通常应该在空间处理上保持使用"先坐、后站（椅子前原地）、再移动"的流程安排。因为幼儿的年龄小、抑制能力成熟慢，倘若一直站立或移动，或者反复"起立—回位"，都非常容易造成幼儿的身心疲劳或过度兴奋，不利于幼儿舒适地学习和游戏。

友情提问

（1）你有没有发现，几乎所有的活动在空间安排上都有类似处理？这是一种怎样的处理？知道原创教师为什么要用这样的空间渐进流程吗？

（2）为什么在基础律动模式中，教师要将活动设计为刚开始只能自己挠自己、挠固定的地方，而且教师示范的情绪要适当控制，不能够表现得太"煽情"，直到最后才能"逗逗"幼儿？

（3）为什么律动教学活动通常要遵循"先坐、后站、再移动"的空间安排方式？这种方式为什么对于幼儿的律动教学特别重要？

（4）在一次学习活动中，通常都须安排"认知—操作—游戏"的先后顺序，这是为什么？

（5）教师的确应该用热情的态度对待幼儿，以便能使幼儿用热情的态度对待学习。但是，为什么还要让教师注意在该控制的时候，适当控制自己的情绪，不能表现得太"煽情"呢？为什么这对于幼儿来说特别重要呢？

案例2　大魔法师　　（南京　周宁娜）

使能目标阶梯

挑战5	加入对即兴改变手的"释放"姿态的指导。	创造性应用	在教师的引导下，使用更多的思路改变手部的"释放"姿态。
挑战4	加入对即兴改变上、下肢动作模式的指导。	创造性应用	在教师的引导下，使用更多的思路改变上、下肢的运动模式。
挑战3	加入对两人交替"互动"模式的指导。	拓展应用	学习按照乐句两人交替互动。
挑战2	加入对下肢及空间移位的指导。	拓展应用	在教师的引导下，探究上、下肢配合与下肢移位。
挑战1	带领幼儿随乐练习基础动作模式。	模仿	进一步感知并理解故事、音乐与动作之间的关系，记忆动作的基础模式。
音乐+动作	随乐示范上肢基础动作模式。	观察	感知并理解故事、音乐与动作之间的关系。
故事	简述大魔法师施魔法的流程：收集和释放能量。	了解理解	情境理解，产生兴趣，明确任务。

第四章　律动教学 | 161

🎵 游戏玩法

（1）具体玩法：

　　① 两人结伴。

　　② 做收集能量和释放能量的动作。

　　③ 一人一句用"对话"的体态和语态。

（2）说明与拓展：这是一种对话式的表达游戏，类似"斗舞"，可以从"模仿游戏"的一人一句开始。其实，歌唱活动也可以进行类似的互动游戏。

　　① 你唱（或做）一句，我模仿一句，称为"回声游戏"。

　　② 你唱（或做）一句，我简单回应一下，比如你说"今天天气真好"，我回应说"对"或"真好"。做动作也是一样的思路，这被称为"回声游戏"。又如领唱"解放区那么"，齐唱"嗬嗨……"也属于此类。

　　③ 你唱（或做）一句（或一段），我回应相同的句子（或段落），称为"对唱"（"逗舞"或"斗舞"）。

> **提示**：幼儿园的此类结伴即兴互动表演，应从前两种比较简单的形式开始。

（3）动作建议可参考《大魔法师》（周杰伦曲），先做"搜集能量"的动作，再做"释放能量"的动作，跟随音乐依次做以上两种动作。

🎵 活动目标

（1）跟随音乐表现"收集"和"释放"能量的魔法动作；按照乐句交替与同伴互动。

（2）在教师的引导下获得更多改变动作模式的思路，并应用各种思路进行即兴动作表演。

（3）在"救灾"的情境中体验责任感；在互动和表演中投入和表现情感。

🎵 活动准备

（1）物质准备：

　　① 录音音乐。

　　② 森林火灾、水灾、地震、虫灾等灾害的图片和对应的恢复正常状态的图片。

　　③ 各种救灾的专用工具或各种超人英雄形象的图片。

　　④ 满天礼花、遍地鲜花的视频。（应配有状貌音乐和音响）

（2）经验准备：与以上灾害、工具、超人有关的间接经验。

（3）空间准备：全体幼儿围坐成大的半圆。

🎵 活动过程

1. 欢迎来到魔法学校

（1）新生第一课：上肢锻炼。

①教师导入情境，讲解并示范上肢"收—放"的基础动作模式。

②带领幼儿进行模仿练习。

③引导幼儿拓展上肢不同方向的空间运行路线。（练习3次）

（2）新生第二课：下肢锻炼。

①教师示范下肢"马步站姿"与上肢基础动作模式的匹配方式。

②带领幼儿进行模仿练习。

③引导幼儿拓展下肢"进、退、横移、绕"等不同的空间移动路线。（练习3次）

（3）新生第三课：双人对练。

①教师1—教师2示范。

②教师1与幼儿1—教师2与幼儿2示范。

③教师1—幼儿1、教师2—幼儿2示范。

④幼儿1—幼儿2示范。（大约观察示范共7遍）

⑤全体两两结伴尝试体验。（练习3次，大约共练习9次）

注意：教师每次都要随时根据实际情况提供相关概念和规则的讲解。当活动中有高级榜样出现时，教师要引导全体幼儿关注；如果高级榜样没有出现，教师要自己提供。教师不但自己要描述、讲解，而且也要鼓励与引导幼儿来描述、讲解，让感性的实践体验和理性的模式分析都能相互结合。这既适用于大班幼儿教学，也适用于教师培训。

2. 紧急救援申请（再次练习4遍，共11遍）

（1）火灾救援。

（2）水灾救援。

（3）地震救援。

（4）虫灾救援。

注意：四个灾害情境的教学流程均为：全体面对展示灾害现场的大屏幕，教师唱（做）上句，幼儿唱（做）下句，玩2遍后交换。意思是"用魔法呼唤相应工具"，如救灾直升机、救灾飞船、超人英雄等。具体的内容可由幼儿根据自身经验进行想象，若幼儿有困难，教师再提供自己的预设。当灾害被战胜后，场景恢复正常，全体欢庆，具体方式可"现场生成"。

3. 欢庆胜利（总共练习13遍）

（1）满天礼花。

（2）遍地鲜花。

注意：①在所有灾害都被战胜后，总的欢庆活动教学流程均为：全体两两相对，一人唱（做）上句，一人唱（做）下句，1遍后交换。②教师可在这期间引导幼儿拓展新的思路："收"时"同时收五指"或"依次收五指"；"放"时用手指"点"和"弹"；应用手掌的各种变化，以丰富语汇积累，突出个性表达。

温馨提示

（1）这是一种全即兴的律动教学范例。无论是上、下肢动作，还是两人对舞的学习内容，乃至幼儿在开始时进行模仿学习的"榜样模式"，仅仅是"举一反三"的那个"一"。这一点，我们在绝大多数的案例中都是这样展示的。这也是奥尔夫音乐教学模式的重要精髓之一。

（2）在这个活动中，"收集"是一种向内收缩的、有韧性的力量模式，而"释放"是一种向外喷射的、爆发性的力量模式。

（3）在最初版本的活动设计中，使用魔法是为了满足个人的物质追求，如玩具、衣饰、食品等。这样的价值导向在目前的教育界相当普遍，且教师都认为"应当如此"。所以，教师重新设计魔法的使用取向，是刻意的觉醒与追求。

（4）不同的灾害场面和救灾成功场面的设计，教师可借鉴电脑游戏中的"立即反馈"原则，这样能够有效地重新激发幼儿的学习兴趣。

（5）不停地加入新的即兴创意思路，也是现代教育心理学的"变式练习—近迁移"这一重要原则的体现，它能够有效地重新激发幼儿的学习动机。

四、律动教学课堂实训案例

案例1　匹诺曹要做真孩子　　（南京　成　媛）

扫码阅读
律动教学案例

使能目标阶梯

挑战 4	引导学员探索以曲线环绕移动的方式"换朋友"。	探索尝试	在教师的引导与组织下，探索曲线环绕移动"换朋友"的方法，并尝试应用到游戏中。
挑战 3	引导学员替换"长鼻子""驴耳朵"动作，动作从集体统一变为单人即兴。	创编即兴	在教师的引导下，运用变化手、臂姿态的思路替换"长鼻子""驴耳朵""点火把"的原创预成动作。完整随乐游戏。
挑战 2	累加双圈横向移动"换朋友"。	迁移应用	站双圈双圆队形，迁移横向移动"换朋友"的经验；完整随乐游戏。
挑战 1	将"锯木头"动作改为双人合作；将最后的结束动作改为"猜拳"游戏，累加结果动作反应。	迁移应用	保持坐姿，在教师的引导下累加"合作拉锯"和"猜拳"互动。
音乐	带领学员随乐练习上肢基础律动模式。（包含最后结束的"绕线手"和拍击手掌一次）	观察模仿	感知动作要素、顺序及重复规律，理解故事、音乐与动作之间的关系。
动作	引导学员创编"长鼻子""驴耳朵""锯木头""点火把"这四个主要情境的动作。	创编	根据教师提供的情境进行创编。
故事	引导学员回顾《木偶奇遇记》的故事。	理解	情境理解，产生兴趣，明确任务。

游戏玩法

（1）歌曲的A段部分：随乐做律动。
（2）歌曲的B段部分：加身体接触的律动。
（3）歌曲的C段部分：加移动"换朋友"。
（4）歌曲的D段部分：加"猜拳"游戏和结果反应动作。

【动作建议】（参见乐谱）

匹诺曹要做真孩子

1=F 2/4

法国儿歌
成 媛填词

A段

| 0 1 | 6̣ 0 1 | 6̣ 0 3 | 3 3 2 3 | 4 3 0 1 |
| 咪 | 咪 咪 | 咪, 我 | 要 做 真 的 | 孩 子, 咪 |

动作：拍手（2拍一次）

咪 咪 咪 咪, 我 要 做 真 的 孩 子, 咪
拍手（2拍一次）

| 6̣ 0 1 | 6̣ 0 3 | 3 3 2 3 | 4 3 2 1 | 7̣ 0 2 |
| 咪 咪 咪, 我 | 不 要 长 长 | 鼻 子, 咪咪 | 咪 |

上肢做长鼻子造型（2拍一次点动）

咪 咪 咪, 我 不 要 长 驴 耳 朵, 咪咪 咪 咪
上肢做驴耳朵造型（2拍一次点动）

| 7̣ 0 3 | 3 3 2 3 | 4 3 0 2 | 7̣ 0 2 | 7̣ 0 3 |
| 咪, 我 要 做 真 的 孩 子, 咪 咪 咪 咪, 我 |

拍手（2拍一次）　　　　　　上肢做长鼻子造型（2拍点动）

咪, 我 要 做 真 的 孩 子, 咪 咪 咪 咪, 我
拍手（2拍一次）　　　　　　上肢做驴耳朵造型（2拍点动）

　　　　　　　　1　　　　　　　　2　　　　B段

| 6 3 2 7̣ | 1 6̣ 0 1 :‖ 1 6̣ 0 3 | 4 2 2 2 |
| 不 要 长 长 鼻 子。 咪 |
| …… |
| 不 要 长 驴 　　　　　耳 朵。 让 我 们 大 家 |
| …… 　　　　　　　　　　　　　双手交替拉锯 |

166 | 奥尔夫音乐教学法

| 3 1 7̣ 1 | 2 5 | 5 0 3 | 4 2 2 2 | 3 1 7̣ 6̣ |

一 起 来 跳 个 舞， 让 我 们 大 家 一 起 来

继续拉锯（1拍一次）

C段

| 5̣ 5 | 3 2 1 | 3 2 1 | 3 2 1 5 | 5 5 5 4 |

跳 个 舞。 咦…… 咦…… 咦……

双手做火把燃烧状（1拍一次）

| 3 2 1 | 3 2 1 | 3 2 1 5 | 5 5 5 4 |

咦…… 咦…… 咦…… 咦……

继续做火把燃烧状……

D段：

| 3 2 1 | 2 7̣ | 1 6̣ | 7̣ 3 | 6̣ 1 1 |

咦…… 梦 想 就 要 实 现 了，让 我

绕线手……

| 2 7̣ 7̣ 1 | 6̣ 1 1 | 2 7̣ 7̣ 1 | 6̣ |

再 努 力 一 次， 让 我 再 努 力 一 次！！

绕线手…… 猜拳 出拳

🎵 活动目标

（1）初步熟悉歌曲，学习演唱最后一句；随乐按节奏做律动。

（2）集体创编律动组合，然后即兴替换局部动作；迁移换朋友的原有经验，探索"换朋友"的新思路。

（3）和谐地表演双人拉锯动作，努力使用语言、动作、体态、眼神与同伴进行交流和共享。

🎵 活动准备

（1）物质准备：录音音乐。

（2）经验准备：

  ① 有双圈双圆横移"换朋友"的经验。

  ② 有"猜拳"游戏的经验。

  ③ 听过《木偶奇遇记》的故事。

  ④ 有木偶动作特质的相关经验。

（3）空间准备：

  ① 学员坐成大的半圆。

② 学员站成双圈双圆。

活动过程

1. 回忆故事的主要情境

主要情境为：撒谎长出长鼻子（"长鼻子"）—又撒谎长出驴耳朵（"驴耳朵"）—帮助老爷爷锯木头（"锯木头"）—点火把救出老奶奶（"点火把"）—猜拳竞争变成真孩子的机会。

2. 依据主要情境创编基础律动动作模式

过程略。

3. 反复练习，熟悉上肢基础律动模式

过程略。

4. 累加"合作拉锯"和"猜拳"互动

过程略。

> **注意**：保持坐姿，邻近两人结伴，双手拉起做"合作拉锯"的动作。

5. 站双圈双圆，累加横向移动"换朋友"的动作

> **注意**：教师可根据学员的舞蹈基础，当场选择下面任何一种方案进行，以后还可以继续尝试其他方案。

（1）方案一：内圈不动，外圈在"点火把"动作开始的同时，逆时针方向向右移动一个人的位置，这样便换了一个新的舞伴。碰到重复的乐句，再换一次舞伴。先单独练习，再加入整体，完整游戏。

（2）方案二：内圈不动，外圈在"点火把"动作开始的同时，逆时针方向向右移动一个人的位置，这样便换了一个新的舞伴。碰到重复的乐句，外圈与内圈对转一圈，或对转半圈以交换位置。先单独练习，再加入整体，完整游戏。

（3）方案三：内、外圈先对转交换位置。碰到重复的乐句，换到外圈的人横向逆时针向右移动一个人的位置，这样便换了一个新的舞伴。先单独练习，再加入整体，完整游戏。

6. 替换局部基础动作

> **注意**：教师可根据学员的舞蹈基础，选择下面任何一种方案进行，以后还可以尝试其他方案。

（1）方案一：替换"长鼻子""驴耳朵"手的姿态。例如，可以用双手手掌、拳、手指的不同搭配来表现，也可以将手放置在身体的不同部位来表现等。

（2）方案二：替换"点火把"手的姿态和运动路线，如曲线运动或环绕运动等；变换双臂相互配合的不同时空性质（同时、交替，同方向、不同方向、反方向等）。

（3）方案三：将拍手的动作变成生活模仿动作，用木偶式的"断顿"力量特质来展现。

7. 探究曲线绕行"换朋友"的动作

> **注意1**：一般幼儿不可能当场作此探索，教师的培训学习是可以的。另外，大班幼儿在下学期可以尝试。
>
> **注意2**：绕行换朋友，即外圈不动，内圈的舞伴用S形行走路线，顺时针或逆时针方向移动到下一个新舞伴的对面。绕行时，可以绕行一人，也可以连续绕行多人，但需要按照统一的速度在音乐规定的时间内完成朋友交换。
>
> **注意3**：教授幼儿时，教师可先与幼儿讨论移动到下面第几个人的面前去，即终点是谁。
> ① 如果是横向逆时针方向第一人，教师的口令为："在朋友的后面，下一位朋友的对面。"
> ② 如果是横向逆时针方向第二人，教师的口令可换为："下一位朋友的后面，再下一位朋友的对面。"
> ③ 幼儿必须按照教师的口令移动。教师必须在看到口令发出、所有幼儿都移动到位后，再喊下一个口令。
>
> **注意4**：教师在培训学习时，可以分组自己探究设计，画出路线图，制定教学步骤和方法。教师在自己尝试过觉得可行后，再选出代表教授其他同伴，从而验证教法是否简单明确、易教易学。

温馨提示

（1）这个案例目前提供的学习内容一定是"超负荷的"。所以，如果要在幼儿园大班执教，第一次活动时一定要减掉最后两个流程。

（2）因为是有关木偶的故事，所以最好还是将动作"变异"为"断顿"力量特质模式。

　① 方法建议：可以先用一个幼儿熟悉的小班歌表演活动，引导幼儿将里面所有熟悉的动作改成"断顿"模式：小木偶在做歌表演。

　② 模式建议：

　　a. 拍手两次不变，将"长鼻子""驴耳朵"动作改成"断顿"力量特质模式。

　　b. 将拍手动作换成其他简单生活模仿动作或游戏模仿动作，并使用"断顿"力量特质去改造"长鼻子""驴耳朵"动作。

　　c. 将拉锯、点火把、绕线手等动作，统统改造成木偶特质动作。

案例2 猫和老鼠

（南京 费 颖）

使能目标阶梯

挑战4	组织与引导学员欣赏教师表演的"急性子猫"（高级榜样）。	创造性应用	欣赏教师表演的"急性子猫"（高级榜样），为日后的游戏积累更加丰富、高级的表现手段。
挑战3	教师扮演猫，学员扮演猫，完整进行游戏。鼓励学员创编其他不同性格的猫的走路动作，进行替换。	应用	从教师扮演猫逐渐过渡到由一位学员轮流尝试扮演猫，在教师的鼓励下不断创编新动作，并以此来替换原始动作。
挑战2	引导学员讨论"猫试老鼠"的"变异木头人"互动模式，并带领幼儿练习。	应用	站散点队形，感知在"尾奏"音乐处，玩"变异木头人"游戏。
挑战1	引导学员讨论"老鼠戏猫"的特殊模仿动作，并带领学员用"木头人"游戏的方法练习。	应用	保持坐姿，累加"木头人"游戏，继续熟悉动作和音乐。
音乐	带领学员随乐练习上肢基础动作模式。	模仿	感知动作要素、顺序及重复规律，理解故事、音乐与动作之间的关系。
动作	引导学员创编四种"臭美猫"走路的姿态。	观察	在教师的引导下创编，创编思路可以是：空间方向（前进、后退、左右横移）、空间水平（高、中、低、更低）、独特性格、独特情境（做什么事情）等。
故事	简述老鼠逗弄"臭美猫"的故事。	理解	情境理解，产生兴趣，明确任务。

游戏玩法

（1）角色设计：大部分学员扮演小老鼠；一名学员扮演"爱臭美、喜欢跳舞的猫"（"臭美猫"）。

（2）具体玩法：

A段音乐：小老鼠随乐跟着"臭美猫"出门散步，大猫走一段，小老鼠跟一段。

B段音乐：猫戏老鼠。（大猫用爪子去挠老鼠，老鼠保持造型不动）

尾声：猫大叫一声，老鼠们迅速跑回家。

【动作建议】

香草咪咪

1 = C 2/4 4/4

许雅涵词曲

前奏：
(0 5 4 | 3 1 0 1̇ | 6 6 4 | 4.5 4 2. 7.2 7 5. | 1 1 5̣ 2 | 1 1 5̣ 2)

A段

1 1 1 2 3 — | 1 1 1 3 6̣ — | 1 1 1 2 3 5 | 2 2 1 2 2 — |
左 左 右 右 我   上 上 下 下 你， 星期天的早晨   走在阳光里。

1 1 1 2 3 — | 1 1 1 3 6̣ — | 1 1 1 2 3 4 | 3 3 2 2 1 — ‖
喵喵喵的你   呵呵呵的我，   星期天的黄昏   我本不孤单。

B段

1 0 0 1 1 1 | 1 1 0 0 7̣ | 3 2 1 5 6 1 6. | 5 6 0 1.5 6 |

1 2 3 2 1 6̣ | 3 1 2 | 6 5 3 1 | 2.3 1 2 2 1 6̣ |

1 7̣ 6̣.1 2 3 | 6̣.1 4 3 2 2 | 6̣ 1 3 4 3 3 4 3 | 1 6 0 X ‖
                                                    喵——

（1）前奏：自由创编"臭美猫"早晨起床、化妆等动作。

（2）A段音乐：

① 第1—2小节：大猫自由地创编一个"有趣的走路姿势"，每小节走两步，共走四步。例如：双手举过头顶，双脚踮起，轮流向前和向后迈步；双手置于身体两侧作"螃蟹"状，分别向身体左、右侧横向走；双手做"猫爪"状，在原地转圈跳，趴在地上，爬

着前进等。小老鼠们伪装成"大猫"定住不动。

　　② 第3—4小节：小老鼠们模仿第1—2小节中大猫的走路动作（动作相同、节奏相同、路线相同）。大猫原地定住不动。

　　③ 第5—6小节同第1—2小节。

　　④ 第7—8小节同第3—4小节。

（3）B段音乐（自由变奏）：所有的小老鼠们原地安静、定住不动。大猫随机去挠小老鼠，挠到哪个部位，哪个部位就往回缩一下。

（4）尾奏：结尾处大猫大叫一声，全体小老鼠快速往家跑。

活动目标

（1）感受乐曲诙谐、欢快、跳跃的风格，理解和表现其所表达的故事情节：一群小老鼠跟着一只"臭美猫"出门散步。

（2）通过手部游戏、动作创编、故事情节累加，进一步感受音乐的节奏和变化。

（3）想象音乐传达的画面和体验大猫与老鼠互动游戏的快乐。

活动准备

（1）物质准备：A段音乐重复两次，加B段音乐，加猫叫的尾声。（A段音乐中，大猫走路的乐句音量升高，小老鼠走路的乐句音量降低）

（2）经验准备：有玩"木头人"游戏的经验。

（3）空间准备：

　　① 学员围坐成大的半圆。

　　② 有比较充裕的活动空间，可进行集体散点移动。

活动过程

1. 了解故事的情境

教师：在小老鼠家的隔壁，住着一个可怕的家伙。它是谁啊？原来是一只爱臭美、喜欢跳舞的猫。大猫有个习惯，每个星期天的早晨都会出门去散步。隔壁的小老鼠们想跟它开开玩笑，就伪装成大猫的样子偷偷地跟在它的后面学它走路。

2. 倾听乐曲，区分乐句

教师：大猫和小老鼠是怎么走的呢？我们一起来听听，在这段音乐里，哪一句是大猫走？哪一句是小老鼠跟？

3. 用动作整体感知音乐

教师扮演大猫，学员扮演老鼠，让小手在身体各个部位"行走"，分角色体验不同乐句。

教师：现在我来当大猫，你们来做什么？

学员：我们来当老鼠。

教师：大猫散步的时候，经过了小桥，走过了山坡，我们跟着音乐来试一试。

> **注意**：教师随乐用手指表现"大猫"在身体的各个部位"散步"，一段乐句走，一段乐句停。学员用手指扮演"老鼠"，模仿"大猫"走路的节奏和散步路线。

4. 创编大猫走路的动作并随乐练习

教师：这是一只爱跳舞的猫，走路的姿势千奇百怪！它可能会怎么走呢？谁来试一试？

> **注意**：在引导学员创编大猫走路的动作时，教师需用准确精练的语言描述出学员的动作特点，如行进的方向、位置的高低、肢体的动作变化等。这样，一方面让学员个体的经验在集体中得到共享，另一方面也为其他学员提供创编动作的线索和元素，拓宽创编的思路。

5. 椅子前站立，累加"变异木头人"游戏

（1）"老鼠戏猫"游戏。

　　教师：我们选了四个不一样的动作，我们和着音乐来试试看。我们轻轻起立，站在家门口，让大猫先走哦！当猫回头看时，我们谁也不能动。（主班教师扮演大猫，带领学员练习，回头看时注意督促、检查）

（2）从"老鼠戏猫"累加"变异木头人"游戏。

　　教师：如果老鼠在模仿猫的时候，是讥笑猫臭美的样子，老鼠应该做什么表情呢？
　　（配班教师扮演大猫，带领学员练习；主班教师检查、反馈表情生动的榜样）

6. "猫试老鼠"——共同讨论B段音乐中的动作并随乐练习

（1）教师：尽管小老鼠的动作很轻，大猫还是怀疑身后有人；尽管你们都装扮成了猫的样子，可是大猫还是想用爪子去挠一挠。想一想，你们要怎么做才能不被大猫发现呢？

（2）教师扮演大猫，单独示范"猫试老鼠"的方法。

（3）完整随乐游戏。

7. 完整随乐游戏

（1）教师当大猫，学员当老鼠，随乐游戏。

　　教师：这一次啊，隔壁的大猫真的要出门喽，你们准备好了吗？一定要注意哦，你们千万不能走到大猫的前面！

> **注意**：此环节中，学员很容易因控制不住自己而跑到大猫的前面，所以教师要提前提醒学员。

（2）替换新的动作。

　　教师：哎！一只老鼠也没抓着，看来要多锻炼了。对了，下次我要换几个新的动作，看看你们能不能跟得上。

注意：教师在替换新的动作时，可以将四个动作设计为高、中、低、更低，以体现空间位置的高低变化。这是教师第二次提供范例，以此拓展学员创编的思路。

（3）个别学员扮演大猫，带领大家随乐游戏。（可以重复2—3次）

教师：这次啊，我要派一只小猫出门。请问谁愿当小猫啊？

注意：教师此时可以进一步用语言帮助学员尝试新的思路。比如：一只很酷帅的公猫会怎样走路？教师不必强调一定要有四个不同动作，随便几个都行，哪怕一个也行。

8. 拓展游戏情节

（1）观看配班教师扮演的"急性子猫"，猜测其动作的含义，并和"急性子猫"共同游戏。

教师：在我们猫家族中，有一只很特别的猫，它的性子特别急，你们知道什么是"急性子"吗？

教师：我们话还没说完呢，看"急性子猫"已经来啦！

（2）"急性子猫"快速地化妆，走路飞快，还摔了一跤，只好一瘸一拐地往前走。

注意：这只"急性子猫"是教师预设的，动作节奏加快了一倍，同时每个动作还表达了游戏情节的变化。这样的变化不仅具有让学员容易辨别的喜剧夸张的特质、较高的权威性及吸引力，还能为学员再次拓展自己未来的表演提供启示与借鉴。

温馨提示

（1）在前面的范例中，我们曾经特别提到过"领袖模仿"游戏的特例——"变异模仿"。现在又是一个新的例子。老鼠在模仿大猫的时候，是带有一种特别的"心情"的，或是嘲笑，或是崇拜，或是不屑，或是有点怕，等等。如果是在幼儿园开展此活动，大班幼儿已经能够理解这其中的"幽默"，教师可以作出榜样并加以解释，也可以用相关语词（英俊潇洒、严肃认真、战战兢兢、威武雄壮、自以为是、弱不禁风、没头没脑、凶神恶煞等）启发有意愿和有能力的幼儿，并为其提供榜样。

（2）"变异木头人"游戏是一种从传统"木头人"游戏的规则拓展出来的游戏。

① 传统"木头人"游戏，仅仅是监督人看木头人造型是否坚持不动，后来在该游戏中加入了各种情境和角色，如"熊和小孩"。在传统"木头人"游戏中，增加了监督人挠痒痒、吹眼睛等"企图让假木头人"自我暴露的策略，以提升对木头人自我坚持的挑战水平。

② 创新的"变异木头人"游戏又增加了新挑战——"指定塑形"，即叫你用哪里作出反应，你就要用哪里作出反应。如，有个设计叫作"啃苹果"，A扮演苹果，造型不动，B作为嘴巴，每啃一次，被"啃"身体部位就"缩"进去一点，然后仍旧保持造型不动，直到音乐结束时被"啃成苹果核"（将身体在地上缩成尽可能小的一团）。还有叫作"捏面人""小铁匠"的设计，只有手艺人塑造了哪个身体部位，那个身体部位才发生变化，直

音乐结束时被制造成手艺人想要的样子。由此可见，以上设计都是一样的思路。

（3）前面我们也已经多次提到"变异领袖模仿"游戏：一方面，可以改变模仿的速度、力度、风格、力量特质、表情等，变成既相同又不同的"模仿"，如"猴子学样"；另一方面，也可以加点别的游戏规则，如"寻找带头人"，就变成了包含"领袖模仿"的多重游戏，再如"野蜂飞舞"等。

注意：游戏规则上的一点小小的微调，都会带来"创新"的结果。

友情提问

（1）在本教材中，你是否发现有许多"变异"的处理？
（2）你认为"游戏变异"与"变式练习"有什么相同的地方吗？
（3）通过查找相关资料，你可以把"游戏变异"的案例列出一张清单来吗？
（4）你可以举例说明本教材中某个案例所包含的"变式练习"流程吗？

问题讨论与练习

1. 怎样理解从"从'一A到底'开始"的歌词创编学习教学模式向律动创编教学模式的迁移？
2. 以小组为单位选择若干同类型的律动教学案例进行实践。
3. 以小组为单位独立创编或改编一个同类型的律动教学案例并进行实践。
4. 在大组中分享创编的律动教学案例，并进行相互评价。

第五章 奏乐教学

学习目标

（1）学会使用即兴替换音色和节奏型的奏乐教学模式。
（2）通过模仿、探究来积累和学习使用各种创意奏乐的思路。
（3）学会使用游戏化的奏乐教学模式。

本章提示

本章通过一系列案例，主要讲解了创意奏乐教学的基本方法与流程。本章内容的重点在于音色、节奏型的替换，以及乐器制作、演奏探索和教学流程游戏化的设计和执行。

目前，国际上现存的许多乐器演奏教学，大多是一个音一个音地进行学习的；练习时如同当下我国幼儿园的打击乐器演奏教学一样，主要是放在乐队录音或教师演奏的曲调背景之下的；当然也经常会根据教师或同伴的即兴"柯尔文手势"进行练习。

在真正面对幼儿园的孩子时，师幼互动的具体细节都是非常重要的，因为这是为了顺应和满足他们的身心发展需要而设计的。所以，读者在阅读和实践的过程中，需要反复思考和努力领会其中的缘由，即请读者特别注意文中的各种特别提示。

本章导览

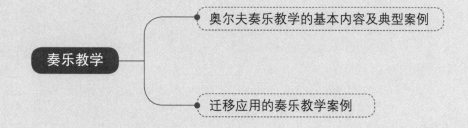

第一节　奥尔夫奏乐教学的基本内容及典型案例

奥尔夫乐器演奏教学体系是一个非常独特的体系，它主要是由用大肌肉运动的方式操作有明确音高和无明确音高的各种所谓的"打击乐器"构成的。之所以如此，是因为奥尔夫音乐教育体系所信奉的哲学是"原本性"，即以"尊重和遵循人类发展的原本性、儿童发展的原本性和人类儿童音乐学习的原本性"为基本出发点。所以，人类音乐舞蹈文化发展早期的"用大肌肉操作奏乐"的特点被吸纳、融合进了奥尔夫的儿童音乐教育体系，形成了今天我们看到的独特样貌。

尽管我们还没有专门研究过奥尔夫老师本人具体是从哪些早期亚文化体系中吸收了这些打击乐器的演奏模式的，但今天，我们不仅仍旧可以在非洲、南亚、澳大利亚和南太平洋岛国直接看到这种起源于"采集、渔猎文化"时期的奏乐文化遗迹，而且也可以在我国许多地区的亚文化遗产中寻觅到类似的实例。例如：我国台湾高山族人用木杵敲击中间有凹槽的石板（为黍米脱粒）；广西瑶族人用木杵敲击木质的牲畜食槽（为水稻脱粒）；广西壮族人用藤勺敲击铁锅，搅拌锅中的茶叶和其他食材（制作独特的茶饮）……这些都是直接借助生产、生活劳动的工具和过程引发的自娱性奏乐活动，而且这些奏乐活动往往还都是伴随歌舞的综合性活动。再如，我国佤族的木鼓、壮族的铜鼓、苗族的竖鼓等，这些都是经过漫长发展过程而形成的在祭祀仪式中使用的乐器，而且也都是歌、舞、乐一体，祭祀、群聚、娱乐一体的综合性活动。

我们还可以从广泛流传的民间故事中找到先民对器乐演奏发展历史和价值的认知。比如，我国西南地区的瑶族有这样的民间传说：看护庄稼的老人睡着了，前来偷食的猴子以为老人去世了，便用随手可得的果壳、石块、树枝奏起哀乐，"为老人送葬"。而老人呢，则一直在装睡，直到他学会这些奏乐的套路，转而又再传授给了其他人。又如，广西壮族的铜鼓舞，实际上早期也是一种祭祀时进行的奏乐活动。该舞的起源，传说是织锦姑娘因为嫌弃青蛙的鸣叫太吵闹而随手将青蛙扔进了火塘，随后大旱持续不止。"先知"告知人们必须向青蛙道歉赔罪！于是才有了人们制造、演奏"表面饰有蛙纹"铜鼓的活动，有了在铜鼓等乐器的伴奏下表演"蚂拐舞"的仪式活动（广西"花山壁画"遗迹上现存大量模仿青蛙姿态的舞蹈形象）。再如，我国中南地区的苗族有这样的民间传说：一个士兵战败逃跑躲进寺庙，当追兵追来时，同样躲在寺庙中的猴子用尾巴敲响庙堂里竖立的大鼓，隆隆隆的鼓声吓跑了追兵。这个躲祸的士兵就此学会了猴子的击鼓招数，然后再转而传授给了后人。以上这些民间传说充满了"万物平等共存，需相互尊重、相互学习"的理念。在奥尔夫老师的教学过程中，这些理念也是随时随地都会体现出来的。

我们在此提供以上这些信息，实际上也是想要证实奥尔夫音乐教育哲学的"原本性"，强调的是人类原本的文化智慧必须得到尊重、继承和传承。而奥尔夫音乐教育体系亦是追溯、继承人类早期音乐舞蹈文化"原本精华"的"集大成"体系。

一、奏乐的基本知识、技能学习

（一）音条琴

（1）音条琴家族体系知识。（木制和金属制；高音、中音、低音）

（2）音条琴的构造。（可以随意拆装的音条——在入门学习的过程中，不用的音条可以不装；不同硬度的敲棒——当音色变化时可选择）

（3）基本的持握和敲击规范。

（4）左右手配合规律。

（二）竖笛

（1）指法。

（2）气息。

（三）配器知识

（1）基础低音（有音高）。

（2）节奏音型（有音高）。

（3）色彩补丁（有音高）。

（4）无音高乐器补充节奏。

（四）多声部奏乐作品教学法（"19个教学步骤"）

> **注意**：相关具体内容可参见本教材第一章第三节，此处不再赘述。

二、奏乐指挥技能学习

除了我们都比较熟悉的常规指挥法以外，在奥尔夫的入门竖笛课程中，教师创造性地使用了"柯尔文手势"来进行具有即兴创作意味的指挥游戏。

> **注意**：具体参见第一章"奥尔夫案例"中"8月25日，加拿大皇家音乐学院""第三课　竖笛"的流程1：竖笛即兴指挥吹奏（练习吹奏C调五声音阶）。

三、奏乐与其他表演活动

与唱歌、律动教学一样，每一次的竖笛教学和打击乐器演奏教学（在教学法课中），都是将多种活动综合在一起进行的，无一例外。读者可在本教材中看到大量范例，此处不再赘述。

四、多声部奏乐技能学习

奥尔夫的教学基本上都是多声部的，而且是从单声部语言节奏动机（小种子）开始，最终走向多声部的。

（1）比较简单的多声部就是"卡农"（即轮唱轮奏），无论是念诵、声势，还是歌、舞、乐或综合表演，都会反复使用"卡农"，连律动、舞蹈也不例外。

（2）稍微复杂一点的是复调，即两个形式和意义都完整、独立的声部，叠加在一起平行进行。例如：歌唱活动中的实例——"朋友歌"，各自加了律动舞蹈表演和器乐伴奏，就成了多声部。

（3）多声部配器是奥尔夫音乐体系中的重要内容。其循序渐进的流程是：有音高固定音型—有音高色彩补充—无音高色彩补充。（奥尔夫老师一直用时值稳定的有音高或无音高的低音"垫底"，作为整个表演的基础框架）

注意：在学习该内容之前，可安排大量关于拍子、节奏、句子等基本乐感的教学和练习。

五、奏乐教学的游戏化设计

"领袖模仿"游戏是奥尔夫音乐教育体系中经常使用的手段。该游戏也可称为"回声法"。在使用这种游戏的时候，一般有如下细致的流程设计：教师—众幼儿，两人结伴（两位幼儿，轮流），四人结伴（一位幼儿与三位幼儿，轮流），一位幼儿与众幼儿，轮流等。

"情境表演"游戏更是奥尔夫音乐教育体系中强调的面对幼小儿童时的首选方法。例如："喷火龙丹丹""汤姆的鬼魂""大王教我来巡山""月亮的故事"等。

六、创作技法与即兴奏乐学习

与前面已经介绍过的歌唱教学和律动教学一样，在创作技法和即兴奏乐的教学中，一般也是采用小步距循序渐进的流程，并加上了教师细致入微的充分支持。

注意：读者仍可重点参见本节后面案例中"8月22日的奏乐课程（六）"音条琴教学和"8月25日奏乐课程（八）"的竖笛教学。

专题分析1

幼儿园奥尔夫音乐教学中的常用乐器

1. 碰铃

演奏的时候，双手各拿一个碰铃，铃口向上仰举过胸前，互相碰击而震动发音。碰铃虽然没有固定音高，但是声音的穿透力强，音响清澈，音色优美。

2. 串铃棒

串铃棒由多个小铃穿在一起或将多个金属小铃铛固定在合适的小木棒上，可以发出比较密集的铃声。常常用于节奏的强拍、弱拍上与木鱼或双响筒编配打击乐活动。

3. 双响筒

双响筒常用材质为木质或竹质，有高低两种不同的音高，两音之间一般为纯五度关系。左手握着木柄，右手拿着打槌，低音放左侧，高音放右侧，先敲击低音，后敲击高音，高低音交替，音色比较清脆。

4. 三角铁

三角铁是一根弯成三角形的钢条，敲击后发出音色清脆、响亮。演奏的时候，顶端用绳子系住，用左手食指钩住套绳，拇指和中指穿握套在绳子下方，单手执锤敲击底边或将锤伸入三角内侧敲击三角铁的三条边。需要停止发音时，可用右手手指碰一下三角铁的一个边或捏住一角即可。

5. 圆弧响板

响板常用的材质有木制和塑料两种。使用时，将舞板放在左手掌上，用右手掌拍击各种简单的节奏。使用这种方法，可以演奏较快、较密的节奏。

6. 沙锤

　　沙锤一般有三种质地：木制、塑料和椰壳。使用时，左右手各握一个沙锤手柄，双手交替上下晃动可以发出沙沙声。还有一种使用方法，控制手腕晃动的力度和幅度，使沙粒在球壳内聚成一团，同时起落撞击球壳，可以发出音色清脆的"沙拉拉"的声音。

7. 铃鼓

　　铃鼓是在手鼓的基础上，在木制鼓圈中加入金属铃片，在敲击时鼓与金属铃同时发声的一种乐器。使用只有鼓圈的铃鼓时，最好是用右手中指扣住鼓圈圆空，用鼓圈敲击左手掌发音。

8. 响棒

　　响棒是一种圆柱体的实心木棒，两根一组。使用时，左手握住一根棒的中间，尽量使手指与棒的接触面变小，形成一个空心拳；右手握住另一根棒的一端，敲击左手响棒的中间，这样发出的声音清脆、响亮。

专题分析 2

奏乐教学空间安排参考

一、打击乐器演奏的空间

　　常规性的打击乐器演奏活动应该有："碎响音色"组、"圆润音色"组、"脆响音色"组和"混响音色"组。其他的非常规性乐器，使用时可按常规乐器的音色性质分组。同音色组的乐器，在空间处理时应集中安排在一起。

二、半圆形

半圆形：教师面向幼儿，幼儿坐成半圆形（适合小班）。

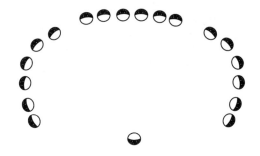

注意：小班幼儿需要随时得到教师的目光注视，因此不宜将其安排在有重叠、遮挡的空间。

半圆形

三、马蹄形

（1）马蹄形之一：单马蹄形（适合小班）。

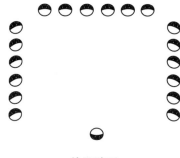

单马蹄形

（2）马蹄形之二：双马蹄形。

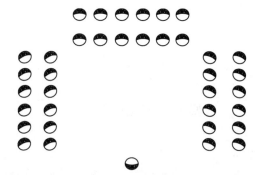

双马蹄形

（3）马蹄形之三：教师面朝左面，表示仅此一组演奏。

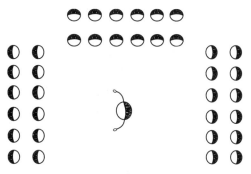

教师面朝左面

（4）马蹄形之四：教师面朝左面、后面，表示两组演奏。当三组合奏时，教师应退到马蹄形口的外面。

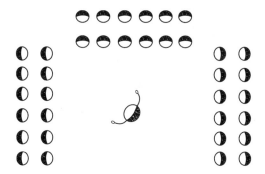

教师面朝左后面

四、品字形

品字形

注意：品字形与斜品字形这两种队形，更适合节日演出。

五、斜品字形

该队形适合舞台上的表演和公开课。

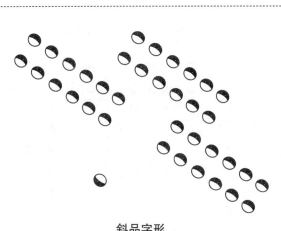

斜品字形

六、满天星形

一般适合于中、大班。

注意：满天星形严重妨碍师幼的目光交流，需要慎重采用。

满天星形

♪ **专题分析3** ♪

幼儿园奏乐教学法30年发展简述

一、第一阶段（1988年之前）：使用"传统教学法"阶段

流程：分声部节奏型教学→迁移到乐器操作→迁移到分声部合乐→迁移到整体合乐合奏。

特点：一个声部一个声部地进行教学；合奏时强调各声部各自独立。

二、第二阶段（1988—2008年）：强调使用"整体教学法"阶段

（一）前两个阶段打击乐教学目标的比较

传统教学法

目标A
- 发展节奏感、音色感
- 了解一定的乐器知识，学会简单的演奏技能
- 发展对奏乐活动的兴趣
- 学会演奏一定数量的作品

整体教学法

目标B
- 发展感受音乐的能力
- 发展用打击乐器创造性地表现音乐的能力
- 享受奏乐活动的快乐
- 积累一定的音乐语汇
- 发展智力、情感、个性、社会性等方面的优良素质

（二）前两个阶段打击乐教学程序与方法的比较

传统教学法

程序A
- 分—整

方法A
- 各声部相互不倾听
- 示范模仿
- 划拍子式指挥法

整体教学法

程序B
- 整—分—整

方法B
- 各声部相互倾听
- 模仿、创造简单而多重复的"变通总谱"
- 含提前预示的指挥法

（三）"变通总谱"

1."变通总谱"的含义

"变通总谱"是针对通用的"标准总谱"，也就是我们通常使用的简谱和五线谱来讲的。由于通用的"标准总谱"的认知方式和过程都比较复杂，所以使用"标准总谱"不但不能对幼儿整体感知配器方案的过程有所帮助，反而会人为地增加幼儿的认知负担，减少幼儿感知音乐的乐趣。然而，若不用总谱，幼儿在学习中记忆的负担又会太重。"变通总谱"正是为了解决上述矛盾而被创造出来的。目前，在幼儿园已经普遍使用的"变通总谱"主要有以下三类："动作总谱""图形总谱""语音总谱"。

"标准总谱"：

	1 2	3 4	5	3 1	i	6 4	5 5	3
碰铃	0 0	0 0			X	0	X	0
铃鼓	X —	X —			X	—	X	—
响板	0 0	0 0			0	X	0	X

"变通总谱"：

	1 2	3 4	5 3 1	1̇ 6 4	5 5 3
节奏	X	—	X —	X X	X X
动作	拍手	—	拍手 —	拍头 拍肩	拍头 拍肩
图形	✿	—	✿ —	， ●	， ●
语音	走	—	走 —	的 笃	的 笃

2. "变通总谱"的设计

"变通总谱"的类型

	"动作总谱"	"图形总谱"	"语音总谱"
总谱工具	表现节奏、音色、速度		
配器工具	身体动作	形状和色彩	嗓音
配器材料	节奏动作、模仿动作、舞蹈动作、滑稽动作等	几何图形、乐器音色的象征性图形、乐器形象的简化图形等	有意义的字、词、句子、象声词、歌词的衬词和无意义音节等
注意事项	不宜用较难的身体动作表现比较密集的节奏	避免复杂化、细致化的设计倾向	注意使创造出的语音有趣、易记、易上口

范例1：《工农兵联合起来》

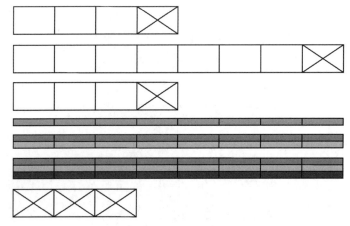

《工农兵联合起来》总谱参考

注意：此例可以直接看出"长短句"和声部的"逐渐累加"。

范例2：《啤酒桶波尔卡》

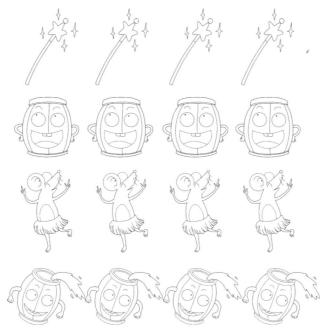

《啤酒桶波尔卡》总谱参考

范例3-1："勇敢的小乐手"活动

"勇敢的小乐手"参考图

范例3-2:"聪明孩子笨老狼"活动

"聪明孩子笨老狼"参考图

范例3-3:《拨弦》

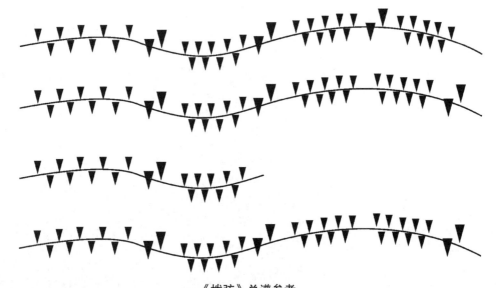

《拨弦》总谱参考

范例4:《单簧管波尔卡》

《单簧管波尔卡》总谱参考

(四)打击乐器演奏整体教学法

打击乐器演奏整体教学法,就是要竭尽一切可能让幼儿了解并把握所有声部合在一起演奏时的整体音响效果,要求幼儿在倾听音乐旋律、完成自己的打击任务的同时,也要注意倾听其他声部的演奏,在知你、知我、知他的基础上达到协调一致,使教学过程变得轻松愉快和富于审美情趣。

1. 打击乐教学的一般性程序和方法

程序:
- 导入,引起兴趣
- 熟悉音乐
- 掌握或创作"变通总谱"
- 分声部合练 ┌ 徒手
　　　　　　　└ 用乐器
- 发展的练习

方法:
- 讲解示范法、引导探索法
- 多通道参与法
- 总谱法 ┌ "动作总谱"
　　　　　├ "图形总谱"
- 指挥法 └ "语音总谱"
- 累加法

2. 打击乐器演奏的"累加"式教学程序和方法

程序:
- 导入,引起兴趣
- 熟悉音乐
- 掌握最具有特色、最复杂、最具有独立性的声部
- 将其他具有伴奏性质的声部一一加入
- 发展的练习

方法:
- 讲解示范法、引导探索法
- 多通道参与法
- 模仿或创作法
- 累加法、指挥法

三、第三阶段（2009年—至今）：强调使用"游戏化理念"阶段

（一）设计思路

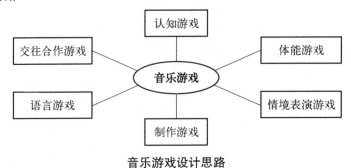

音乐游戏设计思路

（二）规则游戏的基本类型

（体能—智能；模仿—创新；竞争—合作）

（1）情境表演游戏。

（2）领袖模仿游戏。

（3）输赢竞争游戏。

（4）控制游戏。

（5）传递游戏。

（6）身体接触游戏。

（7）队形变换游戏。

（8）猜谜游戏。

（9）玩影子、玩东西游戏。

（三）团体奏乐游戏的基础流程

团体奏乐游戏的基础流程是：故事→动作→音乐→乐器演奏。

（1）（够用的）故事。

（2）为故事匹配（够用的）相应动作。

① 采用教师规定的动作。

② 采用幼儿创造的相应动作。

③ 用动作去感知音乐。（一般需要2—3遍后再添加其他内容）

④ 增添其他"味精"——更高级的适宜的挑战，如人际合作、友善竞争、创造性表达、队形变换、乐器演奏、道具使用等。

> **注意1**：故事、动作必须是从音乐的框架及幼儿的生活经验中来的。
> **注意2**：从国外奥尔夫老师的教学案例中，我们可以清晰地看到规律相同的模式和技巧。

（1）"土耳其进行曲"活动和"狮王进行曲"活动（具体见奏乐教学课堂实训案例）就是典型的使用"图形总谱"的实例。

（2）"节奏语言"先导的原则，就是使用"语音总谱"的实例。

（3）几乎所有的奏乐都需要从身体的"声势动作"导入，就是使用"动作总谱"的实例。

（4）"喷火龙丹丹"和其他故事或情境导入的奏乐，就是使用"游戏化—情境化"原则的实例。

（5）几乎所有歌唱、律动活动，最终都将导入乐器演奏，就是使用"整体音乐框架"支撑"生手"和幼儿参与的实例。无论是教师给出一个基础低音，让学员在上面进行不同乐器音色的不断"涂层"，还是当下时尚的"鼓圈"活动，"新手"加入其中"即兴"，或是我们团队设计执教的"苗鼓"和"吹气球"等即兴奏乐范例，无非都是在专家、教师或"熟手"制造的大音乐背景框架的支持下，才有了生手、新手、幼儿自由进入即兴"嬉戏"的卓越的安全支持。

七、奥尔夫老师的原版奏乐课程案例

8月15日奏乐课程（一）

1. 音条琴

（1）认识音条琴。

① 教师出示音条琴，没有说话，而是手持敲棒作出许多近似"疯狂"的滑稽动作，让学员观赏。

② 学员模仿教师的动作。

注意： 内含一些音条琴演奏的真实技巧。

（2）教师的表演风格转为安详宁静，将哑剧表演动作转向儿歌《雨滴》的歌词内容。歌词大意为：

> 雨滴飘落在绿色的草地上，雨滴飘落在绿色的树木上，
> 雨滴飘落在灰色的屋顶上，却没有飘落在我的身上。

（3）学员猜测教师表演的意思，并模仿教师的动作。

注意： 这也应该是"歌词理解与记忆"的教学策略之一。

（4）教师用"回声法"教学员学习这首儿歌。

① 一句——回声。

② 两句——回声。

③ 四句——回声。

（5）分声部模仿徒手演奏动作。

学员采用坐姿，徒手（用手代替敲棒，用两条大腿和大腿之间的空当这三处位置代表"三"和"音条"）——练习以下"锤法"。

① 1 0 0 0 |（稳定节奏组1）左手拍左腿。

② 1 0 1 0 |（稳定节奏组2）左手拍左腿，右手拍右腿。

③ 1 2 3 2 |（旋律组1）左手拍左腿，右手拍空当；左手拍右腿，右手拍空当。

④ 1 6 5 6 1 6 5 6 |（旋律组2）右手拍右腿，左手拍空当；右手拍左腿，左手拍空当。

⑤ 3333 2222 1111 2222 |（旋律组3，困难组）左手起，每个位置左右共拍击4次，1为左腿，2为空当，3为右腿。

⑥ 从全体一起练习到逐渐分组练习。

（6）教师指挥学员操作乐器给儿歌《雨滴》伴奏：五个声部逐渐进入，再逐渐退出。

注意：暗示情境——雨越下越大，然后逐渐越下越小。"渐强渐弱"概念的进入。

（7）更换新儿歌《雨雨快走开》，重复上述流程。

注意：同样都是大调歌曲，所以用大调伴奏没有问题。

（8）教师带领学员即兴徒手模仿大雨与小雨。

注意：继续强化"渐强渐弱"的概念。

① 拧指，表现小雨。

② 手掌拍击，表现中雨。

③ 手掌拍击地板，表现大雨。

④ 拍手，表现中雨；拧指，表现小雨；手掌摩擦地板，表现雨渐止。

2. 竖笛［1（do）和6（la）——低音］

（1）身体控制游戏→呼吸控制游戏。

（2）问好歌。在教学法课上刚学会："哈罗，让我们来相识，哈罗，请说出你的名字。"教师唱歌词，学员用自己的名字即兴回答。教师反复唱歌词，学员依次轮流回答。

注意：类似"回旋曲"——新概念的感性进入。

（3）学员即兴回答名字的同时加声势动作。（四种动作——拧指、拍手、拍腿、跺脚，任选其二）

（4）竖笛两个音的指法和"吹响"练习［1（do）和6（la）］。

（5）四人一组，一人问，其余三人轮流答（轮流交换角色）。回答名字时加入声势动作（四种动作都要尽量用上）。

（6）改用竖笛［1（do）和6（la）］吹名字。

（7）即兴用无音高乐器为"问好歌"伴奏，分成两组：一组继续进行"问好歌"的回旋游戏；另外一组为其伴奏（轮流交换角色）。

8月16日奏乐课程（二）

竖笛［复习1（do）和6（la），新授5（sol）和3（mi）］

（1）说名字—拍名字（节奏）—吹名字［节奏和音高：复习1（do）和6（la）］。

（2）教授新指法：5（sol）和3（mi）。

（3）用1（do）、6（la）、5（sol）、3（mi）四个音进行练习。

① 教师即兴吹奏4拍——学员"回声"模仿4拍。

② 教师即兴吹奏8拍——学员"回声"模仿8拍。

③ 教师即兴吹奏4拍——学员前2拍"回声"模仿，后2拍即兴。

④ 教师即兴吹奏8拍——学员前4拍"回声"模仿，后4拍即兴。

注意： 该环节的限制性要求是，必须结束在1（do）或者6（la）音上；进入大、小调调性概念。

⑤ 教师即兴吹奏8拍——全体学员各自拍即兴吹奏的8拍。

注意： 进入即兴对话阶段。该环节的限制性要求是，必须结束在1（do）或者6（la）音上。

⑥ 学员一对三轮流发起对话。

⑦ 学员一对一轮流发起对话。

注意： 流程⑤、⑥、⑦的重要性是在多人同时吹奏的情况下，如果有人吹漏、吹错，都没有关系。所以学员不会因为太过紧张而影响自然的练习进程。等到"一对一"时，学员已经练习过多次，也已不太容易吹漏或吹错了。

（4）小组之间相互检查：视奏。（看着规定的乐谱吹奏）

（5）表情记号与吹奏法的练习。

（6）情境表演游戏"月亮的故事"。

① 阅读绘本《月亮的故事》。

② 学习歌曲《月亮船》。

③ 学习吹奏歌曲《月亮船》的曲调。

④ 集体吹奏歌曲，个别学员使用高音钟琴即兴表现星月的闪闪光芒。

注意：到目前为止，各种音条琴在演奏时使用的都是五声音阶，因此，不需要使用的音条这时都是被直接抽掉的。这也是奥尔夫教学体系的重要基础观点和为降低学习难度而设的基本教学策略。

⑤ 集体吹奏歌曲，加入个别学员使用高音钟琴即兴表现星月的闪闪光芒，再加入个别学员即兴表演"星—月"之舞。

8月17日奏乐课程（三）

1. 竖笛[复习 1（do）、6（la）、5（sol）、3（mi），新授 2（re）、2（re）——高音]

（1）学习高音和中音 2（re）各自的指法。

（2）练习吹奏 2 2 2，以及 2 2 2 构成的节奏音型。

（3）教师即兴吹奏一个相关曲调，使学员的吹奏变成了伴奏。

（4）教师指导个别学员加入音条琴的固定音型，形成更丰富的音响层次。

（5）学员从静态的坐姿变为站姿，再变成行进吹奏。

注意：一点细微的变化，便避免了练习的单调和枯燥。

2. 儿歌（综合训练游戏）

（1）学习一个儿歌：拉锯扯锯，姥姥门前唱大戏，你也去，我也去，就是不让小妞去。

（2）"连环打手"游戏配合儿歌：围成一个大圆圈，每人左手手心向上，右手手心向下，轮流交替拍击自己的左手和右侧同伴的左手。当儿歌念到最后一个"去"字时，一方面要让自己的左手躲避左侧同伴的击打，另一方面又要设法击中右侧同伴的左手。

（3）声势游戏：在大圆圈上即兴创编4拍或8拍声势动作，以配合儿歌朗诵，并一个一个往下传。

（4）"卡农"练习：从两声部开始。

3.《渔歌》（中国台湾民歌）

1 = C 2/4

| 1 3 | 2.3 2 1 | 5 5 5 - | 6 5 | 3.5 3 2 | 1 1 1 - |

| 1 1̇ | 6.1̇ 6 5 | 6 5 | 3 - | 1 5 | 3.2 3 2 | 1 1 1 - ‖

（1）练习视唱歌谱的唱名。
（2）加低音音条琴的固定低音和中音音条琴的即兴。
（3）加竖笛吹奏歌曲的旋律。
（4）一部分人吹，一部分人唱。
（5）加新人用音条琴奏主旋律。
（6）分成两个声部吹奏"卡农"。

8月18日奏乐课程（四）

1. 认识无明确音高的打击乐器

（1）认识乐器。（"神表演"）

① 教师情绪夸张地"疯玩"手里的乐器，体态夸张地高举和放下。
② 教师徒手夸张地拧动（抖动）手腕，双臂逐渐向上和向下移动。
③ 教师在抖动、移动的过程中，突然将双手"藏"于颈后、腋下、臀下。
④ 教师最后夸张地作出"完美结束"，即非常自我满足的体态和表情。
⑤ 教师用"散响"乐器重复一遍。
⑥ 教师徒手"指挥"学员用自选乐器"玩"一遍。

> **注意**：以下三个方面的内容。
> ① 教师在第一天教学员认识音条琴时，便是这样带领学员"神表演"——"玩弄"音条琴的敲棒。当时与这次课程的流程和方法是一模一样的。这就是一种教学模式。
> ② 很明显，教师的目的就是用游戏的方法暗示学员学会在自由探索的时候随时"控制冲动"，使情绪和行为始终保持真正的探索和创造的状态。
> ③ 教师还明确强调：如若个别年幼儿童不能够接受暗示，继续"我行我素"，教师可以直接"没收"其拥有的乐器，等待其明确表示并用行动证实愿意实行"自我管理"之后，再将乐器归还给他。

（2）"8拍句长"概念形成与有控制的乐器探索活动。

①《小乐器来演奏》：

$1=C$ $\frac{2}{4}$

　　　　　　　　　　8拍　　　　　　　　　　　　　　　　　　　8拍
5 3̲ 3̲ | 5 - | X X X X | X - | 5 5 5 6 | 5 5 4 4 | 3 3 2 2 | 1 - ‖
我 唱 首 歌， 我 会 念 儿 歌。 下 面 我 请 小 小 乐 器 来 呀 来 演 奏。

② 学员自选乐器，用相互学习和询问教师这两种方法弄清乐器的名称，并自由探索可能的演奏方法。
③ 教师引导全体学员用"回声歌"的方式学习歌曲。

注意：8拍为一个回应单位。

④ 全体学员演唱前一个8拍，边唱边演奏后一个8拍。

注意：进一步体验8拍句长。

⑤ 全体学员演唱前一个8拍，从4人小组边唱边即兴奏乐回应，逐渐过渡到个人依次边唱边即兴演奏回应后一个8拍。

⑥ 教师要求将歌词中的"小小乐器"替换成具体的乐器名称演唱出来。

注意：以下三个方面的内容。
① 基本同流程⑤，但个人回应时需独立唱出自己所用乐器的名称。
② 在学员没有内化"8拍句长"的概念之前，教师一直使用"手指倒数"的姿态作为"支架"，以支持学员的探索和体验。
③ 教师反复强调：怎样才能了解学员是否内化，即掌握了呢？就是让学员独立做"表演"（应用），而且还必须是"即兴表演"（创造性应用）。学员若能够独立完成8拍即兴演奏，就说明学员已经将"8拍句长"的概念内化了。

2. 竖笛［1（do）、6（la）、5（sol）、3（mi）、2（re）、2（re）——高音+3（mi）——高音］

（1）复习《渔歌》活动。（具体参见第三章相关内容）

（2）从《渔歌》到"竹竿舞"。

① 竹竿开合节奏动作准备1：

```
   1    3  | 2 3 2 1 | 5   5  | 5   -  |
   腿   手 | 腿 手    | 腿  腿 | 腿
```

注意：以盘腿坐姿或双膝跪坐的姿势进行。歌词中的"腿"为拍大腿，意为"竹竿打开"；"手"为拍手，意为"竹竿合拢"。

② 竹竿开合节奏动作准备2：

使用相同的开合规律，双手用打开与合拢的方式拍击地面。

- 舞步准备：

```
     1    3  | 2 3 2 1 | 5    5   | 5    -   |
右脚：点  收 | 点 收    | 右进左进 | 右出左出
```

- "进阵"：

4人抖竹竿，4人跳舞，全体唱歌，教师用低音音条琴演奏稳定拍以支持大家的表演。

- 加入中音音条木琴演奏的节奏：1 — | 5 0 |

- 加入高音音条木琴演奏的节奏：1　　1　｜1　　1　｜
- 加入高音钟琴演奏的节奏：<u>1　1</u>　5　6　｜<u>1　1</u>　5　6　｜

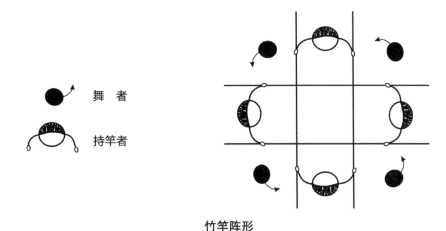

竹竿阵形

（3）新授指法：高音3（mi）。

① 教师示例：用简单节奏基石（如：X　X X）练习指法，自由更换基石。

② 集体练习：个人自由重复或更换，尝试用各种基本节奏基石练习同一个高音3（mi）指法。

注意： 可以有效避免单调。

③ 用不同方式：四人组、两人组、一个人独立完成8拍展示，逆时针向后传递。

注意： 从四人组开始逐步过渡到一个人独立的方式，可以有效缓解让个人立即独立表演的紧张感。

（4）引导迁移：看谱视奏《斑鸠调》。

（5）移动换1（do），G大调五声音阶。

（6）《爱斯基摩摇篮曲》（亦称为《因纽特人摇篮曲》）和绘本《妈妈，你还爱我吗》。

① 介绍相关背景：现在称"因纽特人"而非爱斯基摩人，这是对他们的尊重。

② 看谱视唱《因纽特人摇篮曲》。

③ 看谱吹奏《因纽特人摇篮曲》。

④ 教师加高音钟琴模拟"风雪"。

⑤ 教师引导学员阅读绘本。

⑥ 教师引导学员在伴奏下用形体表演故事。

⑦ 教师引导学员进行人文价值小结。

注意： 教师和学员都被故事和自己的表演感动得落泪。

（7）"My Dancing Top"法裔加拿大人的民间舞蹈（加拿大魁北克省）。

① 练习G大调的5（sol）和3（mi）两音的吹奏。

② 教师示范民间打击乐器"木勺"的演奏。

‖: xxxx xx | 0 x x xx | xxxx xx | 0 x x x. x :‖

③ 学员在大腿上模仿教师的演奏动作。

注意：作为舞蹈的前奏。

④ 学习舞蹈：了解舞蹈的音乐结构及动作、队形结构。

⑤ 享受舞蹈。

- 舞曲：

A段 1 = F 2/4

5 | 1 3 3 2 1 | 2 2 3·2 | 1 3 3 2 1 | 2 2 1 5 |

1 3 3 2 1 | 2 2 3·2 | 1 3 3 2 1 | 2 2 1 0 |

B段

5·5 3 3 | 5 5 3 3 | 5 3·2 | 1 5 | （实际上是转折）

1 3 3 2 1 | 2 2 3·2 | 1 3 3 2 1 | 2 2 1 0 |

- 动作：

舞步、舞伴之间的联结，用大圈公转与两人自转的方式等，完全是自由即兴的。

- 队形：

A段音乐处，双圆全体顺时针公转；B段音乐处，逆时针双人结伴自转。

8月19日奏乐课程（五）

1. 音条琴

（1）理论：为什么不是先讲"技术规范"？

学员可以先做，然后发现不足；从自然的实践中产生对"技术规范"的需求。待学员有了"追求"更加完美的动力时，才是讲"技术规范"的最佳时机。

（2）音条琴演奏的基本技术规范教学。

① 教师教学时的动作示范，需用"镜面"示范。

② 学员学习应从倾听教师唱旋律开始。
③ 学员听到音高后在琴上单手敲击，找出对应的音条。

注意：这样做是为了不打扰到其他学员。

④ 用锤（敲棒）时先要弄清楚琴与锤的匹配关系。

注意：这样做是为了创造特殊的音色效果。

⑤ 一般情况下左、右手需轮流敲击。

注意：这样做是为了演奏出流畅的效果。

⑥ 五指自然向内弯曲持锤，锤棒应保持水平方向。

注意：这样做是为了避免锤棒之间"打架"。

⑦ 演奏的速度越快，锤棒则抬得越低。

注意：这样做是为了演奏出流畅的效果。

⑧ 必须给学员独立探索和相互切磋的时间，以及犯错、反思、调整、完善的时间。

（3）知识：五度音程固定音型。

① 柱式和音： 5　5　5　5
　　　　　　　 3　1　1　1

② 移动和音： 1　5　1　5
③ 平行和音： 5　—　5　—
　　　　　　　 1　—　1　—

④ 琶音： 1　5　1　5 ； 1　5　1　5 ； 1 5 1 5

2. 竖笛

（1）复习"My Dancing Top"舞蹈（用G、C、F三种调来吹奏），用竖笛、音条琴合作表演。

（2）"小山和僵尸骑手"——"四方"舞。（每跳一遍4个乐句，就要在第5句换一个方向）

$1 = {}^\flat E$　$\frac{2}{4}$

‖: 5 5　5 6 | 5　3 | 1 1　1 1 | 1　— :‖

‖: 3　1 | 6̣　5̣ | 1 1　1 1 | 1　— :‖

| 3　1 | 6̣　5̣ | 1 1　1 1 | 1　— ‖

(3) 中国儿歌《大鼓小鼓》。(自选是吹奏旋律,还是吹奏一个固定音型)

1 = D 2/4

3 3̲ 3̲ | 1 1 | 5̣0 | 5̣0 | 3 3̲ 3̲ | 1 1 | 5 5 | 5 0 ‖

6 5̲ 5̲ | 3 3 | 5 5̲ 3̲ | 2 2 | 5̣ 0 | 5̣ 0 | 1 1 | 1 0 ‖

(4) 中国民歌《虹彩妹妹》。(视奏旋律)

1 = C 2/4

6 5̲ 3̲ | 6 5̲ 3̲ | 6 6̲ 5̲ | 6 - | 6 5̲ 3̲ | 6 5̲ 3̲ | 2 2̲ 1̲ | 2 - |

3 3̲ 5̲ | 6̲· 1̲ 6̲ 5̲ | 3 3̲ 5̲ | 1 - | 3 3 | 3 3 | 6 6̲ 5̲ | 6 - ‖

8月22日奏乐课程(六)

1. 音条琴上即兴作曲(1)

(1) 学习歌曲《bao ao ao》。

(2) 即兴演奏8拍插部。

① 在音条琴上即兴演奏一段8拍的旋律,各自做各自的。

② 教师提出要求:从1(do)开始,到1(do)结束。

③ 进入"回旋曲模式":全体演唱歌曲《bao ao ao》,全体在插部部分一起演奏自己的即兴旋律。

④ 继续"回旋曲模式":全体演唱歌曲《bao ao ao》,四人在插部部分一起演奏各自的即兴旋律,一组演奏一次,后组接力。

⑤ 继续"回旋曲模式":全体演唱歌曲《bao ao ao》,两人在插部部分一起演奏各自的即兴旋律,一组演奏一次,后组接力。

⑥ 继续"回旋曲模式":全体演唱歌曲《bao ao ao》,一人在插部部分独立演奏自己的即兴旋律,一人演奏一次,后人接力。

> **友情提问**
> 如果有学员做错了,教师需要指出并纠正吗?
>
> **提示:** 无论学员是否为有意不按照要求去做,教师都可以问:"你在做什么?你为什么要这样做?"因为教师真正在意的不是对与错,而是学员能否给出自己的理由。

2. 音条琴上即兴作曲（2）

（1）教师以声势8拍为问句，全体学员同时以音条琴8拍为答句。[1（do）起音即可]

（2）教师以声势8拍为问句，全体学员以音条琴8拍为答句。[1（do）起音，1（do）结束]

（3）教师以声势8拍为问句，全体学员以音条琴8拍为答句。[1（do）或者5（sol）起音，1（do）结束]

（4）学员按琴的音色分成两组，A组问，B组答，然后交换。[问句从1（do）或者5（sol）起音，到5（sol）必须结束；答句从1（do）或者5（sol）起音，到1（do）必须结束]

（5）两人一组，一问一答，然后交换。

（6）学员一个一个地独立问，教师答。

（7）放弃音条琴，改用声势动作。教师问，全体学员答。

（8）教师问，四人组学员答，其余组接力。

（9）教师问，二人组学员答，其余组接力。

（10）教师问，学员独立答，依次接力。

3. 课外作业：为我国新疆民歌《沙里洪巴》配伴奏

（1）教师布置作业内容。

（2）教师示例。

（3）教师提出注意事项：

① 内容必须从所配的歌曲作品中来。

② 节奏必须"词语化"在先，如哪里来、来做啥等。

③ 节奏基石不能在两拍以上，应与歌曲节奏平行。

8月24日奏乐课程（七）

综合打击乐器演奏——创意绘本表演游戏"喷火龙丹丹"。（具体参见第一章相关内容，此处略）

8月25日奏乐课程（八）

具体内容参见第一章"奥尔夫案例"中"8月25日，加拿大皇家音乐学院""第三课竖笛"。

第二节　迁移应用的奏乐教学案例

本节介绍的案例都是我们研究团队这些年在幼儿园实践的过程中研发且被验证过的，而且也已经反复在大学本、专科学前教育专业课程，以及在职教师的在岗培训课程中使用。因此，它们不但适合在职教师和师范学院的学生用来了解、理解奥尔夫教学法的理念、技巧和工作模式，而且也可以直接应用到幼儿园的集体音乐教学的实际工作中。

我们研发这些案例，并非严格照搬奥尔夫老师的"教师培训课程内容和方法"，而是努力在每个案例中综合性地体现奥尔夫音乐教育体系最根本性的工作原则：创造性（含"学以致用"）、渐进性（含"站上巨人肩膀""借用"）、游戏性、审美性和综合性。

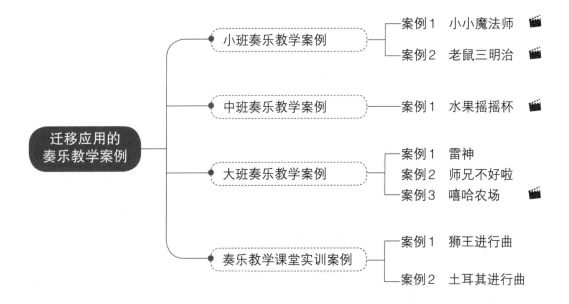

一、小班奏乐教学案例

案例1　小小魔法师　　（南京　周瑾）

使能目标阶梯

挑战4	教师尝试退出，幼儿尝试独立游戏。组织幼儿收拾乐器和场地。	创造性应用	在教师的支持下，幼儿尝试独立演奏和玩魔法盒的游戏。收拾场地和乐器，增强责任意识；学习收拾场地、物品的工作流程，锻炼实际操作能力。
挑战3	提供魔法盒，正式导入魔法游戏。	拓展应用	完整跟随音乐演奏，学习玩魔法盒的游戏。
挑战2	提供乐器，引导幼儿尝试使用乐器演奏。	拓展应用	在教师的支持下，尝试迁移律动的相关动作和魔法咒语，完整随乐演奏。
挑战1	带领幼儿随乐完整练习相关动作和魔法咒语——"动作和语音总谱"。	模仿	在教师的带领下，随乐完整练习相关动作和魔法咒语。
音乐	引导幼儿分享、分析、理解、记忆动作和语音。	理解记忆	在教师的引导下，进一步感知动作、语音要素、顺序及重复规律，理解故事、音乐与动作之间的关系。
动作	随乐示范上肢基础律动动作模式、游戏动作和魔法咒语——"动作和语音总谱"。	观察	初步感知动作语音要素、顺序及重复规律，理解故事、音乐与动作之间的关系。
故事	简述与未来动作表演相关的魔法故事。	理解	情境理解，产生兴趣，明确任务。

🎵 游戏玩法

（1）准备一个放有幼儿喜欢的各种物品的盒子（魔法盒），并对盒子外面进行装饰，让幼儿感觉很神奇。在盒子上开一个小窗口，从外面看不到盒子里面，但是手能伸到盒子里取东西。

（2）在"小小魔法师跟随魔法教师学习变魔法"的故事情境的引领下，学习变魔法的律动。在每一次的律动结束后，教师都能从魔法盒里变出有趣的东西。

（3）幼儿将串铃棒或沙锤当作魔法棒，按照魔法咒语"呜啦啦啦，呜啦啦啦，变变变"（"X — X — | X X X - |"的节奏型）演奏，在律动结束后，再从魔法盒里变出各种东西。

【动作建议】（参见乐谱）

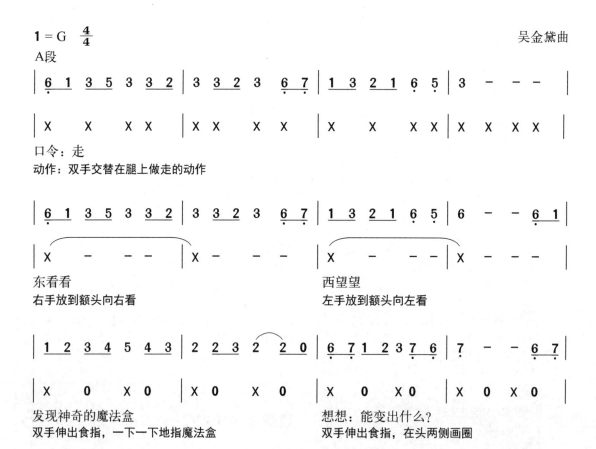

206 | 奥尔夫音乐教学法

| 1 2 3 4 5 4 3 | 2 2 3 2 6̣ 7̣ | 1 3 2 1 6̣ 5̣ | 6̣ - - 3 |

| | | X 0 X 0 | X 0 0 0 |

拿出小小魔法棒　　　　　　　　　　　准　　备　　变！
两腿分开，弯腰，用双手从自己的椅子底下拿东西　　两腿并拢，右手伸出食指，食指向上，左手握住右手
拿椅子下面的乐器　　　　　　　　　　两只手握住乐器

B段

| 6 - 5 3 5 | 6 - 5 3 2 | 1 6̣ 1 2 3 3 2 | 3 - - 3 |

| X̊ - - 0 | X̊ - - 0 | X 0 X 0 | X 0 0 0 |

呜　啦　啦 啦，　呜　啦　啦 啦，　变　　变　　变！
右手伸出食指，食指向上，左手握住右手摇动　　魔法盒
摇　　　　　　　　　　　　　　摇　　　　敲腿　　敲腿　　敲腿

| 6 - 5 3 5 | 6 - 5 3 2 | 1 6̣ 1 2 3 6̣ 5̣ | 6̣ - - 3 |

| X̊ - - 0 | X̊ - - 0 | X 0 X 0 | X 0 0 0 |

呜　啦　啦 啦，　呜　啦　啦 啦，　变　　变　　变！
（同前）
（同前）

| 6 - 5 3 5 | 6 - 5 3 2 | 1 6̣ 1 2 3 3 2 | 3 - - 3 |

| X̊ - - 0 | X̊ - - 0 | X 0 X 0 | X 0 0 0 |

呜　啦　啦 啦，　呜　啦　啦 啦，　变　　变　　变！
（同前）
（同前）

| 6 - 5 3 5 | 6 - 5 3 2 | 1 6̣ 1 2 3 6̣ 5̣ | 6̣ - - 0 ‖

| X̊ - - 0 | X̊ - - 0 | X 0 X 0 | X 0 0 0 ‖

呜　啦　啦 啦，　呜　啦　啦 啦，　变　　变　　变！
（同前）
（同前）

（蛙叫、虫鸣，省略了32小节）

♪ 活动目标

（1）在故事的帮助下，熟悉乐曲的节奏和结构，学用串铃棒或沙锤参与B段音乐变魔法的演奏。

（2）在魔法语言"呜啦啦啦，呜啦啦啦，变变变"的帮助下，学习用串铃棒或沙锤演奏"X — X — | X X X - |"的节奏。
　　　　　　　　　　　　呜啦啦啦 呜啦啦啦　变变变
（3）知道轻拿轻放乐器，愿意和大家一起用乐器变魔法。

活动准备

（1）物质准备：
　　① 剪辑过的录音音乐。
　　② 串铃棒16个、沙锤16个。
　　③ 魔法帽一顶。
　　④ 一个装有幼儿喜欢的各种物品的魔法盒（可以用废旧的纸箱制作，也可以用束口的布口袋代替）。
（2）经验准备：接触过"摸袋"或"摸箱"游戏。
（3）空间准备：幼儿围坐成大的半圆。

活动过程

1. 教师用故事引出活动情境，初步引导幼儿感知音乐的结构

（1）教师配合音乐讲述故事情境。（音乐当伴奏，音量调小）
　　教师：小小魔法师跟着魔法老师走进了神秘的魔法森林，他们东瞧瞧、西看看，发现了一个魔法盒，魔法盒里会变出什么呢？让我想一想，赶快拿出魔法棒来变一变：呜啦啦啦，呜啦啦啦，变变变！会变出什么呢？
（2）幼儿倾听教师的故事，看教师配合故事内容演示"动作和语音总谱"。

2. 教师完整示范动作和导入游戏

（1）教师完整示范动作，在乐曲最后背对着幼儿从魔法盒里取出一件物品。
　　教师：你想变什么？我就是魔法老师，你们仔细看一看我是怎么变的，说了什么咒语。
（2）幼儿观察教师的动作，并在教师示范结束后用语言表述或动作表现自己听到的和看到的。

3. 教师引导幼儿用动作和魔法语言感知"X — X — | X X X - |"的节奏
　　　　　　　　　　　　　　　　　　　　　　　　　呜啦啦啦 呜啦啦啦　变变变

（1）教师再次示范，引导幼儿学习变魔法的节奏型。
　　教师：魔法师是怎么变魔法的？说了什么咒语？你猜对了吗？我再变一次，这次仔细看一看变得对不对。
（2）幼儿再次观察教师的动作，并在教师示范后对魔法语言"呜啦啦啦，呜啦啦啦，变变变"进行反馈。

4. 教师引导幼儿学习语音节奏型和动作

（1）教师：我们一起来学一学这个魔法咒语和动作。

（2）幼儿学习两遍魔法咒语和动作。

（3）教师引导幼儿完整合乐练习"动作和语音总谱"。

　　教师：小魔法师们，你们准备好了吗？让我们一起走进神秘的魔法森林。你们要记住！我们一定要一起念魔法咒语、做动作，并指着魔法盒变哦！

（4）幼儿和教师一起完整地做表演动作，这次教师在乐曲最后没有从魔法盒里取出物品。

5. 尝试使用乐器，准备进入魔法游戏

（1）教师出示乐器，引导幼儿认识并使用乐器。

　　教师：你们变出来了吗？为什么没有变出来？我想可能是你们的魔力不够，我带来了几种有魔力的魔法棒，它们可以帮助你们变魔法。这些魔法棒是有魔力的，它们特别听会轻轻拿、轻轻放的小魔法师的话，你们愿意和它们做朋友吗？

（2）幼儿选取自己喜欢的乐器。

（3）教师引导幼儿尝试用乐器演奏节奏型。

　　教师：每个小朋友都拿到自己喜欢的魔法棒了吗？我们一起试试用魔法棒来变。

（4）幼儿在教师的带领下练习将乐器放置在椅子底下，再从椅子下迅速拿出，用乐器演奏"X — X — | X X X - |"（呜啦啦啦 呜啦啦啦 变变变）的节奏。

6. 教师引导幼儿完整合乐演奏，进入魔法游戏

教师：魔法棒是不是成为你们的好朋友啦？我们来试一试，看看能不能变出来。

（1）幼儿与教师一同完整演奏，教师在乐曲最后拿着魔法盒走到一个幼儿面前，请该幼儿从魔法盒里取出一件物品。

（2）教师引导幼儿独立完整地合乐演奏。

　　教师：小小魔法师们，你们能自己变魔法吗？

（3）幼儿独立完整地演奏，教师在乐曲最后拿着魔法盒走到几个幼儿面前，请幼儿将魔法盒中的所有物品拿出。

🎵 温馨提示

（1）本活动的乐器预定的是串铃棒和沙锤，教师可以根据本园的实际情况改变乐器，只要是有握柄的，可以发出散响和单响，适合小班幼儿操作的乐器都可以使用。另外，乐器的数量也不一定是平均分配的，只要大于幼儿总人数即可。

（2）通过故事情境隐性地控制幼儿的游戏规则、动作行为语言，比教师提出生硬直接的要求，更利于激发幼儿参与活动的兴趣，使幼儿在活动中更为长久地保持注意力和专注力。

案例2　老鼠三明治　　（南京　方　芳）

扫码看活动视频

使能目标阶梯

挑战4	主班教师带领全体幼儿与配班教师合作进行游戏，组织、辅导幼儿收拾场地和乐器。	创造性应用	逐步达成能够独立地与教师合作完成游戏的目标。在教师的支持下，能基本独立地收拾场地和乐器。
挑战3	主班教师邀请一名幼儿和配班教师共同游戏。	应用	通过反复观察和操作，逐步熟悉游戏规则。
挑战2	主班、配班教师表演，帮助幼儿了解游戏规则。	观察	通过观察教师的示范，了解游戏规则。
挑战1	辅导幼儿学习自己戴手腕铃。	探索	努力探索如何自己戴上手腕铃。
音乐	跟随音乐，带领幼儿完整地练习律动游戏动作——"动作总谱"。	模仿	通过实际操作，进一步感知动作要素、顺序及重复规律，理解故事、音乐与动作之间的关系。
动作	带领幼儿跟随音乐感知走、看、拿面包等动作。（教师完整示范动作，帮助幼儿梳理出"动作总谱"）	观察	初步感知动作要素、顺序及重复规律，理解故事、音乐与动作之间的关系。
故事	简述故事内容：老鼠去拿老猫的面包，老猫想把老鼠做成老鼠三明治。	理解	情境理解，产生兴趣，明确任务。

🎵 游戏玩法

教师担任老猫,手拿一片玩具切片面包;在幼儿做"伸手拿面包"动作的同时,将双手手心相对,一上一下纵向打开;在幼儿做"把双手藏起来"动作的同时,假装去"追夹"幼儿的手。

【动作建议】(参见乐谱)

水果沙拉

1 = G 4/4   [日本]小野丽莎曲

(0 3 4 5 5 1 2 3 | 4 4 3 5 4 3 |

3 3 2 4 3 2 | 0 2 1 7. 4 2 | 1 0 0 0) 0 5 |

A段

1 7 1 2 3 2 1 7 | 6 0 0 2 1 7 6 |

动作:走一走(2拍一次)

5 0 0 7 6 5 4 | 3 0 0 0 0 5 |

看一看(2拍一次)

1 7 1 2 3 2 1 7 | 6 0 0 2 1 2 4 |

走一走(2拍一次)

3 0 6 3 2 1 7 2 | 1 0 0 0 0 5 |

看一看(2拍一次)

B段

1. 2 3 5 0 1 5 6 | 3 0 5 2 0 0 5 |

伸手去拿面包

2 2 2 7 0 0 5 | 3 3 3 1 0 0 5 |

把手藏起来

```
1·2  3̣5̣  0 1  5̣6̣ | 3̣ 0  5̣2  0   0 5̣ |
伸手去拿面包

2 2  2 5̣  2 2  2 5̣ | 3 3  3 2  1 0  0  ‖
把手藏起来
```

🎵 活动目标

（1）感知音乐的AB结构，学习用边拍腿边有节奏地震动，以及手腕连续地转动（摇动）的方式，使手腕铃发出声音，以此表现老鼠走、看、拿、逃等故事内容。

（2）在教师的引导下，探索戴手腕铃的方法；借助教师的表演，理解老猫夹、老鼠藏的游戏动作关系。

（3）在游戏情境的提醒下，能在做"藏起来"的游戏动作时控制乐器的演奏，使其不发出声音。

🎵 活动准备

（1）物质准备：

① 手腕铃。（幼儿每人一对）

② 电子图片：一般三明治和老鼠三明治。

③ 玩具切片面包，两片。

④ 猫的头饰，一个。

⑤ 录音音乐：《水果沙拉》。

（2）经验准备：具备相关的生活经验。

（3）空间准备：幼儿围坐成一个大的半圆。

🎵 活动过程

1. 教师边讲述故事边用动作表演，以引起幼儿对歌曲的兴趣

（1）教师：邻居老猫在做三明治（出示三明治图片），三明治散发出的香气引来了老鼠。当老鼠伸出爪子，想要拿面包的时候，发生了什么事呢？（出示老鼠三明治图片）老猫好想把它做成老鼠三明治。

（2）教师：看！小老鼠出门找面包了。（教师的预令：准备出门）

2. 教师跟随音乐完整编演故事

教师演示"动作总谱"，帮助幼儿完整感知音乐，了解故事情节和动作的关系。

（1）教师完整表演一遍。

> **注意**：教师边表演边用儿歌提示动作，即走一走，找面包；看一看，拿面包。

（2）帮助幼儿梳理动作。

> **注意**：教师可以先问幼儿，歌词里有哪些动作，各表示什么意思？然后再重点练习幼儿说出来的动作。

　　① 教师：小老鼠出门做了哪些动作？（当幼儿说不出时，教师做动作问幼儿："这个动作是在做什么？"）
　　② 幼儿练习讲述的动作。
　　③ 再次观看表演。在观看之前提问："还有哪些动作？"
　　④ 帮助幼儿梳理动作：走一走，找面包；看一看，拿面包。如果不想被老猫发现，还要把手藏起来！
　　⑤ 带领幼儿完整地进行游戏，重点练习拿面包、藏起来的游戏动作。

3. 出示手腕铃，和教师共同游戏

（1）提出问题，引起幼儿探索的兴趣。
　　教师：老鼠妈妈给你们找来了一对魔法铃（手腕铃），这个铃发出的声音会让老猫晕头转向而发现不了我们。每个手腕都要戴上，你会戴吗？（如果幼儿说不会，教师提问："怎么办呢？可以请旁边的小朋友帮帮你！"或者问："需要我帮忙吗？"）
（2）运用手腕铃跟随音乐表演故事。（2—3遍）
　　① 戴着乐器念儿歌并练习动作：老猫听到我们整齐的步伐，才会被弄得头昏眼花呢！

> **注意**：必须提醒幼儿在藏的时候，不能让魔法铃发出声音，不然会被老猫发现。

　　② 继续练习。
　　教师：听说老猫做好了一块更大的面包，我们再去瞧瞧。

> **注意**：必须提醒幼儿，如果没敢伸出手，这样就拿不到面包了，要把手伸得再长一些。

4. 教师扮演老猫的角色，和幼儿共同游戏

（1）配班教师出现，出示玩具面包。每个幼儿试一试拿面包并藏起来的动作。
　　① 教师：看，谁来了？
　　② 配班教师：我的面包做好了！小老鼠想吃吗？（让每个幼儿把手放在面包上试一试）
　　③ 教师点头：想吃！让老鼠妈妈先来尝尝。
（2）和配班教师配合表演一遍。

> **注意**：该表演可能需要多重复几次。

（3）邀请一名幼儿和教师共同与配班教师配合表演。

（4）教师带领幼儿和配班教师配合表演。

> **注意：** 这里是指在幼儿尚不能够完全独立表演的时候，需有一位教师用"带领——提示——暗示"的逐步退出的流程，支持幼儿的表演和演奏。

温馨提示

（1）这是一种教师一人同时面对全体幼儿的互动表演游戏。这种游戏比较适合在小班进行。如果要在中班或大班玩该游戏，需注意：中班通常可以改成幼儿轮流担任独自一人的角色；大班通常可以改成三至四人结伴，一人对两人或三人，或者两两结伴，一人对一人。

（2）鼓励家长和幼儿在家中玩亲子律动游戏。（教师最好为音乐填写有趣的歌词，以便家长和孩子一起边唱边玩）

友情提问

（1）为什么在小班阶段，要强调适宜采用"教师一人扮猫与全体幼儿互动"的方式呢？

（2）教师在扮演猫与幼儿互动的时候，应该选用什么样的表情？是真的抓老鼠，还是逗逗幼儿？

（3）教师在与幼儿互动的时候，应该是又快又准确地抓住幼儿的手吗？如果"是"，为什么？如果"不是"，为什么？如果有时可以"是"，为什么？

二、中班奏乐教学案例

案例1　水果摇摇杯　　（石家庄　谢　彦）

使能目标阶梯

阶段	内容	类型	说明
挑战4	领导幼儿整体随乐边演奏边游戏。	创造性应用	在教师的领导下，幼儿整体随乐边演奏边游戏。
挑战3	帮助幼儿理解"缺位—补位"的操作模式。	理解练习	了解与理解"缺位—补位"的操作模式。
挑战2	帮助幼儿理解加"咖喱"者的游戏规则。	观察	了解与理解加"咖喱"者的游戏规则。
挑战1	担任第二角色（加"咖喱"者），随乐操作，形成两声部互动。	观察	通过观察，了解与体验第二声部的进入方式。
动作+音乐2	带领幼儿整体随乐操作，重点关注投放"水果"的时间。	观察模仿	通过操作，进一步熟悉"动作总谱"；特别澄清投放"水果"的时间。
动作+音乐1	带领幼儿整体随乐操作，重点关注投放"水果"的颜色和顺序。	观察模仿	感知动作要素、顺序及重复规律，理解故事、音乐与动作之间的关系；在教师的引导下，特别说明所投放"水果"的颜色和顺序。
故事	直接给出制作果茶的情境。	理解	情境理解，产生兴趣，明确任务。

游戏玩法

游戏玩法列表

音 乐	小 节 数	动 作	口 令
前 奏	1—6	双手放腿上等待音乐	—
	7—8	拿起杯子	拿起杯子,准备调制
主 部	9—10	用食指指秘方中的红色	第一种是红色
	11—12	用右手两指捏住红色石子,放到杯子里	拿、放
	13—24(同9—12)	用手指分别指秘方中的黄、蓝、绿色,并重复11—12小节的动作	第二种是黄色,拿、放;第三种是蓝色,拿、放;第四种是绿色,拿、放
	25—26	双手拿杯子,伸出	加"咖喱"
	27—28	单手拿杯子在耳边摇	摇
	29—39	同25—28小节的动作	加"咖喱",摇
	40	双手放下杯子	放进冰箱,准备数数
尾奏(前奏音乐)	41—47	拍手	数14下
	48	拿起杯子并举起	做好了

【动作建议】(同游戏玩法)

咖喱咖喱
电视连续剧《欢乐颂2》片头曲

1 = F 4/4

陈　曦词
董冬冬曲

‖:(6 1̇ 6 4 | 3̇ 4̇ 5̇ 3̇ 1̇ 1̇ | 2̇ 3̇ 4̇ 2̇ | 3̇ 2̇ 1̇ 5 4 3 2 1 |

4. 6 1̇ 4. | 3. 5 1̇ 3. | 2̇ 7 2̇ | 1̇ 1̇ 5 1 0 :‖

5 5 3 4 5 | 6 5 6 1̇ 1̇ 5. | 5 5 5 3 5 | 4 3 2 3 2 — |
泰 国、新 加 坡、 印 度 尼 西 亚, 咖 喱、肉 骨 茶、 印 尼 九 层 塔,

5 X 5 5 5 | 6 1̇ 2̇.0 | X X 0 X 0 | X X X X X 0 0 |
做 Spa、放 烟 花、 蒸 桑 拿, Co co、 Pineapple、Mango mango!

5 5 3 4 5 | 6 5 6 1̇ 1̇ 5. | 5 5 5 3 5 | 4 3 2 3 2 — |
沙 巴、芭 提 雅、 阳 光 热 辣 辣, 香 瓜、啤 酒 花,风 景 美 如 画,

```
5 5 5  3 4 5 | 6  1  2·0 | 3 3 0 5 5 5 0 | 1 1 1 1 2 0 |
夜 市 下、海鲜架、泳   池  趴，   嘟嘟， 嘟嘟，  干吗干吗呀？

3 3 0 2 1 1 0 | 5 5 5 5·0 | 3 3 0 2 1 3 | 3 - - - |
咖 喱！咖 喱！轻 轻 一 加，  咖 喱！咖 喱 辣！

3 3 0 2 1 1 0 | 5 5 5 5·0 | 2 2 2 1 6 3 | 2 - - - |
咖 喱！咖 喱！香 蕉 木 瓜，  榴 莲 臭 臭 配 香 茶。

3 3 0 2 1 1 0 | 5 5 5 5·0 | 3 3 0 2 1 3 | 3 - - - |
咖 喱！咖 喱！摩 托 皮 卡，  咖 喱！咖 喱 呀！

3 3 0 2 1 1 0 | 5 5 5 5·0 | 2 2 2 1 6 7 | 1 - - - |
咖 喱！咖 喱！夜 市 酒 吧，  热 情 奔 放 火 辣 辣！
```

🎵 活动目标

（1）在熟悉音乐的基础上，能随乐完成制作摇摇杯的完整动作，用石子与玻璃杯撞击发出的声音及串铃棒来表现音乐情境。

（2）在制作"咖喱"摇摇杯的情境中，准确把握投放"水果"的顺序和时间，在明确听到"放"字之后，才能把"水果"投到杯中，并按逆时针的顺序依次补位，选出加"咖喱"的人进行循环游戏。

> **注意**：教师需要特别注意引导幼儿倾听"水果"（小石子）撞击杯壁发出的声音。所以，教师在说"放"时的声音要"高"而"轻"，与石子撞击杯壁的音色尽量接近，以保持和谐。

（3）体验与大家一起制作摇摇杯的乐趣。

🎵 活动准备

（1）物质准备：

① 16个垫子。

② 16个玻璃杯。

③ 16个案板。

④ 彩色石子（"水果"）16份。

⑤ 小碟子16个。

⑥ 串铃棒1个。

⑦ PPT幻灯片。

⑧ 录音音乐。

（2）经验准备：

　　① 了解咖喱是什么。

　　② 拥有传递物品、逆时针补位的经验。

　　③ 熟悉调制饮品是怎么回事。

（3）空间准备：

　　① 全体幼儿围坐成大的圆圈。

　　② 垫子与案板之间留有空隙，方便幼儿走动。

垫子　　　　　　　　　玻璃杯、案板、彩色石子及小碟子

活动过程

1. 故事加动作

教师：小冷饮师们，还记得怎样调制摇摇杯吗？我们一起来试试吧！（第1遍随乐练习）

2. 加入"水果"，准确把握投放"水果"的顺序和时间

教师：快看！我们的"水果"送到了，我们用传递的方法把"水果"发给每一位小冷饮师。

教师：我们的水果有什么颜色的？正好是秘方中的颜色哟！那我们怎么投放"水果"呢？

> **注意**：教师带幼儿边说口令边练习投放一次"水果"。教师应专门澄清与明确投放"水果"的颜色顺序——红、黄、蓝、绿。

教师："水果"有了，我们快来调制吧！（第2遍随乐练习）

3. 准确把握投放"水果"的时间

（1）教师：你们"水果"拿得很准确，可是我发现小冷饮师们在放"水果"时，有的放得早，有的放得晚，那么当听到口令中的哪个字时才可以放呢？口令是什么？当听到口令中"放"字的时候才能放手，这样才能保证我们投放水果的时间一样。我们一起来

试试吧！（第3遍随乐练习）

> **注意**：幼儿是在教师口令的提示和支持下，做两拍拿、连拍放的动作。

（2）教师：你们投放"水果"的时间掌握得很好！那你们想不想知道秘方中的"水果"到底是什么？（分别出示草莓、芒果、蓝莓、青苹果实物或图片）

（3）教师：你们可不可以直接看着"水果"来调制呢？我们的口令是什么？可以换成什么？取什么颜色的呢？（第4遍随乐练习）

4. 加入"咖喱"，双角色的配合

（1）明确加"咖喱"的时间。

教师：这个摇摇杯还有一种调料没有加入，这次我要给你们加"咖喱"，请看看我是在你们做什么动作的时候加的"咖喱"。（第5遍随乐练习）

教师：味道非常好。你们在做什么动作的时候，我给你们加的"咖喱"？（你们双手举起杯子的时候）举着杯子能动吗？为什么？你们观察得很仔细，我们来练一练，先从加"咖喱"开始。（单独放第二段音乐）

（2）选出加"咖喱"的人。

教师：下一个给我们加"咖喱"的人是谁呢？其实，在你们的座位中有一个专属的加"咖喱"的座位，谁坐在那个座位上，谁就是下一个加"咖喱"的人。你们快看看自己的座位吧！

教师：（把专属座位的幼儿选出来加"咖喱"）你知道是在什么时候给我们加"咖喱"吗？你有问题吗？（稍作停顿）我有个问题，如果专属座位上空了，下一个加"咖喱"的人是谁呢？我们应该怎么办？

教师：我们所有的小冷饮师，逆时针依次移动一个座位，进行补位，这样专属座位有人了吗？谁是下一个加"咖喱"的人？

教师：开始调制哟！（第6遍随乐练习）

教师：下一个加"咖喱"的人上场，逆时针移动座位补位，继续调制。（第7遍随乐练习）

教师：现在我们带着调好的摇摇杯送给客人去尝一尝吧！

♪ 温馨提示

（1）特别注意：这个活动比较特殊，它是在情境和材料的游戏中逐步累加相关内容的，不能按照一般流程来分析。

（2）本活动对于中班幼儿来说，他们可能遇到的最大困难在于：既要听音乐、听指令，又要辨别颜色，还要运用小肌肉的精细动作操作（将小石子拿起，再放入小杯子）。所以，这既需要教师步骤清晰，指导明确，又需要幼儿具备良好的认知能力、操作能力和自我控制能力。

三、大班奏乐教学案例

  案例1　雷神　　　　　　　　（南京军区司令部幼儿园）

使能目标阶梯

挑战4	指挥幼儿使用乐器分声部合作演奏；使用大鼓和吊钹演奏。	拓展应用	看教师指挥，随乐使用乐器分声部合作演奏；幼儿志愿者加入大鼓和吊钹演奏。
挑战3	指挥幼儿将徒手整体乐器演奏动作迁移到分声部乐器合作演奏动作中。	迁移应用	在教师的指挥和引导下，随乐将徒手整体乐器演奏动作迁移到分声部乐器合作演奏动作中。
挑战2	指导幼儿将律动动作迁移到徒手乐器演奏动作中。	迁移应用	在教师的指导下，随乐将律动动作迁移到徒手乐器演奏动作中。
挑战1	逐步退出，检验幼儿是否能够基本独立地随乐操作。	应用	逐步练习至能够熟练地独立随乐操作。
动作+音乐2	带领幼儿随乐练习"动作和语音总谱"。	模仿	通过随乐操作感知动作要素、顺序及重复规律，理解故事、音乐与动作之间的关系。
动作+音乐1	随乐演示"动作和语音总谱"，一边自念儿歌，一边示范上肢基础律动模式。	观察	感知动作要素、顺序及重复规律，理解故事、音乐与动作之间的关系。
故事	简述打雷下雨的情境。	理解	情境理解，产生兴趣，明确任务。

【动作建议】（参见乐谱）

雷 神
（选自《雄壮进行曲》）

[美国]苏 萨曲

转A调

回原F调

拉宽

C段

【配器建议】

（1）A段音乐。①摇手——铃鼓。②拍腿——响板。③拍肩——碰铃。④拍手——所有乐曲一起演奏。

（2）B段音乐。①说"唰"时铃鼓摇奏。②说"轰"时加拍手——全体乐器一起演奏，并加大鼓和吊镲。

（3）C段音乐。① 拍腿——铃鼓、响板。② 拍肩——铃鼓、碰铃。③ 拍手——铃鼓、碰铃、响板、大鼓。（吊钹在最后一拍演奏一下）

活动目标

（1）初步熟悉音乐，能跟随音乐按照配器方案比较熟练地分声部演奏。

（2）在教师的引导下，将基础律动动作逐步迁移到乐器操作动作中。

（3）认真看指挥的指示，注意倾听其他声部的演奏，努力保持与集体的演奏和谐一致。演奏时投入注意力和情感，体验和表现音乐中的三种主要力量特质和变化规律：A是热情，B是舒畅，C是激烈，再现B的舒畅，结束句又回到A的热情。

活动准备

（1）物质准备：
　　① 录音音乐。
　　② 三种基础乐器：碰铃、铃鼓、响板。（数量各为参与学习幼儿人数的三分之一）
　　③ 大鼓和吊钹。

（2）经验准备：
　　① 拥有比较丰富的集体奏乐学习经验。
　　② 拥有看指挥演奏和指挥演奏的经验。
　　③ 能比较熟练地演奏基础乐器——大鼓和吊钹。

（3）空间准备：幼儿围坐成双马蹄形。

> **注意**：实际上就是三个声部用三个空间，即铃鼓组安排在正中间，大鼓和吊钹组安排在铃鼓组的背后。

活动过程

1. 聆听讲解，进入情境

教师以"外出郊游——中途遇雨——冒雨前进——最终迎来云散日出"的情境导入活动。

2. 观察教师随乐演示"动作和语音总谱"

> **注意**：在上一章"律动教学"中，这个一直被称为基础律动模型。然而在本章中，因为最终的目的已经拓展为"奏乐"，所以可以同样被视为一种表征配器方案的总乐谱。

3. 跟随教师随乐练习"动作和语音总谱"

> **注意**：这里使用语音是一种必要技巧，它与本章前面的"专题分析"中提供的《工农兵联合起来》图谱类似，这首乐曲的第一部分，是一种包含了长句和短句的特殊结构。如果仅仅使用动作符号，幼儿在最初学习的时候，往往容易因知觉"惯性"而产生错误的"动力定型"——因为容易判断为相同句长而总是产生认知困扰。而图示和有意义的语音，则更容易被感知、理解和记忆。

4. 逐渐独立完整地随乐徒手表演

过程略。

5. 分声部合作完整地随乐徒手表演

（1）将幼儿分成三个小组，分别徒手表演碰铃、铃鼓、响板三个基础声部。

（2）告知幼儿相应的动作。

　　① A段音乐：铃鼓组只做摇手的动作；响板组只做拍腿的动作；碰铃组只做拍肩的动作；拍手的动作大家一起做。

　　② B段音乐：说"唰"的时候，只有铃鼓组做摇手的动作；说"轰"的时候全体一起拍手。

　　③ C段音乐：铃鼓组和响板组一起拍腿；铃鼓组和碰铃组一起拍肩；说"多么开心"加拍手的时候，三个小组一起说、一起做。

> **提示**：教师会用指挥手势随时提醒大家，教师的手势、身体、眼睛朝向谁，谁才做动作。

（3）教师指挥幼儿随乐练习2—3遍。

6. 迁移到徒手乐器演奏模仿动作中，分声部随乐合作练习

除了动作被改造成乐器演奏模仿动作以外，分工和结构不变，此处不再赘述。

7. 教师指挥，幼儿实操乐器

同上环节，不再赘述。

8. 幼儿自由交换乐器，教师指挥演奏

过程略。

9. 加入大鼓和吊镲（幼儿志愿者演奏），**教师指挥演奏**

> **注意**：本活动的流程是典型的奏乐教学流程。

🎵 温馨提示

（1）这是一个教师相对"高控"的范例。

> **注意**：对参与学习的幼儿来说，配器方案的难度越高，教师对学习过程的控制水平就会越高，即幼儿需要教师更多的直接指导，因为幼儿缺乏相应的经验和能力。

（2）一般情况下，这个方案需要组织两次集体教学活动才能完成。

　　第一次活动：完成前4个流程。

　　第二次活动：可能完成后5个流程。

（3）大班阶段，在一般的完整流程中的最后几个环节分别为：

　　① 自由交换乐器演奏。

　　② 加入新的特殊音色乐器。

③ 轮流担任指挥。

④ 对配器方案进行改编。

⑤ 担任指挥者，即兴对配器方案进行微调。

⑥ 如果是"层层累加"的方案，便是如②加入新的特殊音色乐器，但是区别在于：②只累加一两种特殊乐器，且演奏方法简单。"层层累加"是指一旦"基础方案"被幼儿掌握，便可慢慢地通过多次的新音色累加，逐步达到丰满的效果。但需要注意的是：通常"层层累加"方案的"基础"方案是由一种"主奏乐器"与一种"主要节奏型"所构成的，其相对简单，且一般不再有不同音色与不同节奏的交替。

> **注意：** 本教案仅仅提供基础流程，其他流程一般也不会安排在一次集体教学中完成。

（4）这是一个典型"打击乐整体教学模式"的案例。该模式起源于20世纪末的第一次奏乐改革运动，它将"分声部入手"的教学模式改造成了"从整体配器符号表征律动入手"的教学模式。这个改造，除了建立在对"土耳其进行曲""狮王进行曲""雾""彩色的小蛇""小虱子和小跳蚤"等奥尔夫老师的经典案例的模仿学习和反思借鉴的基础上以外，还吸收了格式塔心理学的"完形理论"、学习心理学的"正迁移"学习理论和皮亚杰的"符号表征"理论。

（5）后面的案例"师兄不好啦"，使用了同样的音乐，但教学流程不同，这是我们团队在2008年开始研发的一种"变异模型"。这种模型在总体思路上，仍旧坚持了"从整体的配器符号表征律动入手"的基本原则。而其中的两个重要微调是一升、一降。

① 一升：提升了对游戏化和情境化原则的强调力度。

② 一降：降低了理性分析学习和技能学习的要求。

（6）希望有深入学习愿望和学习兴趣的读者，可以将本书所提供的所有奏乐案例做一个大致的分类。比如，可将30年前的原本模式作为A模式，30年后的变异模式作为B模式，仔细进行对比分析和实践体验。通过这一过程，一定会对你的执教和设计能力大有裨益。对于在校学习的"准教师"，可以由任课教师带领；对于在职学习的教师，可以由教研团队"首席"带领大家一起钻研，这样的学习效果会更好。

案例2　师兄不好啦　　（南京　尤金莲）

使能目标阶梯

阶段	内容	目标	说明
挑战4	提供"人机互动"游戏，激励幼儿反复练习完善。	迁移应用	在"人机互动"游戏的激励下反复练习，完善演奏水平。
挑战3	引导幼儿尝试将儿歌动作总谱迁移至实际的随乐演奏。	迁移应用	在教师的指导下，尝试将儿歌动作总谱迁移至实际的随乐演奏。
挑战2	提供乐器，让幼儿选择和探索交流。	探索	小组内探索乐器奏法，小组间协商乐器分工与交流探索成果。
挑战1	逐步退出，检验幼儿是否能够基本独立地随乐操作。	应用	逐步练习至能够熟练、独立地随乐操作。
动作+音乐2	带领幼儿反复随乐练习"动作和语音总谱"。	模仿	通过操作，进一步感知动作要素、顺序及重复规律，理解故事、音乐与动作之间的关系。
动作+音乐1	随乐演示"动作和语音总谱"。	观察	感知动作要素、顺序及重复规律，理解故事、音乐与动作之间的关系。
故事	简述"三徒弟救师傅"的故事。	理解	情境理解，产生兴趣，明确任务。

【动作建议】（参见乐谱）

雷 神
（选自《雄壮进行曲》）

1 = F 2/4

[美国] 苏 萨曲

(5. 6 | 7. 1 | 2 3 4 #4 | 5 0) |
　　　　　　不好　　　啦！（预令）

A段

| 5. #4 5 | 3 0 2 0 | 1 0 6 0 | 5 - | 4. 3 4 | 2 0 2 0 | 3. #2 3 | 1 0 1 0 |

1. 二　师兄　不好　啦！师傅被　妖怪　抓走　啦！
2. 大　师兄　不好　啦！师傅被　妖怪　抓走　啦！

动作：摇　手　拍腿　拍腿　摇　手　拍腿　拍腿

| 5. #4 5 | 3 0 2 0 | 1 0 6 0 | 5 - | 4. 3 4 | 3 0 2 0 | 5 0 | 0 0 :||

1. 二　师兄　不好　啦！师傅被　妖怪　抓走　啦！
2. 大　师兄　不好　啦！师傅被　妖怪　抓走　啦！

摇　手　拍腿　拍腿　摇　手　拍腿　拍腿

B段

| 3 - | 5 5 | 3 - | 3 3 3 3 | 3 1 1 1 | 1 3 | 5 - | 5 ᵛ5 |

看俺　老猪　的！　　不行，　俺　害　怕。　　看

双手握拳　双手握拳　双手握拳　双手交叉抱臂

| 3 - | 5 5 | 3 - | 3 3 3 3 | 3 5 5 5 | 5 5 | 1 - | 1 5 |

俺　老猪　的！　　不行，　俺　害　怕。　　看

双手握拳　双手握拳　双手握拳　双手交叉抱臂

| 3 - | 5 5 | 3 - | 3 3 3 3 | 3 1 1 1 | 1 3 | 5 - | 5 ᵛ5 |

俺　老猪　的！　　不行，　俺　害　怕。　　看

双手握拳　双手握拳　双手握拳　双手交叉抱臂

| 3 - | 5 5 | 3 - | 3 3 3 3 | 3 5 5 5 | 5 5 | 1 - | 1 5 |

俺　老猪　的！　　不行，　俺　害　怕。

双手握拳　双手握拳　双手握拳　双手交叉抱臂

过渡　　　　　　　　　　　　　　　　　　转A调

| 1 1 1 1 1 | 1 1 2 3 3 4 | 5 3 4 5 6 7 | 1 0 | 1 1 1 1 1 | 1 1 2 3 3 4 |

吃　俺老孙　一棒　　哈！　吃　俺老孙

双手握拳放左肩上　　　　　　　　打　　双手握拳放左肩上

回原F调

| 5 3 4 5 6 7 | 1 0 | 1 1 1 1 1 | 1 1 0 | 1 1 1 1 1 | 1 1 0 |

一 棒　　哈!　　　　打　　　　哈　　打　　　　哈!
双手握拳放肩上　打　　　　　　打　　　　　　　打

拉宽

| 1 1 1 1 1 | 1 2 3 4 | 5 4 3 2 |

妖　怪　　别　跑!
（无动作）

| 3 - | 4 5 | 3 - | 3·5 1·3 | 6·6 2·4 | 7·7 2 5 | 3 - | 3 5 |

师　　傅　　别　　怕!　　　师　　傅　　别　　怕!
拍手　拍手　拍手　拍手　　拍手　拍手　拍手　拍手

| 3 - | 4 5 | 3 - | 3·5 1·3 | 6·6 2·4 | 7·7 2 5 | 1 - | 1 1 |

我　们　一　起　　来　救　你　啦!
拍手　拍手　拍手　拍手　拍手　拍手　拍手　拍手

儿歌动作图谱参考

"人机互动"图参考(局部)

活动目标

（1）根据故事情境创编身体动作，并能合乐合拍地进行身体律动。
（2）在幻灯片的提示下，感知乐曲结构并创编身体动作，尝试用打击乐器进行演奏。
（3）在演奏中，能够结合角色和情节的发展，控制好自己的乐器。

活动准备

（1）物质准备：
　　① 录音音乐。
　　② 铃鼓、沙锤、三角铁三种乐器。
　　③ 教学幻灯片。
（2）经验准备：
　　① 熟悉要使用的乐器。
　　② 有分声部合作演奏的经验。
　　③ 熟悉《西游记》的人物和主要的故事情节。
（3）空间准备：幼儿围坐成双马蹄形。

活动过程

1. 故事导入
幼儿初步了解《西游记》的故事情节。

2. 理解情境，创编"动作和语音总谱"，分段匹配合乐
（1）教师跟着音乐有节奏地说故事，幼儿完整倾听、感知音乐，初步了解故事情节的发展。
（2）A段音乐的动作创编——合乐说故事片段的沙和尚部分，并随乐做动作。
　　教师：故事中，沙和尚先喊谁来帮忙？喊了几次？接着又喊了谁？喊了几次呢？你们说得对吗？我们来听一听。
（3）B段音乐的动作创编——合乐说故事片段的猪八戒部分，并随乐做动作。
　　教师：故事中，猪八戒来了之后，一开始他觉得自己很厉害，对妖怪说了什么？（看俺老猪的）可是他又说"不行，俺害怕"。谁来学一学，猪八戒一开始很勇敢，后来又害怕妖怪的样子呢？
（4）C段音乐的动作创编——合乐说故事片段的孙悟空部分，并随乐做动作。
　　教师：故事中，谁勇敢地出来打妖怪了？（孙悟空）他是怎么说的？（吃俺老孙一棒哈！）只说了这一句吗？请你们再仔细地听一听，他到底是怎么说的？
（5）完整随乐做"徒手操作动作"。
　　教师：这一次我们完整地跟着音乐一边做动作，一边说故事吧。

3. 出示乐器，使用乐器分角色演奏

（1）分角色做身体动作。

教师：故事里一共有几个角色呀？现在你们变成沙和尚、猪八戒、孙悟空，师傅被抓走了，你们赶紧去救师傅吧！

（2）请幼儿探索乐器的演奏方法。

> **注意**：与30多年前不同的是，现今的教师在面对有一定集体奏乐经验的幼儿时，一般都会直接让幼儿自选乐器。幼儿小组之间有共同意向的可以先协商，然后再让幼儿自己探索乐器的演奏方法，组内协商统一，组间分享交流，最后确定演奏方案。

教师：你们快快商量好，选哪一种法宝（乐器）。商量好了吗？快把法宝拿走吧！试一试怎样才能发出有节奏的声音，赶走妖怪？

（3）分组请幼儿示范自己角色的乐器的演奏方式。

（4）加入乐器演奏。

① 加入乐器演奏。

教师：法宝的使用方法你们学会了吗？我们赶紧去救师傅吧！

② 加入乐器演奏，引导幼儿反思乐器演奏时出现的问题。

教师：哎呀，怎么回事？是不是哪里出现了问题？

> **注意**：这里还有一种新技术，可称为"人机互动"技术，即为了让幼儿有意愿反复练习，幻灯片中表现的"主题任务"便一直不能达到圆满完成的结果。如在本案例中，师傅一直不能够被从妖怪的牢笼中解救出来，就是运用了该技术。

4. 结束活动

教师：太好了，终于把师傅救回来了。哎呀，天色已晚，我们赶紧找一处地方休息一下，明早再继续出发吧！

案例3　嘻哈农场　　（南京　陈　雪）

使能目标阶梯

挑战4	指挥全体完整随乐演奏、表演和游戏。	创造性应用	在教师的指挥下，全体完整随乐演奏、表演和游戏。
挑战3	发放乐器，供幼儿协商分配，并组织幼儿探索乐器的演奏方法。	应用	在教师的引导与组织下，协商乐器分配和探索乐器演奏的方法。
挑战2	逐步邀请更多幼儿学习农场主的"动作和语音总谱"，形成双角色互动的模式。	应用	通过操作，进一步感知双声部表演的音响效果，以及双声部合作表演的人机互动效果。
挑战1	在幼儿熟悉奶牛的"动作和语音总谱"后，教师加入农场主的声部，形成双声部表演模式。	应用	在操作中，逐步感知第二声部（农场主声部）进入后的双声部音响效果。
动作+音乐2	带领幼儿随乐练习奶牛的"动作和语音总谱"。	模仿	通过操作，进一步感知第一声部（奶牛声部）的动作要素、顺序及重复规律，理解故事、音乐与动作之间的关系。
动作+音乐1	随乐示范奶牛的"动作和语音总谱"。	观察	感知第一声部（奶牛声部）的动作要素、顺序及重复规律，理解故事、音乐与动作之间的关系。
故事	简述"奶牛与农场主斗争"的故事。	理解	情境理解，产生兴趣，明确任务。

歌剧 2

[俄罗斯] 维塔斯曲

$1=\flat A$ $\frac{4}{4}$

```
( 3̣ 1 6̣ 1 3̣ 1 6̣ 1 | 3̣ 1 6̣ 1 3̣ 1 6̣ 1 | 3 - 4 - | 1 - 7̣ - ) |
```

A段
```
‖: 3̣ 1 6̣ 1  1· 3̣ | 7̣ 2 6̣ 1  1  0 | 3̣ 1 6̣ 1  1· 4 | 3 - - - |
   2 3 2  3 2 3 2 0 | 3 2 3 2 3 2 0 | 7̣ 7̣ 1 7̣ 1 2 7̣ | 6 - - - :‖
```

B段
```
‖: 3̣ 2 3 - - | 3 - 3 2 1 | 7̣ 1 - - | 7̣ - - - :‖
```

C段
```
3̣ 1 7̣ 1 3̣ 1 7̣ 1 | 4 - - 3 0 | 3̣ 1 7̣ 1 3̣ 1 7̣ 1 |
3̣ 1 7̣ 1 2 1 7̣ 1 | 3̣ 1 7̣ 1 3̣ 1 7̣ 1 | 4 - - 3 0 ‖
```

🎵 游戏玩法

（1）A段音乐的玩法。

　　①第一遍（奶牛吃草）：双手手心对着自己，在嘴前一拍一下做"吃草"状。

　　②第二遍（农场主来了）：双手同时在腿上一拍一下地走。

（2）B段音乐的玩法。

　　奶牛说：天哪（双手手臂向上伸直），好冷呀（屈肘，双手握拳放胸前不动，做"喊冷"状）。

（3）C段音乐的玩法。

　　①1—4小节。奶牛说：毛毯、毛毯……（两拍一次，说8次）；农场主说：牛奶、牛奶……（两拍一次，同时说8次）；奶牛与农场主同时做"要东西"状（手臂向胸前伸直，双手做握拳、放开的动作，一拍一下）。

　　②5—6小节。两个角色同时说：不给、不给、不给（双手放在胸前，手心向外，两拍一次，左右晃动3次）。嗯……哼（两拍，同步做"石头剪刀布"的动作）。如果农场主赢了，奶牛就把牛奶罐里的牛奶倒给农场主；如果奶牛赢了，农场主就将整个身体变成毛毯，拥抱奶牛；如果农场主和奶牛平局了，就相互击掌。

【动作建议】（同游戏玩法）

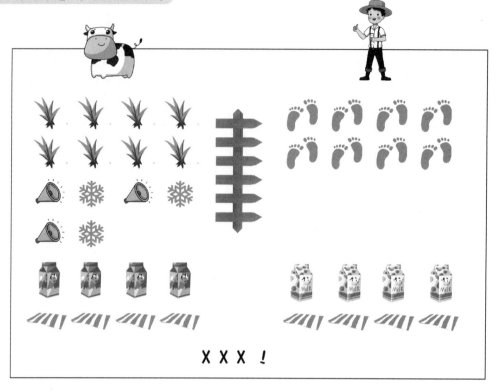

图谱参考
（图左是奶牛，图中是栏杆，图右是农场主）

【配器建议】

（1）A段音乐。

第一遍（奶牛）：一拍一下敲击铃鼓。第二遍（农场主）：一拍一下敲击奶粉罐。

（2）B段音乐。奶牛手上举铃鼓，两拍后放胸前定住不动。

（3）C段音乐。双角色同时进行。

（奶牛）一拍一下敲击铃鼓。（农场主）一拍一下敲击奶粉罐。

活动目标

（1）在熟悉乐曲旋律、感受相应故事之后，能分角色用动作和乐器按照一拍一下的节奏表现奶牛吃草和农场主散步的动作，并用一定的语音与动作、器乐节奏表现音乐中的争执与幽默。

（2）通过观察图谱，在与教师合作游戏的过程中，明确两个角色的不同口令及身体、乐器的动作，迁移生活经验，用"石头剪刀布"的游戏表现争执的情节。

（3）努力在游戏情境中与团队商量并执行决定，感受团队游戏的乐趣。

活动准备

（1）物质准备：
　　① 与音乐、儿歌相匹配的图谱（可见图谱参考）一张。
　　② 骰子一个。
　　③ 铃鼓、奶粉罐若干。（数量各为幼儿人数的一半）
（2）经验准备：已经初步熟悉了音乐、故事、儿歌，以及角色"奶牛"的表演动作。
（3）空间准备：幼儿分成两组，围坐成半圆。在两组幼儿之间空出稍大一些的距离，以表示不同的"角色阵营"。

活动过程

1. 幼儿倾听教师简单讲述故事，感受两种角色之间的争斗

教师：寒冷的冬天，一群奶牛正在吃草，它们吃呀、吃呀、吃呀、吃呀，这时农场主抱着奶粉罐走来了，走呀、走呀、走呀、走呀。一阵风吹来，奶牛会对农场主提出什么要求，又会发生什么事情呢？

2. 教师和幼儿共同分角色感受音乐及角色之间的矛盾

（1）教师和幼儿共同随乐做农场主的动作，请幼儿了解奶牛的要求。
　　教师：奶牛说天气怎么啦？奶牛提出要什么东西？
（2）幼儿做奶牛，教师做农场主，分角色游戏。
　　教师：奶牛提出了这么多的要求，那么农场主会提出什么要求呢？你们做奶牛，我做农场主，我们一起来听一听、看一看、做一做。

> **注意1**：教师关注幼儿是否能准确合乐做奶牛的动作，同时引导幼儿关注农场主的动作和口令。
> **注意2**：当有幼儿不清楚节奏和动作时，教师可以提醒幼儿参考图谱。

3. 幼儿逐步加入农场主的角色，小组分角色随乐游戏

（1）教师投掷骰子，逐步邀请幼儿担任农场主的角色，与同伴互动，感受音乐。
　　教师：我一个农场主势单力薄，现在邀请了其他的农场主和我一起游戏。
　　在随乐动作结束后，教师"投掷骰子"，骰子数字是几，就邀请几位幼儿成为农场主，并与同伴互动。

> **注意**：教师这里使用了类似"点兵点将"的随机游戏，来决定如何逐渐增加人数来参与农场主角色的练习。

（2）教师根据幼儿人数情况投掷骰子，直至农场主和奶牛角色的人数基本相等。

4. 出示奶粉罐和铃鼓，分配乐器并探索使用方法

（1）根据角色需要分配乐器。

　　教师：农场主想要什么？哦，那他们就用奶粉罐。奶牛就用剩下的什么乐器？

（2）幼儿探索乐器的使用方法。

　　教师：农场主一下一下地奏乐，奶牛一下一下地吃草，这可以怎么演奏呢？大家试试看。

　　教师：天啊，好冷啊，奶牛应该怎样用铃鼓呢？大家来试一试。

（3）在幼儿尝试结束后，教师引导与组织幼儿分享自己的发现。

5. 幼儿看教师指挥，同时用乐器演奏

过程略。

6. 累加"石头剪刀布"的游戏

（1）教师示范游戏玩法。

（2）幼儿相互做胜、负和平的动作。师幼共同随乐一对多地进行游戏。

（3）分组游戏。分胜负的方式主要是看各小组领头幼儿的胜负情况。

> **注意**：如果幼儿游戏的情况和小组合作的经验较好，也可以小组商量，即在"石头剪刀布"的游戏环节，大家统一出什么？在合作随乐玩游戏时，幼儿按照输赢的结果，做相应的动作。

♪ 温馨提示

（1）特别提醒：本活动使用的是"在主要声部之上层层累加"的模式。

（2）区域延伸：在后续的区域游戏中，幼儿可以面对面地站成两列，在移动行进的过程中演奏，并进行"石头剪刀布"的游戏。幼儿也可以选择自己喜欢的队形组织游戏。

（3）特别提醒：在拥有两个角色互动的设计中，通常需要设计一个主导的角色（动作一贯到底），一个配合的角色（动作与主导的角色有时是相同的，有时是简单的对应）。

　　① 在学习流程中，先学习主导角色，等熟悉主导角色后，再加一边做主导角色一边感知教师操作的配合角色。

　　② 全体学习配合角色。

　　③ 全体操作配合角色，同时感知教师操作的主导角色。

　　④ 幼儿分成两组，两种角色配合操作。

　　⑤ 幼儿两两结伴，分角色配合操作。

> **注意**：在必要时，流程还可以分得更加细致，教师可给予更多支持。

四、奏乐教学课堂实训案例

扫码阅读
奏乐教学案例

 案例1　狮王进行曲　　（中国台湾奥尔夫老师提供）

使能目标阶梯

挑战4	指挥学员使用乐器分声部完整地随乐演奏。	创造性应用	看教师的指挥,使用乐器进行分声部完整随乐演奏。
挑战3	指挥学员将分声部徒手练习的"动作和语音总谱"模式迁移到徒手练习"乐器模仿动作"模式中。	迁移应用	完整随乐徒手练习"乐器模仿动作"模式。
挑战2	指挥学员分声部徒手练习"动作和语音总谱"模式。	迁移应用	完整随乐分声部徒手练习"动作和语音总谱"模式。
挑战1	带领学员随乐按照"动作和语音总谱"模式进行练习。	模仿	通过操作,进一步感知动作要素、顺序及重复规律,理解故事、音乐与动作之间的关系。
动作+音乐	引导学员创编相关动作和语音。	创编	在教师的指导下,参与"动作和语音总谱"的创编。
音乐+图谱	教师随乐指图谱。	观察	感知动作要素、顺序及重复规律,理解故事、音乐与动作之间的关系。
故事	简述"狮王和狐狸"的故事。	理解	情境理解,产生兴趣,明确任务。

【配器建议】（参见乐谱）①

狮王进行曲

1 = C 2/4

[法国] 圣-桑曲

① 乐谱中的符号释义：♪——大鼓、大镲(或吊钹)　♪——大鼓　♪——圆舞板、碰铃

⊗——编制上的全部乐器　～～～——编制上的摇响乐器

活动目标

（1）初步熟悉音乐，欣赏音乐的气质和趣味；了解、理解音乐的结构，比较准确、自然和有表现力地随音乐演奏。

（2）根据故事和图谱的提示，参与创编"动作和语音总谱"。

（3）学习看指挥演奏和指挥他人演奏；努力协调自己与集体在速度、力度、节奏等方面的关系，感受相互配合创造美好演奏效果的乐趣。

🎵 活动准备

（1）物质准备：

　①录音音乐。

　②"图形总谱"。

　③基本乐器：铃鼓、碰铃、圆舞板。（每种乐器的数量为学员总人数的三分之一）

　④大鼓和吊钹（或大镲）。

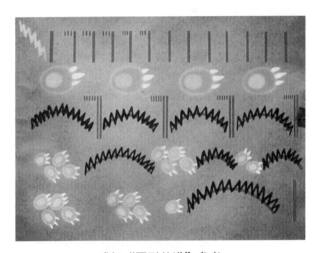

感知"图形总谱"参考

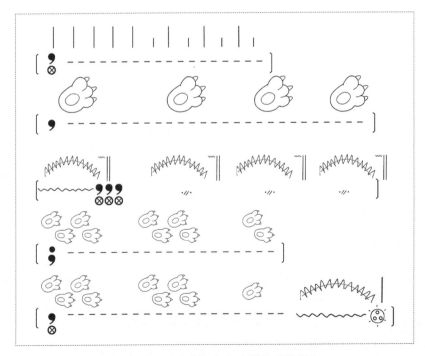

演奏"图形总谱"参考（供幼儿使用）

（2）经验准备：

　　① 具有集体奏乐经验，以及对基本乐器的演奏经验。

　　② 利用变通的"图形总谱"进行学习的经验。

　　③ 参与创编"变通总谱"的经验。

（3）空间准备：学员围坐成双马蹄形。

> **注意1**："变通总谱"是相对"通用总谱"（常用的简谱和五线谱）来讲的一种特殊乐谱。由于"通用总谱"的认知方式和认知过程都比较复杂，它不但不能对幼儿整体感知音乐的过程有所帮助，反而会人为地增加幼儿的认知负担，减少幼儿参与音乐学习的乐趣。但是，若不用总谱，幼儿学习中的感知、理解、记忆负担又太重。"变通总谱"正是为了解决上述矛盾而被创造出来的。
>
> **注意2**：目前在幼儿园经常被使用的"变通总谱"主要有三种，即"图形总谱""动作总谱""语音总谱"。但在实际使用时，通常是用它们的混合模式。任何一种模式最终会过渡到动作模式，这是因为奏乐必定要用动作来操作乐器。奥尔夫音乐教学的经典"声势表演"模式，实际上就是一种动作和语言混合的模式。而"图形总谱"对于幼儿学习者的认知、理解和记忆会有非常重要的帮助。

活动过程

1. 欣赏音乐戏剧性的气质，熟悉音乐的结构

（1）用讲故事的方法帮助学员了解音乐中的五种形象：吹号、狮王走路、狮王吼叫、其他动物走路、发生严重事情。

（2）倾听配乐故事，引导学员将故事中的形象与音乐中的形象一一匹配。

2. 创造"变通总谱"

（1）教师邀请学员将故事中的形象与音乐中的形象一一匹配，引导他们创造相应的"图形总谱"。

（2）教师邀请学员将图谱中的形象、音乐中的形象与身体的表演动作一一匹配，引导他们创造相应的"动作和语音总谱"。

3. 进一步感知和理解音乐的气质和结构

（1）教师使用"随乐指图"的方法，帮助学员进一步感知和理解音乐的气质和结构。

（2）教师辅导个别学员轮流指图，其他学员做完整随乐"动作和语音总谱"模式的练习。

4. 逐步过渡到乐器实操演奏

（1）教师出示演奏"图形总谱"，与学员讨论其中符号的含义。

（2）教师指图，全体学员随乐分声部徒手练习乐器模仿动作。

（3）个别学员轮流指图，其他学员随乐分声部徒手练习乐器模仿动作。

（4）脱离图谱，看教师或学员指挥，分声部徒手随乐练习乐器模仿动作。

（5）看指挥随乐实操乐器演奏。

（6）加入大鼓和吊钹，完整随乐演奏。

5. 整理场地和乐器

过程略。

温馨提示

（1）这是比较经典的奥尔夫教学方案。

（2）这是用画图的方式感知与表现音乐的气质和结构的活动，可以安排在集体教学前或集体教学后。

　　① 如果安排在集体教学前，可让学员提前熟悉音乐。

　　② 如果安排在集体教学后，既可以让教师了解学员学习的质量，又可以进一步提升学员掌握的水平，拓展学员图形符号的表征经验。

（3）"图形总谱"使用的思路是由我国台湾奥尔夫教师陈惠玲老师提供的，具体形象化的图谱和适合幼儿园使用的教案是由南京教师团队自己设计的。

友情提问

（1）"变通总谱"是什么"乐谱"？

（2）"变通总谱"有几种主要类型？

（3）"图形总谱"主要由什么构成？

（4）"图形总谱"在幼儿的音乐学习中主要有什么作用？

（5）凡是音乐活动都必须使用"图形总谱"吗？

注意：无论什么乐谱，都不是必需的，在适当的时机给适用的人群使用才是正确的立场。

案例2　土耳其进行曲　　（奥地利奥尔夫老师提供）

使能目标阶梯

挑战4	指导个别学员轮流指挥，其他学员使用乐器分声部完整随乐演奏；加入大鼓和吊钹。	创造性应用	看教师指挥，个别学员轮流指挥，使用乐器进行分声部完整随乐演奏；加入大鼓和吊钹。
挑战3	指挥全体学员使用乐器分声部完整随乐演奏。	迁移应用	完整随乐徒手进行"乐器模仿动作"模式的练习。
挑战2	指挥学员分声部徒手练习"动作和语音总谱"模式。	迁移应用	完整随乐分声部徒手练习"动作和语音总谱"模式。
挑战1	随乐指图，带领学员练习乐器模仿"动作和语音总谱"——教师用动作和语音带领学员练习。	模仿	通过操作，进一步感知动作要素、顺序及重复规律，理解故事、音乐与动作之间的关系。
图谱+音乐	随乐指图，让学员感知"图形总谱"的结构。	创编	感知动作要素、顺序及重复规律，理解故事、音乐与动作之间的关系。
乐器音色+图谱	出示单件乐器，邀请学员匹配单张乐器图谱。	观察匹配	由教师引导将单件乐器一一匹配至单张乐器图谱。
故事	简述"士兵操练"的情境。	理解	情境理解，产生兴趣，明确任务。

【配器建议】（参见乐谱）

土耳其进行曲

1 = C 2/4

[德国]贝多芬曲

轻快的行进风格

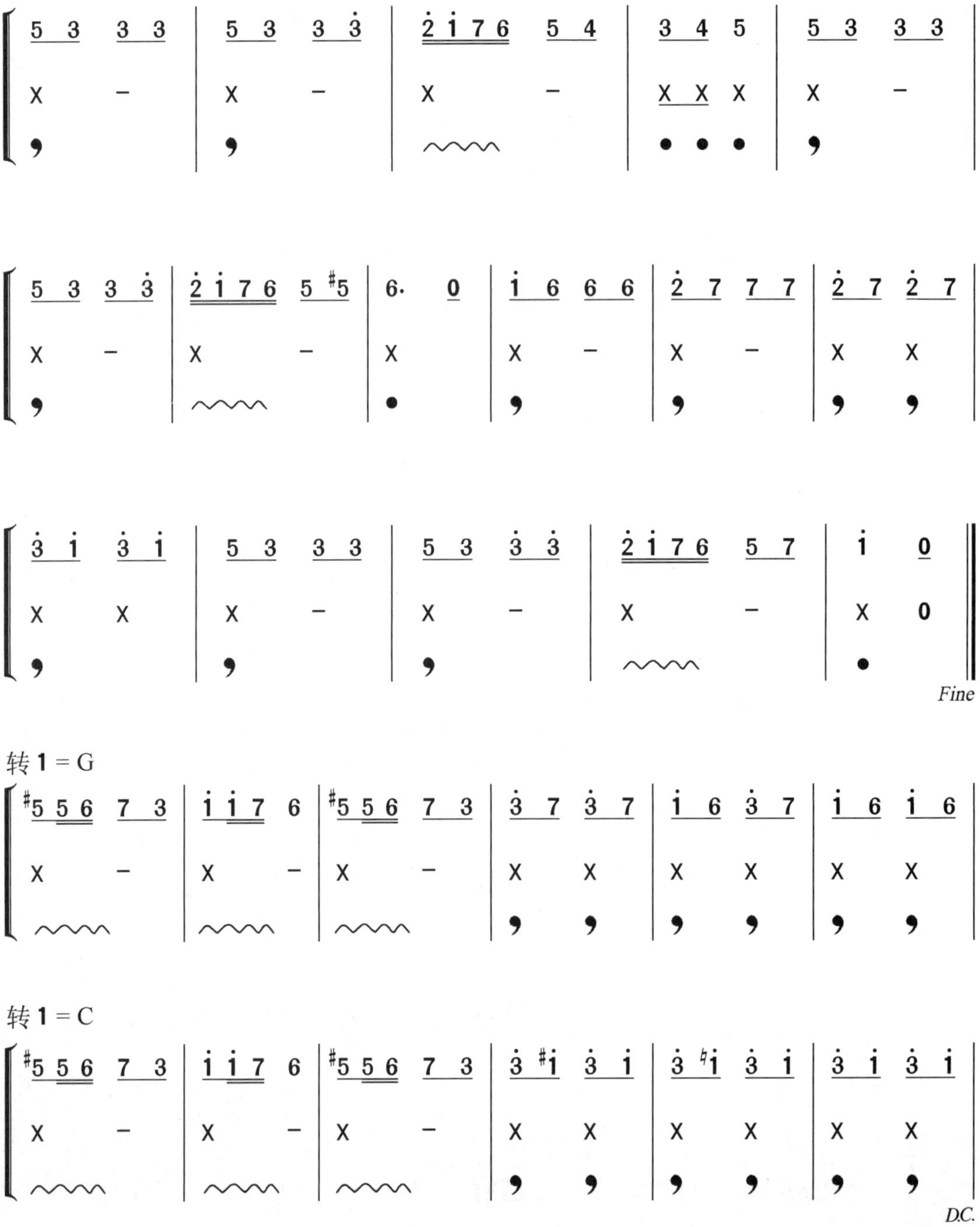

Fine

转 1 = G

转 1 = C

D.C.

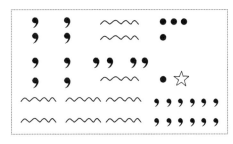

"图形总谱"参考

"图形总谱"参考① (供幼儿使用)

提示：教师出示卡片和乐器，要求幼儿根据教师演奏乐器时所发出的不同声音，将乐器与图形一一相配。

单张图片和单件乐器图参考

活动目标

（1）初步熟悉音乐，欣赏音乐轻松、诙谐的气质和趣味；了解、理解音乐的结构，比较准确、自然和有表现力地随录音音乐演奏。

（2）将图形符号与乐器音色相匹配，根据"图形总谱"的提示，尝试独立诵读"语音总谱"，并最终独立将其转换成"乐器模仿动作总谱"。

（3）学习看指挥演奏和指挥他人演奏；努力协调自己与集体在速度、力度、节奏等方面的关系，感受相互配合创造美好演奏效果的乐趣。

活动准备

（1）物质准备：

① 常规乐器：碰铃、铃鼓、响板。（每种数量为幼儿总人数的三分之一）

---

① 说明：❜ ——碰铃(或三角铁)、大鼓、吊钹　　● ——圆舞板(或木鱼、摇响板)

　　　　〜 ——铃鼓(或串铃、沙球摇奏)

②大鼓、吊钹。（各一）
③录音音乐。
④"图形总谱"。
⑤碰铃、铃鼓、响板三种乐器的音色形象图各一张。

（2）经验准备：拥有所有相关乐器的演奏经验。

（3）空间准备：

①学员围坐成双马蹄形。

②将铃鼓安排在中间，碰铃、响板安排在左右。

活动过程

1. 进入任务情境

（1）进入"士兵操练"的情境。（也可以另外提供卡通风格的图片）

> **注意**：铃鼓一定要使用摇奏的方法，让其发出带有毛糙感的散响音色；碰铃一定要在轻击后，让其音尽量延长。教师还应带头作出努力倾听延长音的姿态，并引导学员注意音的延长性质是越来越弱的。

（2）教师出示图形卡片和乐器，邀请学员一一演奏乐器，并根据乐器的音色将乐器和图形一一匹配。

2. 为乐器创造"模仿性"的语音

（1）教师邀请学员一一演奏乐器，并用嘴巴创造出"模仿性"的语音，与乐器的音色一一匹配，如：碰铃——叮，响板——嗒，铃鼓——哗啦啦啦啦。

（2）教师邀请学员根据其出示的不同卡片，快速使用已经选定的模仿性语音作出反应。

3. 认读"图形总谱"

（1）教师出示"图形总谱"，一句一句地引导学员尝试独立认读。

（2）教师一边手指图谱，一边带领学员按照规定的节奏，完整随乐练习朗读。

> **注意**：播放音乐的音量不要太响，以免刺激学员喊叫；朗读的音量也不能太响，以能够听见音乐，又能够听见自己朗读的声音为宜；朗读的音色应尽量接近乐器的音色。千万要注意避免跟随录音音乐的旋律音高"唱"语音。

4. 看指挥分声部练习

（1）学员分成三个声部（碰铃、响板、铃鼓）。

（2）看教师指图，合作朗读"图形总谱"。

（3）看教师"用乐器模仿动作"来指挥学员练习，完整随乐边朗读"图形总谱"边做乐器模仿动作。

（4）教师邀请掌握比较快的学员志愿者逐渐地完全代替教师指挥。

> **注意**：以上活动是逐渐进行的。例如：在第一个担任指挥的学员指挥时，教师可能要站在他旁边，即便他出现问题，也不至于影响全体的演奏；渐渐地，教师可以退到指挥者的对面，即站到铃鼓组学员的后面提示他……

5. 乐器实操练习和发展的练习

（1）教师"用乐器模仿动作"来指挥学员，完整随乐用乐器演奏。
（2）教师出示大鼓和吊钹，让学员倾听、辨别它们发出的声音，从长音和短音两个方面，邀请学员与碰铃和响板一一匹配。（将乐器安排在该组的同一空间位置）
（3）将两种特殊音色的乐器加入整体演奏，教师用乐器模仿动作指挥。
（4）教师以用手击打节奏的方式指挥演奏。
（5）教师带领全体学员随乐练习"用手击打节奏"的指挥方式。
（6）学员志愿者以"用手击打节奏"的方式指挥全体学员完整随乐演奏。

🎵 温馨提示

（1）教师用乐器模仿动作指挥：当碰铃组在演奏时，教师的身体要转向碰铃组，眼睛要看向碰铃组，手里要做碰铃演奏的模仿动作。指挥其他组演奏时也是一样。

> **注意**：不是用常用的画拍子手势指挥。更重要的是：学员演奏什么节奏，教师的动作就要打出什么节奏，否则会对学员的演奏产生干扰。这是我们团队研究出来的重要规律。

（2）该活动至少需要两个课时才能完成。
（3）该活动中使用"图形总谱"的思路是奥地利奥尔夫学院的彼得·库巴什老师提供的，我们团队在实践过程中根据学员的年龄特点对音乐的体量进行了缩减，并在教学方法上进行了细化。

问题讨论与练习

1. 在奏乐教学中，怎样理解"从'一A到底'开始"的歌词创编学习教学模式？
2. 以小组为单位选择若干同类型的奏乐教学案例进行实践。
3. 以小组为单位独立创编或改编一个同类型的奏乐教学案例进行实践。
4. 在大组中分享创编的奏乐教学案例，并进行相互评价。

结　语
——海纳百川，兼收并蓄

奥尔夫音乐教育体系是追溯、继承人类早期奏乐文化乃至整个音乐舞蹈文化精华的集大成者。

通过进一步分析我们可以看出，奥尔夫音乐教育体系的上层理论包含达尔克罗兹的动作教育哲学、拉班的动作发展体系分类学、布鲁姆的教育目标层级分类学。中层的工艺学方面，有柯达伊体系中的"柯尔文手势"，达尔克罗兹的"借助动作认识音乐概念"的技术，有民间传统游戏中"借助语言发展音乐节奏感"的技术，有近代教学心理学的"任务分析工艺技术"等。在奥尔夫音乐教育体系的具体内容方面，有民间故事、儿歌童谣、民间游戏、民歌和民间舞蹈等。

所以，我们要学习的是奥尔夫音乐教育体系中的精华，不必拘泥它在形式上"一定应该是怎样的"，而是应该像奥尔夫先生一样，将其中最有用的、最好用的内容吸收进来，继承发展成更适合自己文化、更适合自己时代的东西。正如奥尔夫先生所说，你若和我一样，你便不是奥尔夫。

奥尔夫音乐教育体系从不避讳承认：我们的什么理论、什么技术是从什么体系与什么人那里借鉴来的。奥尔夫音乐教育体系也从不避讳承认：我们不是一个完美完善的、应该封存起来不允许变化的体系。所以对于奥尔夫先生所说的"你若和我一样，你便不是奥尔夫"，我个人的理解是：奥尔夫对于学习借鉴者来说，最精华的应是一种海纳百川、兼收并蓄与不断学习、不断成长的理念。它不仅对教学法的学习研究者是如此，而且对正在使用这些教学法进行教和学的活动的教师和学生来说也是如此。

因此，我们希望大家在读了这本教材之后，还能够收获除了儿童音乐教学法以外更多的关于个人学习和成长的有用理念和行动方式。

南京师范大学　许卓娅